SNS광고마케터 자격시험 수험서

# SNS
# 광고마케터 1급
# 7일 / 단기완성

시대에듀

## Always **with you**

사람의 인연은 길에서 우연하게 만나거나 함께 살아가는 것만을 의미하지는 않습니다.
책을 펴내는 출판사와 그 책을 읽는 독자의 만남도 소중한 인연입니다.
**시대에듀**는 항상 독자의 마음을 헤아리기 위해 노력하고 있습니다.
늘 독자와 함께하겠습니다.

 **SNS광고마케터**  • • •

최근 연구에 의하면 우리나라의 SNS 이용률은 약 90%로 세계 2위를 기록하고 있습니다. 대부분의 사람들이 최소 하나 이상의 SNS를 사용하고 있는 것입니다. 이로 인해 과거 검색광고나 배너광고 중심의 온라인 매체 환경이 소셜 미디어를 중시하는 방향으로 크게 변화하고 있습니다.

사용자들은 유튜브, 페이스북, 인스타그램 등 거의 모든 SNS를 무료로 사용하며, 그 대가로 광고 노출을 기꺼이 허락합니다. SNS 제공자는 사용자들이 광고에 보인 반응을 분석하여 얻은 고객 통찰을 타겟팅 정교화에 사용함으로써 광고의 효율을 극대화합니다. SNS 광고는 일반 배너광고와 달리 네이티브 형태의 광고로서 잠재 고객들에게 더 인상적으로 다가갑니다. 따라서 치밀하게 준비한 SNS 광고는 다른 어떠한 매체의 광고보다 높은 효과를 나타냅니다. 미디어 믹스를 만들 때 SNS 광고를 제외한다는 것은 상상할 수도 없습니다.

SNS 광고에 대한 충분한 지식 없이도 돈만 있으면 광고를 만들고 집행할 수 있습니다. 하지만 그러한 기본적인 광고만으로는 결코 좋은 결과를 낼 수 없습니다. 다양한 SNS 광고 상품의 특징을 바르게 이해하여 가장 적합한 제품에 매칭하고, 올바른 광고 목표와 정교한 타겟 결정 그리고 지속적인 측정과 평가를 통해 꾸준히 관리할 때에만 소기의 목표를 달성할 수 있습니다. SNS광고마케터 자격증은 그것을 가능하게 해 주는 지식과 기술을 효과적으로 평가해 주는 자격증입니다.

본서는 타 출판사와 차별화된 몇 가지 특징을 가지고 있습니다.

**첫째** 필자는 SNS광고마케터 1급 자격증을 쉽고 빠르게 취득하는 데에 중점을 두고 본서를 집필했습니다. SNS 광고에 대한 지식이 없는 사람이 단순히 시험에 나오는 이론만 습득하려고 한다면 절대로 쉽게 이해할 수 없습니다. 실제 SNS 광고를 만드는 사람의 입장에서 광고 집행 프로세스에 따라 기술하기 위해 노력했습니다.

**둘째** 학습 결과를 효과적으로 평가해 볼 수 있는 다양한 문제를 수록했습니다. 첫 시험부터 최신 시험까지 문제를 철저히 분석, 가장 적합한 문제를 개발하여 수록함으로써 출제 기관이 중요시하는 분야를 파악할 수 있도록 했고, 매 챕터 별로 O·X문제와 출제예상문제를 넣어 공부한 내용을 리뷰해 볼 수 있도록 했습니다. 본서의 맨 뒤에는 시험 주관기관에서 제공한 샘플 문제 두 세트도 수록하였습니다.

**셋째** 본서의 PART 3의 기출복원문제와 PART 4의 샘플문제에 대한 동영상 강의를 무료로 제공해 드립니다. 필자인 한국마케팅교육에서 운영하는 유튜브 채널에서 과정을 수강할 수 있으며, 도서 출간 이후로 발생하는 변경사항에 대한 업데이트도 수록할 예정입니다.

본서로 학습하는 모든 분들이 가장 쉽고 빠르게 SNS광고마케터 자격증을 취득하시기를 기원드립니다. 그리고 본서가 나오기까지 지원을 아끼지 않으신 시대에듀 임직원 여러분들께 진심으로 감사의 말씀을 드립니다.

한국마케팅교육 임직원 대표 배노제 드림

**34 Likes**

SNS광고마케터 #1급 7일 단기완성 #자격시험 #수험서 #KAIT #한국정보통신진흥협회

# 자격시험안내

## 1 SNS광고마케터(Social Network Service Advertisement Marketer)란?

- 디지털 광고 시장의 고성장을 통한 SNS 광고 마케팅 분야 산업 활동 영역 증가로 전문성 및 실무적인 역량을 갖춘 인력 양성을 위한 자격

- SNS 광고의 기본지식을 보유하고, SNS 광고 기획, 전략, 등록, 운영, 효과분석 등 실무적인 지식 및 역량을 평가하는 자격

- 온라인광고대행사, 기업 홍보부서 등에서 SNS 광고 마케팅 및 SNS 광고 전문인력을 통한 효율적 마케팅 분석, 전략수립 등의 자격을 갖춘 직무자격조건으로 활용할 수 있는 자격

## 2 SNS광고마케터의 필요성

- SNS 광고 마케팅의 기본지식 배양

- 유튜브, 인스타그램, 페이스북 등 SNS 광고 실무내용 반영

- 온라인광고대행사 및 기업 홍보부서 등 취업 대비

## 3 시험과목

| 검정과목 | 검정방법 | 문항 수 | 시험시간 | 배 점 | 합격기준 |
|---|---|---|---|---|---|
| • SNS의 이해<br>• SNS 광고 마케팅 | 객관식<br>(사지택일) | 80문항 | 100분 | 100점 | 70점 이상 |

## 4 응시지역 및 비용

| 응시료 | 응시지역 | 입실완료시간 | 응시자격 |
|---|---|---|---|
| 50,000원 | 비대면 온라인으로 진행 | 13:50 | 학력, 연령, 경력 제한 없음 |

## 5 정기시험 일정

| 회 차 | 접수기간 | 시험일 | 합격발표일 |
|---|---|---|---|
| 2501 | 01.06~01.17 | 02.22(토) | 03.14 |
| 2502 | 04.07~04.18 | 05.24(토) | 06.13 |
| 2503 | 07.07~07.18 | 08.23(토) | 09.12 |
| 2504 | 10.06~10.17 | 11.22(토) | 12.12 |

※ 시험정보는 시행처의 사정에 따라 변경될 수 있으므로 정보통신기술자격검정(https://www.ihd.or.kr) 홈페이지에서 다시 한 번 정확한 정보를 확인하시기 바랍니다.

# 과목별 기출문제 유형분석

## 22년 01회, 22년 02회, 23년 02회, 24년 03회 기출문제 분석

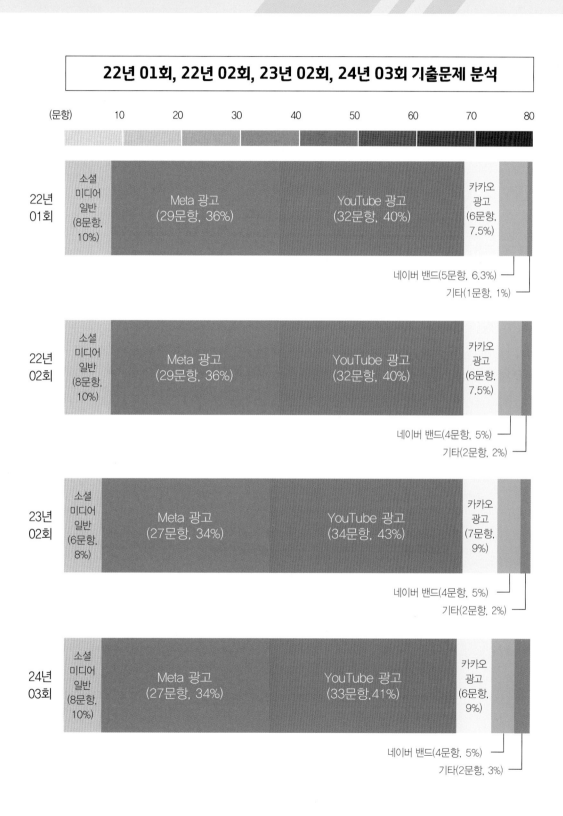

(문항)   10   20   30   40   50   60   70   80

**22년 01회**
소셜 미디어 일반 (8문항, 10%)
Meta 광고 (29문항, 36%)
YouTube 광고 (32문항, 40%)
카카오 광고 (6문항, 7.5%)
네이버 밴드(5문항, 6.3%)
기타(1문항, 1%)

**22년 02회**
소셜 미디어 일반 (8문항, 10%)
Meta 광고 (29문항, 36%)
YouTube 광고 (32문항, 40%)
카카오 광고 (6문항, 7.5%)
네이버 밴드(4문항, 5%)
기타(2문항, 2%)

**23년 02회**
소셜 미디어 일반 (6문항, 8%)
Meta 광고 (27문항, 34%)
YouTube 광고 (34문항, 43%)
카카오 광고 (7문항, 9%)
네이버 밴드(4문항, 5%)
기타(2문항, 2%)

**24년 03회**
소셜 미디어 일반 (8문항, 10%)
Meta 광고 (27문항, 34%)
YouTube 광고 (33문항, 41%)
카카오 광고 (6문항, 9%)
네이버 밴드(4문항, 5%)
기타(2문항, 3%)

# 7일 완성 학습플래너

## STUDY **CHECK BOX**

| 목표일 | 학습 과목 | | 공부한 날 | 완 료 |
|---|---|---|---|---|
| DAY 1 | **PART 1**<br>SNS의 이해 | 이론 및 문제 풀이 | 월    일 | % |
| DAY 2 | **PART 2**<br>SNS 광고 마케팅 | Chapter 01 이론 학습 | 월    일 | % |
| DAY 3 | | Chapter 02~05 이론 학습 | 월    일 | % |
| DAY 4 | | PART 2 문제풀이 | 월    일 | % |
| DAY 5 | **PART 3**<br>기출복원문제 | Chapter 01~04 기출복원문제<br>Chapter 05 기출유형문제 | 월    일 | % |
| DAY 6 | **PART 4**<br>샘플문제 | Chapter 01 샘플문제 A형<br>Chapter 02 샘플문제 B형 | 월    일 | % |
| DAY 7 | 오답노트 정리 및 최종마무리 | | 월    일 | % |

# 이 책의 구성과 특징

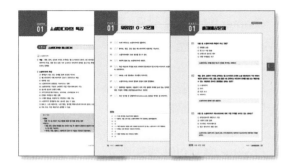

### ● 3단계 학습! 핵심이론 + 워밍업! O·X문제 + 출제예상문제

시험에 나올 핵심이론만 수록하였고, 각 챕터별 O·X 문제로 복습 후 시험 유형과 유사한 예상문제를 통해 실전에 완벽하게 대비할 수 있습니다.

### ● 시험에 나온 문제를 풀어본다! 기출복원문제

2022년~2024년에 실제 출제되었던 기출문제를 가장 유사하게 복원하고, 상세히 분석한 해설을 수록하여, 기출유형을 파악할 수 있습니다.

### ● 시험 직전에 풀어보는 기출유형문제

실제 출제되었던 기출문제를 분석하여 앞으로 나올 수 있는 문제들로 새로 구성하여 수록하였습니다.

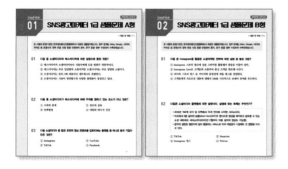

### ● [부록] 공식 샘플문제 A, B형

한국정보통신진흥협회에서 공개한 샘플문제를 부록으로 수록하였고, 상세하고 이해하기 쉬운 해설을 추가하였습니다.

# PART 1

# SNS의 이해

## CONTENTS

행운이란 100%의 노력 뒤에 남는 것이다.

– 랭스턴 콜먼 –

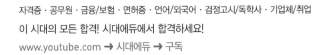

# 01 소셜미디어의 특징

---

## 제 1 절  소셜미디어와 매스미디어    기출중요도 중 ★★☆

### 1 소셜미디어

① **개념** : 개방, 참여, 공유의 가치로 요약되는 웹 2.0시대의 도래에 소셜 네트워크의 기반 위에서 개인의 생각이나 의견, 경험 정보 등을 서로 공유하고 타인과의 관계를 생성 또는 확장시킬 수 있는 개방화된 온라인 플랫폼

② **소셜미디어의 특징**
- ㉠ 개개인이 맺고 있는 관계를 통해 형성된 미디어
- ㉡ 매스미디어에 비해 메시지의 규모가 상대적으로 작음
- ㉢ 양방향 소통
- ㉣ 소셜미디어의 플랫폼은 지속적으로 진화
- ㉤ 소셜미디어로 기업과 소비자의 직접 커뮤니케이션이 가능
- ㉥ 광고와 홍보의 경계가 약화
- ㉦ 고객 참여(인게이지먼트), 상호작용, 관계형성에 유리
- ㉧ 콘텐츠 마케팅의 역할 강화
- ㉨ 고객의 반응을 직접적으로 확인하고 대응 가능
- ㉩ 소셜미디어 플랫폼에 유료 광고를 실을 수 있음
- ㉪ 블로그, 소셜 퍼블리싱, 소셜 협업, 참여형 백과사전(위키피디아 등)도 소셜미디어 플랫폼임
- ㉫ 무료 또는 적은 예산으로 운영할 수 있음

---

**용어 정리**

- **홍보**
  언론 기사 등 유료가 아닌 매체를 통해 메시지를 알리는 행위
- **웹 2.0**
  • 개방, 공유, 참여의 특징을 갖는 인터넷 기술, 즉 사용자가 콘텐츠의 생산자가 되어 쌍방향으로 소통하는 웹 관련 기술이다.
  • 게시판, 댓글, 블로그, 소셜미디어 등이 이 기술을 기반으로 만들어졌다.

---

- 온드 미디어(owned media)

  기업이 직접 소유하고 있어서, 직접적인 통제가 가능한 미디어

  예 기업의 홈페이지, 기업의 SNS 채널 등

- 페이드 미디어(paid media)

  기업이 직접 소유하지는 않지만, 유료로 사용할 수 있는 미디어

  예 메타, 구글 등의 광고 미디어. 유료로 노출하는 인플루언서 채널 등

- 언드 미디어(earned media)

  타사 또는 타인이 운영하기 때문에 직접 통제할 수 없지만, 적극적으로 활용하거나 참여할 수 있는 미디어

  예 언론 미디어, 고객 블로그, 리뷰 사이트, 커뮤니티 사이트 등

## 2 매스미디어

① **개념** : 소셜미디어가 개인적인 관계에 의해 소통하는 매체라면, 매스미디어는 대규모 불특정 오디언스를 대상으로 대량의 커뮤니케이션(mass communication)이 이루어지는 미디어

※ 전통적으로 TV, 라디오, 신문 등이 대표적

② **소셜미디어가 매스미디어에 대해 우위를 보이고 있는 분야**

- 사회적 관계
- 정보의 공유
- 인맥 형성
- 비용 효율
- 정교한 타겟팅

## 제 2 절  소셜미디어의 역사     기출중요도 중 ★★☆

## 1 SNS

① 소셜미디어는 SNS의 발전과 함께 성장

② SNS는 Social Network Service의 약자로서, 사용자 간의 자유로운 의사소통과 정보 공유, 그리고 인맥 확대 등을 통해 사회적 관계를 생성하고 강화해주는 온라인 플랫폼을 말한다.

## 2 소셜미디어의 발전

### ① 초기의 SNS

  ㉠ 초기의 SNS는 온라인 커뮤니티 형태로 시작 : The Well(1985), Theglob.com(1995), GeoCities
   (1994), Tripod.com(1995)

  ㉡ 초창기 커뮤니티들은 사람들을 모아놓고 대화방에서 대화할 수 있게 해주기도 하였고, 개인 정보나
   개인 작성 글들을 개인 홈페이지에 출판할 수 있게 해주는 출판 도구를 제공하기도 하였다.

  ㉢ 이메일 주소만을 가지고 사람들을 엮어주는 커뮤니티도 있었다 : Classmates.com(1995), SixDegrees.
   com(1997) 등

  ㉣ 1999년에 우리나라에서 시작한 싸이월드는 '일촌맺기'라는 기능을 사용하여 소셜 네트워크를 형성해
   나가는 서비스

### ② SNS의 탄생 연도

- 1997년 : SixDegree
- 1998년 : Open Diary
- 1999년 : Mixi, 싸이월드, 아이러브스쿨, 세이클럽
- 2000년 : Makeout Club, 버디버디
- 2001년 : 위키피디아
- 2002년 : Hub Culture
- 2003년 : Friendster, MySpace, LinkedIn, 네이트온 메신져
- 2004년 : Facebook
- 2005년 : YouTube
- 2006년 : X(Twitter)
- 2009년 : WhatsApp
- 2010년 : Instagram, Pinterest, 카카오톡
- 2012년 : 네이버 밴드
- 2016년 : TikTok
- 2020년 : Clubhouse

## 3 소셜미디어의 미래

### ① 소셜미디어 미래에 영향을 미치는 요인

  ㉠ 스토리텔링 기술의 발전

  ㉡ 가상현실(VR)이나 증강현실(AR) 같은 테크놀로지와의 결합

  ㉢ 비즈니스 모델(수익 모델)의 진화

  ㉣ 사용자들의 새로운 니즈와 이를 충족할 수 있는 서비스 사업자의 능력

# 제 3 절 소셜미디어 마케팅 기출중요도 중 ★★☆

## ① 소셜미디어 마케팅 관련 개념

### ① 소셜미디어 마케팅

○ 정의 : 소셜미디어 내에서 이루어지는 마케팅으로, 기업의 제품과 서비스, 브랜드를 알리기 위해 소셜미디어 플랫폼(또는 SNS)을 사용한다.

○ 양방향 커뮤니케이션이 가능하며, 고객들의 반응을 파악할 수 있다.

○ 브랜디드 콘텐츠와 같이 유료 광고를 사용하지 않는 유기적인(오가닉) 마케팅 활동도 포함되지만, 광고를 사용한 마케팅도 포함될 수 있다.

○ 다음에 설명될 소셜미디어 최적화도 소셜미디어 마케팅의 한 분야로 볼 수 있다.

### ② 소셜미디어 마케팅의 구성 : 5대 핵심 요소

○ 전략 : 목표, 어떤 소셜미디어 채널을 사용할 것인가, 어떤 유형의 콘텐츠를 공유할 것인가

○ 기획 및 퍼블리싱 : 내세울 콘텐츠 정하고, 적절한 시기에 노출시키기

○ 리스닝 및 인게이지먼트 : 우리 비즈니스 자산에 대해 우리 고객이 보이는 반응을 모니터링하고 소통

○ 분석 및 리포팅 : 우리 메시지의 도달, 빈도, 상호작용 등을 측정·평가·분석·보고

○ 광고 : 매스미디어가 아닌 소셜미디어라고 해서 광고가 필요 없는 것은 아니다. 효과적인 광고 집행을 통해 마케팅 효과를 크게 향상시킬 수 있다. 네이티브 광고 형식을 많이 사용한다.

### ③ 소셜미디어 최적화(SMO)

○ 소셜미디어 최적화는 소셜미디어 마케팅 방법 중 하나

○ 비즈니스의 입장에서 볼 때, 소셜미디어 최적화(Social Media Optimization ; SMO)는 유기적인 (organic) 즉 비광고적인 방법을 사용하여 기업의 브랜드, 제품, 서비스 등에 대해 최대한의 노출을 달성함으로써 인지도와 트래픽을 높이는 작업

○ 웹 트래픽을 생성하고 웹 사이트에 대한 인지도를 높이는 것이 목표라는 점에서 검색엔진최적화 (SEO)와 유사

○ 소셜미디어 최적화의 초점은 소셜미디어 콘텐츠에 대한 유기적인 연결을 확보하는 것

④ **콘텐츠 마케팅(content marketing)**

　㉠ 콘텐츠 마케팅이란 가치 있는 콘텐츠를 제작하고 활용하여 타겟 잠재고객을 유치하고 고객을 유지하며, 브랜드 인지도를 증가시키기 위한 활동을 말한다.

　㉡ 콘텐츠 마케팅은 일회성 이벤트가 아니라 일관성 있는 장기적 커뮤니케이션 활동이어야 한다. 성과 측정을 위해 댓글, 좋아요를 포함하는 소비자 참여지수를 측정해야 한다

　㉢ 우수한 품질의 콘텐츠를 생산해야 한다.

　㉣ 제품 판매의 촉진이 주된 목적은 아니다.

> **용어 정리**
>
> ■ **검색엔진최적화(Search engine optimization ; SEO)**
> 유기적인(비광고적인) 방법으로 검색엔진의 키워드 검색 결과에 자신의 비즈니스의 자산이 상위에 노출되도록 하는 활동을 말한다. 검색엔진을 마케팅 도구로 효과적으로 활용하기 위한 계획을 만드는 프로세스라고도 설명하기도 한다(미국마케팅협회).

[2] **SNS 광고 프로세스**

① **일반적인 마케팅 커뮤니케이션 프로세스의 이해**

　㉠ 목표 수립
- 모든 마케팅은 목표 수립으로부터 출발한다.
- 목표 수립이란 비즈니스(기업)가 다다르고자 하는 지향점 또는 달성하고자 하는 수치를 정하는 것

　㉡ 전략 수립
- 목표가 정해지면 전략이 수립된다.
- 전략이란 '목표를 달성하기 위한 계획'을 말한다.
- 전략이란 한 마디로 '누구에게 어떤 혜택을 줄 것인가'에 대한 것
- '누구에게'가 타겟 결정이라면, '어떤 혜택'은 전달하고자 하는 실질적 내용(= 메시지)
- 예를 들면, 안전의 대명사로 통하는 볼보(Volvo)자동차가 추구하는 전략은 '안전을 중시하는 중산층 이상의 가정에게 가장 안전하고 튼튼한 승용차를 제공하는 것'

　㉢ 메시지
위에서 '안전을 중시하는 중산층 이상의 가정'은 타겟 결정에 대한 것이고, '가장 안전하고 튼튼한 승용차'는 고객의 '혜택'에 대한 것인데, 이 혜택이 광고 메시지(광고 소재)로 구현된다.

② **SNS 광고 프로세스** : SNS 환경에서의 광고는 다음과 같은 3단계 프로세스를 거친다.

> 목표 수립 → 타겟 결정 → 광고 소재 결정

　㉠ 목표 수립
- 디지털 환경에서는 마케팅 노력의 투입과 마케팅 결과의 산출이 쉽게 파악되기 때문에 목표를 수립할 때는 보다 구체적이고 정량적으로 하는 것이 좋다.
- 목표 뿐만 아니라 그 목표를 달성할 기간도 명시되어야 한다.

※ **올바른 목표 수립의 사례**
- ✓ 올해 매출액 25억원 달성
- ✓ 전년 대비 시장 점유율 20%p 증대
- ✓ 올해 연말까지 동일한 광고 비용으로 ROAS 300% 달성
- ✓ 올해 3/4분기 내에 하루 홈페이지 방문자 10만명 달성
- ✓ 올해 상반기까지 재구매율 20% 달성
- ✓ 올해 하반기까지 신제품 10종 개발

**용어 정리**

■ **ROAS**
「Return On Advertising Spend」의 약어로 광고비에 대한 매출 비율을 측정하는 지표이다. 매출액 나누기 광고비를 백분율로 나타내는데, 광고비 1억원을 집행하여 2억원의 매출을 냈다면 ROAS는 200% 이다.

※ **SNS 광고의 목표 수립**
- ✓ 목표 수립은 주로 캠페인 단계에서 진행
- ✓ Facebook 광고 캠페인 목표 : 인지도, 트래픽, 참여, 잠재고객, 앱 홍보, 판매라는 여섯 가지의 목표
- ✓ 구글 광고 캠페인 목표 : 판매, 리드, 웹사이트 트래픽, 제품 브랜드 구매 고려도, 브랜드 인지도 및 도달 범위, 앱 프로모션, 오프라인 매장 방문 및 프로모션 등

ⓛ 타겟 결정
- 타겟 결정은 공략할 대상 즉 '누구에게 알릴 것인가'를 정하는 일
- 타겟 시장을 정하는 방법은 각 SNS의 특징에 따라 달라지지만, 일반적으로 다음과 같은 기준을 사용한다.

| | |
|---|---|
| ✓ 지역 | ✓ 나이 |
| ✓ 성별 | ✓ 직업 |
| ✓ 관심사 | ✓ 행동 |
| ✓ 기타 | |

ⓒ 광고 소재 결정
- 타겟 고객에게 보내고자 하는 메시지를 만드는 단계
- 먼저 타겟 고객이 추구하는 혜택이 무엇인가를 올바로 파악해서 가장 효과적인 메시지를 만들어야 하고, 이를 적절한 형식의 미디어에 담아 노출해야 한다.

### ③ 광고 과금 방식

다음과 같은 과금 방식이 SNS 광고에서 널리 사용되며, 각 SNS별 세부 과금 방식에 대해서는 개별 단원에서 추가로 설명된다.

#### ① CPC(cost per click ; 클릭당과금)
- ㉠ 링크를 클릭했을 때 과금되는 방식
- ㉡ 검색광고에서 주로 쓰이고 있으며, 지금은 SNS에서도 이 방식이 종종 사용된다.

#### ② CPM(cost per millennium ; 천명노출당과금)
- ㉠ 클릭과 관계 없이 노출량에 따라 과금하는 방식
- ㉡ 천 명 노출당 비용을 의미한다.
- ㉢ CPM에서 알파벳 M은 1,000을 가리키는 mille(밀)에서 온 말이다.

#### ③ CPA(cost per action ; 행동당과금)
- ㉠ 특정 행동에 대해 과금하는 방식
- ㉡ 이 방식을 사용하기 위해, '행동'이 구체적으로 무엇인가를 결정해야 한다.
- ㉢ 예를 들면, 행동은 구매일 수도 있고, 이벤트 참여일 수도 있고, 회원가입일 수도 있다.

#### ④ CPV(cost per view ; 조회당과금)
- ㉠ 동영상 캠페인에 대해 조회당 비용을 과금하는 방식
- ㉡ YouTube에서 주로 사용하는 과금 방식
- ㉢ 예를 들면, 사용자가 동영상을 30초 동안 시청하거나 30초 미만인 동영상 전체를 시청하는 경우, 또는 동영상과 상호작용하는 경우(둘 중 먼저 발생한 행위 적용)에 조회가 발생한 것으로 인정한다.

---

## 제 4 절  소셜미디어 대응 프로세스 사례  기출중요도 하 ★☆☆

### ① 개념

미 공군은 소셜미디어 대응의 모범 사례로 인정되었으며, 미공군 공보국은 '블로그를 평가하기 위한 3단계'를 제시하였다. 이를 〈소셜미디어 대응 프로세스〉라고 칭하기도 한다.

### ② 대응 프로세스 3단계

#### ① 1단계 : 감정(assessment)
블로그 등 소셜미디어 공간에서 미 공군에 대한 글을 발견하면 그것이 긍정적인지 부정적인지 먼저 판단한다.

② 2단계 : 평가(evaluate)

긍정적인 글에는 대응을 하지 않거나 공군과 관련된 스토리를 추가로 공유한다. 부정적인 글은 4가지 유형(낚시질, 분노, 정보 오류, 고객 불만)으로 분류한다.

③ 3단계 : 대응(respond)

감정 및 평가를 통해 나온 판단을 근거로 대응 방안을 결정한다. 대응방안은 투명한 사실 공개, 정보원 공개, 수 시간 내 대응, 미 공군의 입장을 반영한 대응, 주요 영향력 블로거를 통한 대응 중 가장 효과적인 것을 취한다.

## 제 5 절 디지털 마케팅의 새로운 트렌드    기출중요도 중 ★★☆

### 1 디지털 마케팅 트렌드를 반영하는 새로운 용어

① 메타버스(metaverse)

초월(beyond), 가상을 의미하는 meta와 세계를 의미하는 universe의 합성어이다. 소셜미디어 플랫폼을 활용하여 정치, 경제, 사회, 문화 활동을 수행할 수 있는 가상의 환경을 의미한다.

② 밈(meme)

원래 동물학자 리처드 도킨스의 저서 『이기적 유전자』에서 처음 제시한 학술 용어이다. 인터넷 보급과 함께 채팅이나 UCC 활동을 할 때 쓰이는 필수요소 같은 문화적 요소를 일컫는 말로 변화하였으며, 디지털 놀이문화를 뜻하는 것으로, 우리나라에서는 '짤방' 또는 '짤'이라 불리기도 한다.

③ 브이로그(vlog)

동영상과 기록을 뜻하는 영어 단어의 합성어, YouTube 등의 동영상 플랫폼에서 유행했던 영상 콘텐츠 형태의 하나이다. 영국 BBC 방송 비디오네이션이라는 시리즈물에서 유래하였다.

④ 라이브커머스(live commerce)

채팅으로 소비자와 소통하면서 상품을 소개하는 스트리밍 방송을 말한다. 가장 큰 특징은 '상호 소통'이며, 생방송이 진행되는 동안 이용자들은 채팅을 통해 진행자, 혹은 다른 구매자와 실시간 소통할 수 있다.

⑤ 페르소나(persona)

마케팅에서 제품/서비스를 사용할 핵심 고객(타겟)을 이해하기 위한 가상의 고객(타겟)을 지칭하는 말이다. 과거 그리스 시대의 배우들이 쓰던 가면을 가리키는 단어에서 유래되었다.

① Facebook
- 2004년 2월 4일 당시 19살이었던 하버드 대학교 학생 마크 저커버그와 에두아르도 세버린이 학교 기숙사에서 사이트를 개설하며 창업
- 세계 최대의 SNS 플랫폼
- 사용자 프로필 형태가 동일
- 사진 관리와 노트 등의 부가기능이 다른 사이트보다 훨씬 강력
- 확장성과 개방성이 뛰어남
- Instagram과 함께 Meta에서 운영함

② Instagram
- Meta에서 운영하고 있는 이미지 공유 중심의 소셜미디어
- 인스턴트 카메라(Instant Camera)와 정보를 보낸다는 의미의 텔레그램(Telegram)을 합쳐 만든 것
- 2010년 케빈 시스트롬과 마이크 크리거에 의해 시작
- 2012년 4월 Facebook(현 Meta)이 10억 달러에 인수
- Instagram 피드 : Instagram의 대표적인 기능으로서 사용자의 사진과 동영상을 공유하는 기능
- Instagram 릴스 : 15초~90초 길이의 숏폼 동영상을 제작하고 공유할 수 있는 기능
- Instagram 스토리 : 사용자가 업로드한 사진과 동영상이 24시간 노출 후 삭제되는 기능

③ YouTube
- 세계 최대 규모의 비디오 플랫폼
- YouTube라는 명칭은 사용자를 가리키는 '유(You, 당신)'와 미국 영어에서 텔레비전의 별칭으로 사용되는 '튜브(Tube)'를 더한 것
- 크리에이터의 광고 수익을 극대화 하는데 유리함
- YouTube는 페이팔 직원이었던 채드 헐리, 스티브 첸, 자베드 카림이 공동으로 창립
- 2005년 2월 14일 설립
- 2008년 12월 18일 Google이 인수

④ X
- 140자의 짧은 포스팅으로 이루어진 SNS
- 2006년 7월 15일 본격적으로 서비스 시작
- Twitter라는 이름으로 잭 도시, 노아 글래스, 비즈 스톤, 에반 윌리엄스가 공동으로 창업
- 2022년 일론 머스크가 인수하여, 2023년 서비스 이름을 X로 바꿈

⑤ TikTok
- 15초에서 10분의 짧은 포맷의 영상(숏폼 비디오) 콘텐츠를 업로드하는 플랫폼 중 하나로 중국기업이 만든 것
- 중국의 바이트댄스가 개발하여 2016년 서비스 시작
- 우리나라에서는 2017년 11월부터 서비스 시작
- 음악과 결합된 챌린지에 많이 활용되는 서비스로 미국 대중음악 시장에도 큰 영향을 미치고 있음

⑥ WhatsApp
- Meta에서 운영하는 Messenger 앱
- 인스턴트 메시징 기능에 특화
- 2009년도에 브라이언 액턴과 얀 쿰에 의해 개발
- 광고가 없음
- 2014년 2월 Facebook이 190억 달러에 인수

⑦ Messenger
- Facebook(현 Meta)에서 개발한 모바일 메신저
- 2011년 8월 9일에 서비스를 시작
- 우리나라의 모바일 메신저 시장에서 카카오톡 다음으로 이용자가 많음
- 우리나라의 경우 10대들의 이용률이 특히 높은 편

⑧ LinkedIn
- 2002년에 리드 호프먼이 주도하여 창업한 세계 최대의 비즈니스 전문 소셜미디어
- Facebook이 본인의 '사적인' 인적사항 등을 적어놓는 친목 위주의 소셜 네트워크라면, LinkedIn에서는 본인의 스펙을 작성
- 2016년 6월 13일 기준으로 262억 달러(31조원)에 Microsoft가 인수
- 2021년 기준 약 7억명의 회원을 보유

⑨ 카카오톡
- 2010년부터 서비스 중인 유저수 약 5,000만명, 다운로드수 1억 회 이상의 모바일 메신저
- 2010년 3월 18일 iOS용 앱 출시, 8월 23일 안드로이드용 앱 출시
- 2013년 6월 20일 Microsoft Windows용 버전 출시
- 2014년 5월 29일 macOS용 앱 출시

⑩ 네이버 밴드
- 폐쇄형 SNS로 시작하였으나 현재는 개방성이 크게 개선된 커뮤니티 형태로 운영 중
- 주제별 모임, 취미 모임, 커뮤니티에 특화된 소셜미디어 플랫폼
- 스마트폰뿐만 아니라 웹에서도 이용할 수 있으며 네이버 밴드 PC 버전을 제공
- 2012년 8월 8일 출시되었으며, 2년 만에 3,500만 다운로드를 기록
- 2020년 7월부터 '스마트채널' 광고 적용

⑪ **라인**
- 네이버 재팬(현 LINE Co.)이 만든 메신저 앱
- 2011년 2월에 출시한 네이버톡이 라인의 전신
- 일본 내에서 부동의 1위 차지
- 국내 점유율은 매우 낮음(약 3% 내외)

# PART 01 워밍업! O·X 문제

**01** [O×] TV와 라디오는 소셜미디어의 일종이다.

**02** [O×] 좋아요, 댓글, 공유 등은 매스미디어의 대표적인 기능이다.

**03** [O×] 소셜미디어에서 유료 광고를 할 수 있다.

**04** [O×] 네이버 블로그는 소셜미디어에 속한다.

**05** [O×] 적은 예산으로 특정한 타겟 고객에게 광고하고자 할 때 매스미디어가 소셜미디어보다 더욱 효과적이다.

**06** [O×] SNS는 소셜 네트워크 시스템의 약자이다.

**07** [O×] 소셜미디어는 SNS의 발전에 힘입어 함께 발전했다.

**08** [O×] 컴퓨터를 이용하여, 사용자가 마치 어떤 실제의 세계에 놓여 있는 것처럼 느낄 수 있게 만든 가상의 세계를 증강현실(AR)이라고 부른다.

**09** [O×] 2021년 출시된 클럽하우스(Clubhouse)는 음성을 매개로 한 SNS이다.

---

**정답**

**01** X ▸ TV와 라디오는 매스미디어의 일종이다.
**02** X ▸ 좋아요, 댓글, 공유 등은 소셜미디어에서 주로 발생하는 상호작용들이다.
**03** O
**04** O
**05** X ▸ 적은 예산으로 특정한 타겟 고객에게 광고하고자 할 때는 소셜미디어가 더욱 적합하다.
**06** X ▸ SNS는 소셜 네트워크 서비스의 약자이다.
**07** O
**08** X ▸ 이를 가상현실 또는 VR이라고 부른다.
**09** O

**10** ☐○☐× 초기의 SNS는 온라인 커뮤니티 형식이었다.

**11** ☐○☐× 검색엔진최적화(SEO)는 검색광고를 통한 상위노출은 포함하지 않는다.

**12** ☐○☐× 원하는 타겟에게 얼마나 자주 노출되는가를 나타낸 지표를 도달이라고 한다.

**13** ☐○☐× SNS 광고의 기본 프로세스는 ① 타겟 결정, ② 목표 수립, ③ 광고 소재 결정이다.

**14** ☐○☐× 다양한 과금 방식 중 CPC는 클릭에, CPM은 노출에 기반한 개념이다.

**15** ☐○☐× CPV 방식을 가장 널리 사용하는 SNS는 Instagram이다.

**16** ☐○☐× 소셜미디어 대응 프로세스 3단계를 순서대로 나열하면 평가, 감정, 대응이다.

**17** ☐○☐× 다음 중 소셜미디어 내에 부정적인 글이 발견되었을 때 그것이 어떤 영향을 미칠 것인지를 판단하는 단계는 감정(assessment)이라고 한다.

**18** ☐○☐× 라이브 커머스의 가장 큰 특징은 대량 판매이다.

**19** ☐○☐× 브이로그는 Visual Log의 약자이다.

**20** ☐○☐× 메타버스는 meta와 universe의 합성어이다.

---

정답

| | |
|---|---|
| **10** | O |
| **11** | O |
| **12** | X ▸ 많은 사람에게 노출되는 것을 도달, 자주 노출되는 것을 빈도라고 한다. |
| **13** | X ▸ 목표 수립, 타겟 결정, 광고 소재 결정 순이다. |
| **14** | O |
| **15** | X ▸ CPV는 cost per view의 약자로 동영상 시청 당 과금을 말하며, 유튜브에서 가장 널리 쓰인다. |
| **16** | X ▸ 소셜미디어 대응 프로세스는 감정, 평가, 대응 순이다. |
| **17** | O |
| **18** | X ▸ 다른 온라인 판매 채널 대비 라이브 커머스의 가장 큰 특징은 구매자와의 소통이다. |
| **19** | X ▸ VLOG는 Video Log의 약자이다. |
| **20** | O |

**21** ○× 사용자의 경력 개발에 특화된 SNS는 LinkedIn이다.

**22** ○× YouTube의 Tube는 TV를 가리키는 말이다.

**23** ○× 140자의 짧은 포스팅에 특화된 SNS는 Instagram이다.

**24** ○× WhatsApp에는 광고를 할 수 없다.

**25** ○× Facebook, Instagram, WhatsApp을 운영하는 기업은 동일하다.

정답

**21** O
**22** O
**23** X ▸ 140자의 짧은 포스팅에 특화된 SNS는 X이다.
**24** O
**25** O

**01**  다음 중 소셜미디어의 특징이 아닌 것은?

① 양방향 소통
② 웹 2.0 기술 활용
③ 콘텐츠의 중요성 대두
④ 대량 마케팅을 추구

소셜미디어는 관계를 통한 메시지 전파를 추구하는 매체이다.

**02**  개방, 참여, 공유의 가치로 요약되는 웹 2.0시대의 도래에 소셜 네트워크의 기반 위에서 개인의 생각이나 의견, 경험, 정보 등을 서로 공유하고 타인과의 관계를 생성 또는 확장시킬 수 있는 개방화된 온라인 플랫폼을 칭하는 말은?

① 소셜미디어
② 위키
③ 오픈 소스
④ 메타버스

소셜미디어의 정의에 대한 설명이다.

**03**  다음 중 소셜미디어가 매스미디어에 대해 가장 우위를 보이고 있는 분야는?

① 중장년층에게 대량으로 도달
② 사회적 관계 강화
③ 오프라인 커뮤니케이션
④ 광고 메시지의 대량 전파

소셜미디어는 사회적 관계, 정보의 공유, 인맥 형성이라는 측면에서 매스미디어에 대해 특히 우위를 보인다.

**04**　소셜미디어에 대해 맞는 설명은?

① 소셜미디어는 주로 단방향 커뮤니케이션이다.
② 소셜미디어는 모바일 기술의 발전과 무관하다.
③ 소셜미디어는 가상현실 기술이 도입되는 방향으로 발전할 것으로 예상된다.
④ TV와 라디오도 소셜미디어의 일종이다.

소셜미디어는 가상현실 또는 증강현실 기술이 도입되는 방향으로 발전할 것이다.

**05**　소셜미디어 마케팅에 대해 틀린 설명은?

① 소셜미디어 광고는 매스 마케팅 광고에 비해 타겟팅이 용이하다.
② 소셜미디어 광고는 매스 마케팅 광고에 비해 성과 분석에 유리하다.
③ 소셜미디어 마케팅은 소셜미디어 최적화를 포함한다.
④ 소셜미디어 최적화는 소셜미디어 광고 집행을 통해 이루어진다.

소셜미디어 최적화는 유기적인(organic), 즉 비광고적인 방법을 사용하여 기업의 브랜드, 제품, 서비스 등에 대해 최대한의 노출을 달성함으로써 인지도와 트래픽을 높이는 작업을 말한다.

**06**　다음 중 SNS 광고 프로세스의 순서를 바르게 표기한 것은?

① 목표 수립, 타겟 설정, 소재 결정
② 타겟 설정, 목표 수립, 소재 결정
③ 소재 결정, 목표 수립, 타겟 설정
④ 소재 결정, 타겟 설정, 목표 수립

SNS 환경에서의 광고는 목표 수립, 타겟 결정, 광고 소재 결정의 순서를 거친다.

**07** 다음 중 가장 올바른 목표 수립 사례는 무엇인가?

① 2022년 연말까지 매출 100억원 달성
② 최대한 빠르게 경쟁자를 추격
③ 고객 만족도 극대화
④ 순이익 20억원 조기 달성

목표는 최대한 정량적이어야 하고, 목표를 달성할 기간도 명시되어야 한다.

**08** 이미 기업의 웹사이트에 방문한 고객을 대상으로 광고 메시지를 노출하고자 할 때 적절한 타겟팅 방법은?

① 지역별 타겟팅
② 연령별 타겟팅
③ 리타겟팅
④ 유사타겟팅

리타겟팅은 쿠키를 이용하여 자사의 웹사이트에 방문한 고객에게 다시 도달하도록 하는 타겟팅기법을 말한다.

**09** 다음 중 고객이 어떤 광고에 노출된 수에 따라 과금하는 방식은 무엇인가?

① CPC
② CPA
③ CPM
④ CPS

CPM은 고객이 어떤 광고에 노출된 횟수를 기준으로 과금하는 방식이다.

**10** CPA에서 말하는 행동이라고 할 수 없는 것은?

① 이벤트 참여
② 회원 가입
③ 구매
④ 광고 노출

단순 광고 노출은 행동의 하나로 볼 수 없다.

**11** CPV 과금 방식에 가장 관계가 깊은 SNS 플랫폼은 무엇인가?

① X
② Facebook
③ YouTube
④ 카카오톡

CPV는 cost per view의 약자로서 동영상 조회당 과금하는 방식을 의미한다. 동영상을 중심으로 하는 SNS 플랫폼은 YouTube이다.

**12** 소셜미디어 플랫폼을 활용하여 정치, 경제, 사회, 문화 활동을 수행할 수 있는 가상의 환경을 의미하는 용어는?

① 인터넷
② SNS
③ 메타버스
④ 페르소나

메타버스란 초월(beyond), 가상을 의미하는 meta와 세계를 의미하는 universe의 합성어로서 소셜 미디어 플랫폼을 활용하여 정치, 경제, 사회, 문화 활동을 수행할 수 있는 가상의 환경을 의미한다.

**13** 브이로그(Vlog)에 대해 잘못된 설명은?

① 동영상과 기록을 뜻하는 영어 단어의 합성어이다.
② 유튜브 등의 동영상 플랫폼에서 유행했던 영상 콘텐츠 형태의 하나이다.
③ 영국 BBC 방송 비디오네이션이라는 시리즈물에서 시초가 되었다.
④ 우리나라에서는 '짤방'이라고 불리기도 한다.

우리나라에서 소위 '짤방'이라고 불리기도 하는 것은 브이로그가 아니라 밈이다.

**14** 다음 중 세계 최대(사용자)의 소셜 네트워크 플랫폼은 무엇인가?

① Facebook
② X
③ Instagram
④ TikTok

세계에서 가장 사용자가 많은 SNS는 Facebook이다.

**15** 다음 중 Meta에서 운영하는 소셜 네트워크 플랫폼이 아닌 것은?

① Facebook
② Instagram
③ WhatsApp
④ LinkedIn

LinkedIn은 Microsoft가 인수하여 운영 중이다.

**16** 유튜브에 대해 잘못된 설명은?

① 유튜브의 어원은 사용자를 가리키는 '유(You, 당신)'와 미국 영어에서 텔레비전의 별칭으로 사용되는 '튜브(Tube)'를 더한 것이다.
② 세계 최대 규모의 비디오 플랫폼이다.
③ Google에서 운영 중이다.
④ 유튜브 광고는 Google Ads 외에 별도의 광고 관리자를 사용해야 한다.

유튜브는 Google에서 운영 중이며, Google Ads 내에서 광고를 관리한다.

**17** 다음 SNS 중 서비스를 처음 개시한 국가가 다른 하나는?

① YouTube
② TikTok
③ Facebook
④ Instagram

TikTok은 중국에서 처음 생긴 서비스이고, 나머지는 미국에서 생긴 서비스이다.

**18** 우리나라에서 특히 10대가 많이 사용하고 있는 모바일 메신저는 무엇인가?

① 카카오톡
② Facebook Messenger
③ Telegram
④ WhatsApp

우리나라에서 Facebook Messenger를 사용하는 13~18세 비율은 20~25%에 달한다. 다른 Messenger에 비해 10대의 비율이 높다.

**19** 세계 최대의 비즈니스 전문 소셜 네트워크로서, Microsoft에서 운영하고 있는 서비스는 무엇인가?

① Bing

② LinkedIn

③ Meta Business Suite

④ X

LinkedIn에 대한 설명이다.

**20** 다음 중 네이버 밴드에 대해 잘못 설명한 것은?

① PC 환경에서도 사용할 수 있다.

② 주제별 모임에 특화된 플랫폼이다.

③ 스마트채널 광고를 적용할 수 있다.

④ 개방형 커뮤니티에서 점점 폐쇄형으로 진화하고 있다.

네이버 밴드는 폐쇄형 SNS로 출발했지만 지금은 개방형 커뮤니티로 방향을 완전히 바꾸었다.

남에게 이기는 방법의 하나는 예의범절로 이기는 것이다.

– 조쉬 빌링스 –

# PART 2

# SNS 광고 마케팅

## CONTENTS

많이 보고 많이 겪고 많이 공부하는 것은 배움의 세 기둥이다.

− 벤자민 디즈라엘리 −

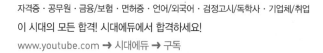

# CHAPTER 01 Meta 광고

## 제 1 절 | Meta 광고 기초    기출중요도 상 ★★★

1 Meta 광고 구성

▲ Meta 광고의 기본 구조

① Meta 광고의 3단계 구조
- ㉠ 캠페인 : 목표 설정(기존 11개 목표에서 6개의 새로운 목표로 개편됨 : 인지도, 트래픽, 참여, 잠재고객, 앱 홍보, 판매)
- ㉡ 광고 세트 : 광고 타겟, 예산, 일정, 입찰가 설정
- ㉢ 광고 : 이미지 또는 동영상 업로드, 광고의 세부사항 입력(문구, 제목 등)

② 각 단계별 포함할 수 있는 항목
- ㉠ 최대 5,000개의 캠페인을 보유할 수 있다.
- ㉡ 최대 5,000개의 광고 세트를 보유할 수 있다.
- ㉢ 광고 세트당 최대 50개의 광고를 포함할 수 있다.
- ㉣ 최대 총 5,000개의 광고를 보유할 수 있다.
- ㉤ 5,000개의 광고 중 1,000개에만 다이내믹 크리에이티브를 사용할 수 있다.

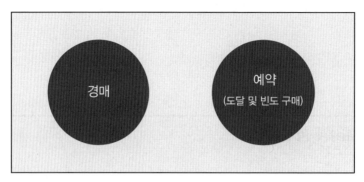

▲ Meta 광고의 구매 유형

① **경매**
  ㉠ 입찰가를 기준으로 다른 광고와 경쟁하는 방식이다.
  ㉡ 입찰가를 높이면 광고가 노출될 확률이 높아진다.
  ㉢ 경매 구매 유형을 사용하면 예측 결과의 정확성은 떨어지지만, 더 많은 옵션이 제공되며 효율성과 유연성이 높아진다.
  ㉣ 광고주가 Meta에 광고를 노출할 기회가 있을 때마다 경매가 진행되며 그 경매의 결과에 따라 누구의 광고를 게재할지 결정된다.
  ㉤ 경매 낙찰자 결정 방식
   • 경매 낙찰자는 총 가치가 가장 높은 광고로 결정된다.
   • 총 가치는 3가지 주요 요인을 조합하여 결정된다.
    – 입찰가 : 광고주가 원하는 결과를 달성하기 위해 지불할 의향이 있는 금액
    – 추산 행동률 : 특정 사람이 특정 광고에 반응을 보이거나 특정 광고로부터 전환하는 행동의 추정치
    – 광고 품질 : 의도적인 정보 숨김, 자극적인 표현, 참여 유도를 위한 낚시성 콘텐츠 등 광고의 품질을 떨어뜨리는 요인이 많은 경우 낙찰될 가능성이 낮아진다.
   • 추산 행동률과 광고 품질이라는 요인들도 종합적으로 고려하기 때문에, 입찰가를 더 높게 설정한 광고가 경매에서 낙찰되지 못하는 경우가 생길 수 있다.

② **예약(도달 및 빈도 구매)**
  ㉠ 얼마나 많은 사람에게 얼마나 자주 노출할 것인가를 관리하고자 할 때 사용한다.
  ㉡ 광고 게재를 예측하고 빈도 설정을 더 구체적으로 관리하여 캠페인을 미리 계획하고 구매할 수 있다.
  ㉢ 최소 20만명의 타겟이 있어야 하고 한 국가만 타겟팅 가능하다.
  ㉣ 모든 광고주가 사용할 수 있는 구매 유형 옵션은 아니며, Meta가 자격을 갖춘 광고주라고 판단한 일부 광고주들만이 사용 가능한 유형이다.

| 구분 | 경매 | 예약 |
|---|---|---|
| 이용 대상 | 모든 광고주 | 제한적으로 이용 가능 |
| 빈도 관리 | 캠페인 목표를 '인지도'로 설정했을 때만 빈도를 관리할 수 있음 | 빈도 한도와 간격을 자유롭게 설정 예3일마다 5회 노출 |
| 게재 관리 | 일반 게재만 가능 | 일반 게재, 순차 게재, 예약 게재 |
| 예측 | 일일 도달만 예측 가능 | 구매하기 전에 도달, 빈도 분포, 일일 비용, 노출 위치 분포 등을 예측 가능 |
| 가격 | 입찰가로 경쟁 | 고정된 CPM |
| 일정 | 요일과 시간을 자유롭게 선택 | 하루 중 정해진 시간에만 광고 게재 가능, 광고 게재 시간을 요일별로 다르게 지정할 수 없음 |
| 최적화 | 목표(예 인지도) 달성에만 초점을 두고 최적화 | 도달을 중심으로 최적화한 후, 캠페인 목표를 중심으로 최적화 |
| 타게팅 | 여러 국가 타게팅 가능, 소규모 타겟에 적합, 동적 타겟 제외 가능 | 한 번에 최소 20만개의 계정 센터 계정으로 구성된 하나의 국가만 타게팅 가능, 동적 타겟 제외 불가능 |
| 목표 | 모든 목표 | 인지도, 트래픽, 참여 |
| 노출위치 | 모든 노출 위치 | Facebook 및 Instagram 피드 또는 Facebook 오른쪽 칼럼 |
| 크리에이티브 | 모든 형식 | 360도 동영상과 360도 사진 제외한 모든 형식 |

▲ Meta 광고의 구매 유형 비교

3 Meta 광고의 종류

Meta에서 집행할 수 있는 광고의 형식은 다음 그림과 같다.

▲ Meta 광고 관리자의 광고 설정 화면

① **이미지 광고** : 다양한 이미지 형식으로 만든 광고

　㉠ 규격

　　• BMP, DIB, HEIC, HEIF, IFF, JFIF, JP2, JPE, JPEG, JPG, PNG, PSD, TIF, TIFF, WBMP, WEBP, XBM 등이 사용 가능하나 JPG나 PNG 사용이 권장된다.

　　• 각 노출 위치별 권장 이미지 비율

　　　－ Facebook 피드 : 이미지는 1:1, 동영상은 세로 4:5 비율

　　　－ Instagram 스토리 : 세로 9:16 비율(전체 화면 활용)

　　　－ Audience Network : 세로 9:16 비율

　　　－ Instagram Shop : 정사각형 1:1 비율

---

**용어 정리**

■ Audience Network
• Meta Audience Network는 Meta의 사람 기반 광고를 Facebook 앱뿐만 아니라 다른 앱과 모바일 웹사이트까지 확장할 수 있는 광고 네트워크를 말한다.
• 지원되는 목표 : 브랜드 인지도(새 목표명 : 인지도), 도달(새 목표명 : 인지도), 트래픽, 참여, 앱 설치(새 목표명 : 앱 홍보), 동영상 조회(새 목표명 : 인지도), 전환(새 목표명 : 참여), 카탈로그 판매(새 목표명 : 판매)
• 지원되는 광고 형식 : 네이티브 광고, 배너 광고, 전면 광고, 보상형 동영상 광고
• '차단 리스트에 추가' 기능을 사용하여 광고가 노출되는 퍼블리셔를 목록에서 제외할 수 있다.

---

② **동영상 광고** : 동영상을 사용하여 만든 광고

　㉠ 규격

　　• 3G2, 3GP, 3GPP, ASF, AVI, DAT, DIVX, DV, F4V, FLV, GIF, M2TS, M4V, MKV, MOD, MOV, MP4, MPE, MPEG, MPEG4, MPG, MTS, NSV, OGM, OGV, QT, TOD, TS, VOB, WMV 등이 가능하나 GIF, MOV 또는 MP4 사용이 권장된다.

　　• 각 노출 위치별 권장 이미지 비율

　　　－ 피드 : 세로 방향 4:5 비율

　　　－ 스토리 및 릴스 : 9:16 비율

　　　－ 동영상 슬라이드 : 1:1 비율

　　　－ 인스트림 동영상 : 가로 16:9 비율

　　　－ Meta Audience Network : 세로 9:16 비율

　　　－ Instagram Shop : 정사각형 1:1 비율

　㉡ 동영상 광고를 사용할 수 있는 캠페인 목표

　　• 광고 형식이 단일 동영상인 경우

　　　－ 인지도

　　　－ 트래픽

　　　－ 참여

　　　－ 앱 홍보

- 잠재 고객

　　　- 판매

　　• 라이브 방송을 홍보하는 경우

　　　- 참여

　　　- 인지도

　　　- 잠재 고객

　　　- 판매

---

**용어 정리**

■ **카탈로그**
카탈로그는 Facebook과 Instagram에서 광고하거나 판매하려는 모든 상품에 대한 정보가 담긴 공간을
말한다. 제품, 호텔, 항공편, 목적지, 주택 매물 리스트, 차량 등 다양한 유형의 인벤토리에 대해 카탈로그
를 만들 수 있다(8절에서 자세히 다룸).

---

ⓒ 동영상 광고를 노출할 수 있는 위치

　• Facebook

　　- Facebook 피드

　　- Facebook Marketplace

　　- Facebook 동영상 피드

　　- Facebook 스토리

　　- Facebook 인스트림 동영상

　　- Facebook 검색결과

　• Instagram

　　- Instagram 피드

　　- Instagram 탐색 탭

　　- Instagram 스토리

　　- Instagram 릴스

　• Audience Network

　　- Audience Network 네이티브, 배너 및 삽입 광고

　　- Audience Network 보상형 동영상

　• Messenger

　　- Messenger 스토리

ⓔ 특징

　• 새로운 방식으로 제품, 서비스 또는 브랜드를 소개한다.

　• 시선을 빨리 사로잡을 수 있다.

　• 간결한 메시지를 전달한다.

　• 다양한 화면 비율을 지원한다.

　• 노출 위치에 따라 동영상 길이를 다르게 할 수 있다.

PART 2

- 모바일 기기에서는 짧은 동영상일수록 참여도가 더욱 높다.
- 직접 만든 동영상을 업로드 하거나 동영상 제작 도구를 사용하여 이미지로 동영상을 만들 수 있다.
- 광고 관리자의 자산 맞춤화 기능을 사용하면 하나의 광고를 여러 노출 위치에서 다양한 비율로 사용할 수 있다.

> **용어 정리**
>
> ■ **소재 맞춤화(= 노출 위치의 소재 맞춤화)**
> 광고를 수정하여 노출 위치에 적합하도록 크리에이티브를 맞춤 설정하는 것을 말하며 다음과 같은 작업이 포함된다.
> - 다른 자산을 사용하기
> - 다양한 자르기를 사용하기
> - 수정된 동영상을 사용하기
> - 다른 텍스트, 제목, 링크를 사용하기

③ **슬라이드(carousel) 광고** : 이미지/동영상을 두 개 이상 표시할 수 있는 광고를 말한다.
  ㉠ 특징

- 화살표를 클릭하거나 손으로 살짝 밀어서 슬라이드를 전환할 수 있다.
- 각 항목별로 제목, 설명, 링크, 행동 유도를 추가할 수 있다.
- 카탈로그의 상품으로 슬라이드를 자동으로 채우도록 선택할 수 있다.
- 광고 관리자 또는 Facebook 페이지에서 슬라이드 광고를 만들 수 있다.
- 포함되는 이미지/동영상의 사이즈와 가로세로 비율은 동일하게 만드는 것이 좋다.
- 가장 성과가 좋은 슬라이드를 가장 앞부분에 노출하는 것이 좋다.

  ㉡ 슬라이드 광고의 장점

- 다양한 랜딩 페이지로 연결되는 여러 제품 소개 가능
- 단일 제품의 여러 가지 기능을 강조
- 매력적인 스토리 전달
- 프로세스를 단계별로 설명
- 하나의 큰 이미지를 표시하여 광고 몰입도 높임
- 서비스 업종의 비즈니스인 경우 신규 고객에게 제공되는 이점을 효과적으로 보여줌

④ **인스턴트 경험** : 모바일 기기 사용자가 광고를 누르면 펼쳐지는 전체 화면 랜딩페이지를 말한다.
  ㉠ 특징

- 즉시 로딩되어 전체 화면으로 열려, 고객의 주목도를 높인다.
- 단일 이미지, 동영상, 슬라이드, 컬렉션 등 모든 형식에 사용 가능하다.
- 설명 텍스트, 크리에이티브 요소, 버튼 및 링크 등을 통해 브랜드 스토리 전달에 유리하다.
- 눈길을 끄는 시각적 경험을 만들어 제품이나 서비스를 노출한다.
- 2개 이상의 인스턴트 경험을 연결해서 더 많은 콘텐츠를 추가할 수 있다.

ⓒ 사용 가능한 노출 위치

**단일 이미지 또는 동영상**
- Facebook 피드
- Facebook Marketplace
- Facebook 그룹 피드
- Facebook 스토리
- Facebook 검색 결과
- wnstagram 탐색 탭
- Instagram 피드
- Instagram 스토리

**슬라이드(동영상을 포함한 슬라이드에서는 사용 불가)**
- Facebook 피드
- Facebook Marketplace
- Facebook 스토리
- Facebook 검색 결과
- Instagram 피드
- Instagram 탐색 탭

**컬렉션**
- Facebook 피드
- Facebook Marketplace
- Instagram 피드
- Instagram 탐색 탭

⑤ **컬렉션 광고** : 컬렉션을 활용한 광고를 말하며, 사람들이 제품을 발견한 후 구매까지 자연스럽게 이어갈 수 있게 해주는 광고 형식이다.

ⓐ 특징

- 컬렉션 광고는 모바일 노출 위치에만 표시되며, 데스크톱 기기에는 표시되지 않는다.
- 각 컬렉션 광고에는 주요 동영상 또는 이미지가 표시되며 그 밑에 작은 이미지 3개가 그리드 레이아웃으로 배치된다.
- 광고에 사용할 여러 개의 이미지 또는 동영상이 있어야 한다.
- 컬렉션 광고에는 사람들이 비즈니스의 제품과 서비스를 더욱 쉽게 발견하고, 둘러보고, 구매할 수 있도록 하는 인스턴트 경험을 만들어야 한다(다음 페이지 설명 참고).

**용어 정리**

■ **컬렉션**
전체 화면 모바일 환경에서 열리는 아이템 그룹을 컬렉션이라고 한다.

ⓛ 장점

> • 제품 발견 유도 : 제품을 관련 동영상 또는 이미지와 결합하여 사람들의 관심을 유도한다.
> • 모바일 기기에서 편리하게 둘러볼 수 있도록 함 : 광고를 클릭하면 전체 화면 경험에서 더 많은 제품을 둘러보거나 제품에 대해 자세히 알아볼 수 있다.
> • 수요를 판매로 전환 : 관심 있는 고객들이 웹사이트나 앱에서 구매를 계속하도록 유도한다.
> • 제품 카탈로그 소개 : 어드밴티지 + 카탈로그를 이용하여 여러 제품 또는 서비스 이미지를 포함하고, 고유한 제품을 소개하고, 복수 구매를 유도한다.

ⓒ 컬렉션 광고를 위한 인스턴트 경험 만들기 : 컬렉션 광고를 만들기 위해서는 인스턴트 경험 템플릿이 필요하다.
  • 기존 템플릿 : 인스턴트 스토어, 인스턴트 룩북, 신규 고객 확보
  • 맞춤 인스턴트 경험 : 레이아웃을 직접 만듦

| 구분 | 설명 | 사용가능한 목표 |
|---|---|---|
| 온라인 매장 | • 광고 크리에이티브와 함께 카탈로그의 제품으로 모바일 쇼핑 환경을 조성<br>• 사람들이 한곳에서 제품을 볼 수 있도록 그리드 형식으로 제품을 표시한 다음 웹사이트나 앱으로 연결하여 구매 유도 | 트래픽 판매 |
| 룩북 | • 라이프스타일 이미지로 제품을 선보이고 태그를 사용하여 제품 상세 정보로 연결<br>• 라이프스타일 이미지의 제품을 누르면 구매 링크와 함께 상세 정보가 표시됨 | 트래픽 판매 |
| 신규고객확보 | • 행동을 이끌어내는 인스턴트 경험<br>• 신규 고객이 브랜드와 제품을 발견하도록 유도<br>• 이미지, 텍스트, 동영상 등의 구성 요소를 되도록 적게 사용하고 간결한 메시지와 강력한 행동 유도를 추가하는 것이 좋음 | 앱 홍보를 제외한 모든 목표 |
| 스토리텔링 | • 흥미로운 방식으로 사람들이 브랜드, 제품, 서비스를 살펴볼 수 있는 방법을 제시하고 브랜드 인지도를 높임<br>• 선을 사로잡는 이미지나 동영상을 통해 이야기를 전달하고 사람들이 웹사이트나 앱에서 더 자세한 정보를 알아보도록 유도 | 앱 홍보를 제외한 모든 목표 |
| 제품판매 | • 광고 크리에이티브와 함께 제품 정보를 업로드하여 모바일 쇼핑 환경을 만듦<br>• 한곳에서 제품을 볼 수 있도록 그리드 형식으로 제품을 표시한 다음 웹사이트나 앱으로 연결하여 구매를 유도함 | 앱 홍보를 제외한 모든 목표 |

▲ 컬렉션 광고를 위한 인스턴트 경험 템플릿

ⓔ 컬렉션 광고를 사용할 수 있는 캠페인 목표
  • 인지도
  • 트래픽
  • 참여
  • 판매
  • 잠재 고객

ⓗ 컬렉션 광고의 노출 가능한 위치
- Facebook 피드
- Facebook Marketplace
- Facebook 동영상 피드
- Facebook 스토리
- Facebook 릴스
- Instagram 피드
- Instagram 스토리
- Instagram 릴스
- Instagram 탐색 탭
- Instagram 탐색 탭 홈

## 제 2 절  Meta 광고 준비  기출중요도 하 ★☆☆

### 1 사전 준비

#### ① 사전 준비 사항
ⓐ 비즈니스 관리자 계정 생성
ⓑ 사업자등록증의 최근 사본 준비
ⓒ 비즈니스의 페이지, 웹사이트, 앱 등 준비
ⓓ 페이지, 앱 및 웹사이트가 Meta의 광고 규정을 준수하는지 확인
ⓔ 대행사의 경우 광고주의 페이지, 앱, 웹사이트 및 기타 상세 정보를 제공

#### ② Facebook 페이지 준비하기
ⓐ Meta에서 광고를 집행하기 위해서는 반드시 최소 하나의 Facebook 페이지가 있어야 한다.
ⓑ Facebook 페이지가 없으면 계정 생성을 완료할 수 없기 때문에 광고를 집행할 수 없다.
ⓒ Instagram에만 광고하려고 해도 Facebook 페이지가 있어야 한다.

### 2 비즈니스 관리자 만들기

비즈니스 관리자는 개인 Facebook 프로필과 별개인 공간으로, 비즈니스 관리를 위한 통합 공간을 제공한다. 비즈니스 관리자를 사용하지 않아도 Facebook 개인 광고 계정으로 광고를 만들 수는 있으나 Meta에서는 비즈니스 관리자 사용을 권장한다.

① 비즈니스 관리자 사용의 이점
  ㉠ 두 개 이상의 광고 계정을 하나로 통합하여 관리 가능
  ㉡ 페이지나 광고 계정에 대해, 역할 별로 액세스 권한을 달리 설정
  ㉢ 비즈니스 수준의 인사이트 및 보고서 생성 가능
  ㉣ Facebook 개인용 프로필과 비즈니스를 분리하여 사용 : 안전성 증대

② 비즈니스 관리자 생성 프로세스
  ㉠ Meta 비즈니스 페이지로 이동
    참고 Meta의 비즈니스 페이지는 Meta for Business, Meta Business Suite 또는 비즈니스 관리자 등으로 불림
  ㉡ 비즈니스 계정만들기 클릭
  ㉢ 비즈니스 계정 이름 입력
  ㉣ 비즈니스 운영자의 이름 입력
  ㉤ 비즈니스의 이메일 입력
  ㉥ 생성할 비즈니스 계정이 운영할 자산 선택
  ㉦ 이 계정의 관리를 도와줄 사람들 추가

제 3 절 **Meta 광고 만들기**    기출중요도 상 ★★★

1 캠페인

▲ Meta 광고 프로세스에서 캠페인의 위치

캠페인은 광고의 가장 기초가 되는 부분으로 캠페인에서 가장 중요한 것은 목표 설정이며, 그 다음 캠페인을 위한 세부 사항을 정한다.

① 캠페인 목표
  Meta의 광고 목표가 변경되었다. 6가지 새로운 목표는 판매, 잠재 고객, 참여, 앱 홍보, 트래픽, 인지도이다.

| 캠페인 목표 | 광고 목표 | 설명 |
|---|---|---|
| 인지도 | • 브랜드<br>• 인지도<br>• 동영상 조회 | • 비즈니스 인지도를 높인다. 이 목표는 광고를 기억할 가능성이 가장 높은 사람들에게 최대한 많이 도달하는 데 도움이 된다.<br>• 새로 시작한 비즈니스이거나 최근에 이름을 변경한 비즈니스인 경우 인지도는 잠재 고객이 비즈니스에 좀 더 익숙해지는 데 도움이 될 수 있다. |

| 트래픽 | • 링크 클릭<br>• 랜딩 페이지 조회 | • 선택한 온라인 랜딩 페이지의 트래픽을 늘린다. 사람들을 Facebook 페이지 또는 Instagram Shop, 웹사이트 또는 앱과 같은 랜딩 페이지로 보낼 수 있다.<br>• Shop에서 반짝 할인 행사를 진행하거나 비즈니스의 서비스를 설명하는 웹페이지로 잠재 고객을 보내려는 경우 이 목표는 해당 랜딩 페이지의 트래픽을 늘리는 데 도움이 될 수 있다. |
|---|---|---|
| 참여 | • 메시지<br>• 동영상 조회<br>• 게시물 참여 | • 온라인에서 광고주의 비즈니스를 이용하거나 메시지를 보내거나 광고 또는 페이지에서 원하는 행동을 취할 가능성이 가장 높은 사람들을 찾는다.<br>• 비즈니스의 제품이나 서비스에 관심이 있는 사람들이 Messenger를 통해 대화를 시작하게 하려는 경우 그렇게 할 가능성이 더 높은 잠재 고객에게 도달하는 데 이 목표가 도움이 된다. |
| 잠재 고객 | • 인스턴트 양식<br>• 메시지<br>• 통화<br>• 가입 | • 메시지, 전화 통화 또는 등록을 통해 비즈니스나 브랜드를 위한 잠재고객을 확보한다.<br>• 잠재 고객이 월간 뉴스레터에 등록하게 하려는 경우, 잠재 고객 목표는 비즈니스에 대해 자세히 알아보고 자신의 정보를 비즈니스와 공유할 의향이 있는 사람들에게 도달하는 데 도움이 될 수 있다. |
| 앱 홍보 | • 앱 설치<br>• 앱 이벤트 | • 모바일 기기를 이용하는 사람들이 앱을 설치하거나 앱 내에서 특정 행동을 취하도록 유도한다.<br>• 잠재 고객이 앱을 통해 구매하거나 새로운 앱 기능을 이용하도록 하려는 경우 앱 홍보 캠페인을 만들 수 있다. |
| 판매 | • 전환<br>• 카탈로그 판매<br>• 메시지 | • 비즈니스의 제품이나 서비스를 구매할 가능성이 높은 사람들을 찾는다.<br>• 이커머스 사이트 등을 통해 제품이나 서비스를 구매할 가능성이 가장 높은 사람들에게 도달하려는 경우 판매 목표를 사용할 수 있다. 장바구니에 제품 담기 등의 다른 행동에 최적화할 수도 있다. |

▲ Meta의 새로운 광고 캠페인 목표

② **캠페인 세부 설정**

㉠ 특별 광고 카테고리

광고가 특정한 카테고리에 관련될 때 국가별로 추가적인 규제가 있을 수 있다. 이를 위해 아래와 같은 특별 광고 카테고리에 속하는 지 명시해야 한다.

> 신용, 고용, 주택, 사회문제, 선거, 정치

우리나라의 경우, 사회문제, 선거, 정치 카테고리의 광고를 하기 위해서는 신원확인과 광고 계정의 사전 승인이 필요하다. 캠페인이 특별 광고 카테고리에 해당하는 경우 특별 광고 타겟을 만들어 새로운 사람들에게 도달하도록 하고, 특별 광고 타겟은 소스 내 사람들의 유사한 온라인 행동을 사용해 새로운 타겟을 만든다는 점에서 유사 타겟과 비슷하지만 캠페인의 선택된 특별 광고 카테고리와 관련된 타겟 선택 제한 사항을 준수하도록 조정되어야 한다는 점은 다르다. 특별 광고 타겟에서는 나이, 성별이나 특정 인구 통계학적 특성, 행동 또는 관심사와 같은 (일반적인) 타겟팅 정보를 사용하지 않는다.

㉡ A/B 테스트

A/B 테스트란 서로 다른 이미지, 광고 문구, 타겟을 갖는 두 개의 광고를 만든 후 성과를 비교함으로써, 가장 성과가 좋은 광고를 만들기 위한 실험 방법을 말한다.

ⓒ 캠페인 예산 최적화(= 어드밴티지 캠페인 예산)
- Meta 광고 집행을 위해 예산을 설정하는 방법
  - 캠페인 예산 최적화(캠페인 단위 예산 설정)
  - 광고 세트 단위 예산 설정
- 캠페인 예산 최적화의 개념
  캠페인 예산 최적화(CBO)란 캠페인 성과를 높이기 위해 각각의 광고 세트 별로 개별적인 예산을 설정하는 것이 아니라 캠페인 아래에 있는 광고 세트 전반의 캠페인 예산을 자동으로 관리하는 것을 말한다.
- 캠페인 예산 최적화를 사용하면 통합 캠페인 예산을 설정하고 캠페인 기간 동안 가장 효과적인 광고 세트에 실시간으로 계속 예산을 분배한다.
- 이러한 활동을 '유동성을 높인다'고 표현한다.
- 캠페인 예산 최적화의 유동성 증대 효과를 높이기 위해 머신러닝이 사용된다.

---

**용어 정리**

- **유동성(liquidity)**
  예산이 가장 가치 있는 노출에 투입되고 있는가에 대한 지표

---

- 캠페인 예산 최적화가 유용한 상황
  - 캠페인 예산이 광고 세트 전반에서 유연하게 지출되도록 설정하려는 경우
  - 최저 비용으로 캠페인에서 가능한 한 최상의 성과를 얻으려는 경우
  - 캠페인 설정을 간소화하고 수동으로 관리해야 하는 예산의 수를 줄이려는 경우
- 캠페인 예산 최적화 설정을 위한 옵션 선택
  - 캠페인 예산(다음 중 하나 선택)

> - 일일 예산
> - 총 예산

  - 캠페인 입찰전략(다음 중 하나 선택)

> **지출 기준 입찰**
> - 최고 볼륨 : 예산을 지출하여 달성할 수 있는 게재 및 전환 수를 극대화
> - 최고 가치 : 예산을 지출하고 최고 가치의 구매를 발생시키는 데 중점을 둠
>
> **목표 기준 입찰**
> - 결과당 비용 목표 : 시장 조건에 관계없이 비용을 비용 한도 금액으로 유지
> - ROAS목표 : 캠페인 기간에 걸쳐 광고 지출 대비 수익률을 평균 금액 수준으로 유지

## 2 광고 세트

| 캠페인 | ▶ | 광고 세트 | ▶ | 광고 |

▲ Meta 광고 프로세스에서 광고 세트의 위치

캠페인의 가장 중요한 기능이 목표 설정이라면, 광고 세트의 가장 중요한 기능은 광고의 타겟을 정하고 그 타겟과 관련된 설정을 하는 것이다. 타겟은 광고 메시지를 전달할 대상을 말하며, 광고 세트에서는 다음과 같은 사항을 결정한다.

- 광고 세트 이름
- 타겟
- 다이내믹 크리에이티브 사용 여부
- 예산 및 일정
- 노출 위치
- 최적화 및 게재

> **용어 정리**
>
> ■ **다이내믹 크리에이티브**
> 다이내믹 크리에이티브를 사용하면 광고를 보는 각 사람에게 맞춤화된 크리에이티브 버전을 자동으로 만들 수 있다.

### ① 타겟

타겟은 광고가 노출되는 대상을 말한다. 타겟을 만들 때 포함되는 기본적인 옵션은 다음과 같다.

| 구분 | 설명 |
|---|---|
| 위치 | 국가, 도시, 자유무역지역(⑩ NAFTA) 등 |
| 연령 | ⑩ 18~24세 |
| 성별 | 남, 여, 또는 전체 |
| 언어 | 모든 언어 또는 특정 언어 선택 |
| 상세 타겟팅 | 관심사나 행동 등의 기준에 따라 사람들을 타겟에 포함하거나 타겟에서 제외할 수 있음(관심사 사례 : 요가), (행동 사례 : 특정 사이트를 방문한 사람) |
| 연결관계 | • 현재 내 페이지를 좋아하거나 팔로우 하는 사람<br>• 현재 내 페이지를 좋아하거나 팔로우 하는 사람과 유사한 사람<br>• 현재 내 페이지를 좋아하거나 팔로우 하는 사람 제외<br>• 내 앱을 사용한 사람<br>• 내 앱을 사용한 사람과 유사한 사람<br>• 내 앱을 사용한 사람 제외<br>• 내 이벤트에 응답한 사람<br>• 내 이벤트에 응답한 사람 제외 등 |

| 맞춤 타겟 | 별도 설명 |
|---|---|
| 유사 타겟 | 별도 설명 |

▲ Meta 광고의 기본 타겟팅 옵션

Meta에서는 타겟을 다음 세 개의 유형으로 분류하기도 한다.

| 핵심 타겟 | 맞춤 타겟 | 유사 타겟 |
|---|---|---|
| 연령, 관심사, 지역 등의 기준에 따른 타겟 | 온라인 및 오프라인에서 비즈니스에 참여한 적이 있는 사람들 | 우수 고객과 유사한 관심사를 가진 새로운 사람들 |

▲ Meta에서 분류한 3대 타겟 유형

㉠ 핵심 타겟

위에 나열된 다양한 타겟 중, 다음과 같은 기준에 의한 타겟을 핵심 타겟이라고 한다.

| 구분 | 내용 |
|---|---|
| 위치 | 도시, 지역 사회, 국가 등 |
| 인구통계 | 연령, 성별, 학력, 직책 등 |
| 관심사 | 도달하려는 사람들의 관심사와 취미 |
| 행동 | 이전 구매 내역이나 기기 사용 등의 소비자 행동 |
| 연결 관계 | Facebook 페이지 또는 이벤트에 연결된 사람들 |

▲ 핵심 타겟의 세부 내용

㉡ 맞춤 타겟

맞춤 타겟은 광고주의 비즈니스에 관심을 보인 사람들을 대상으로 한 타겟이다.

※ 타겟의 소스 : 내 소스, Meta 소스

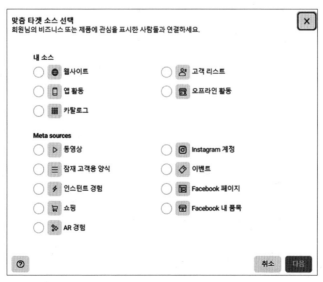

▲ Meta 광고 관리자의 맞춤 타겟 소스 선택 화면

- 내 소스 : 내 소스는 맞춤 타겟을 얻기 위해 사용하는 광고주의 소스
  - 웹사이트
  - 고객리스트
  - 앱활동
  - 오프라인 활동
  - 카탈로그
- 내 소스의 특징 : 내 소스로부터 얻는 맞춤 타겟은 Meta가 자체적으로 수집한 맞춤 타겟이 아니라, API를 사용하여 광고주의 웹사이트에서 얻은 타겟이거나, SDK를 사용하여 광고주의 앱으로부터 얻은 타겟이다. Facebook SDK를 사용하면 앱의 데이터를 Facebook에 전달하고 해당 데이터를 사용하여 맞춤 타겟을 만들 수 있다. 마케팅 API를 사용하면 고객 정보를 활용해 맞춤 타겟을 만들 수 있다. 이러한 맞춤 타겟에는 이메일 주소, 전화번호, 이름, 생년월일, 성별, 위치, 앱 사용자 ID, 페이지 범위 사용자 ID, Apple 광고 ID(IDFA) 또는 Android 광고 ID가 포함된다.
- Meta 소스 : Meta 소스는 맞춤 타겟을 얻기 위해 사용하는 광고주의 Facebook이나 Instagram과 관련된 소스이다.
  - 동영상
  - Instagram 계정
  - 잠재 고객용 양식
  - 이벤트
  - 인스턴트 경험
  - Facebook 페이지
  - 쇼핑
  - Facebook 내 품목

ⓒ 유사 타겟

유사 타겟은 기존 타겟과 유사한 타겟을 말한다. 광고에 반응을 보일 가능성이 있는 사람들에게 빠르고 효과적으로 도달 가능하며 1에 가까울수록 유사성은 높지만 범위가 좁아지고, 10에 가까울수록 유사성은 떨어지지만 범위가 넓어진다.

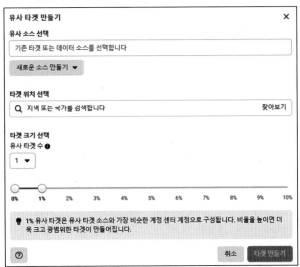

▲ Meta 광고 관리자의 유사 타겟 만들기 화면

② 예산 및 일정

    ㉠ 캠페인에서 이미 광고 예산을 어떻게 정할지 다음과 같이 결정되었다.

      • 캠페인 단위 예산 설정(캠페인 예산 최적화 = 어드밴티지 캠페인 예산)

      • 광고 세트 단위 예산 설정 : 이 설정에 기반하여 광고 세트 예산 설정 방법이 달라진다.

    ㉡ 지출 한도

    캠페인 설정에서 캠페인 예산 최적화를 선택한 경우에는 광고 세트에서 예산을 설정하지 않는다. 캠페인 설정에서 캠페인 예산 최적화를 선택하지 않은 경우에는 광고 세트에서 예산을 설정한다(일일 예산, 총예산).

    ㉢ 예약(시작 날짜 및 종료 날짜)

      • 광고의 시작일과 종료일을 정한다.

      • 종료일을 정하지 않으면 광고가 중지되지 않고 계속된다.

      • 총 캠페인 예산을 사용하는 경우라면, 광고의 기간을 짧게 설정할수록 하루 광고비는 높게 지출된다.

③ **노출 위치**

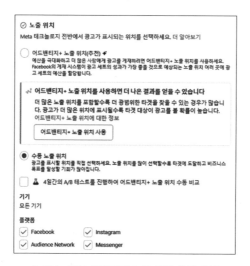

▲ Meta 광고 관리자의 노출 위치 선택 화면

    ㉠ 어드밴티지 + 노출 위치(= 자동 노출 위치)

      • 예산을 극대화하고 더 많은 사람에게 광고를 게재하려면 어드밴티지 + 노출 위치를 사용하는 것이 좋다. Facebook의 게재 시스템이 광고 세트의 성과가 가장 좋을 것으로 예상되는 노출 위치에 광고 세트의 예산을 할당한다.

      • 어드밴티지 + 노출 위치를 권장하는 이유는 Facebook 게재 시스템이 예산을 최대한 활용하는 데 도움이 되기 때문이며 자동 노출 위치 기능은 Facebook, Instagram, Audience Network, Messenger에서 구성한 설정에 맞게 광고를 사용 가능한 모든 노출 위치에 게재한다.

      • Facebook의 타겟팅은 사용 가능한 모든 노출 위치에 동일하게 적용되므로 더 많은 노출 위치를 포함할 경우 더 많은 타겟을 찾을 가능성이 커진다.

ⓒ 수동 노출 위치
- 광고를 표시할 위치를 직접 선택한다. 노출 위치를 많이 선택할수록 타겟에 도달하고 비즈니스 목표를 달성할 기회가 많아진다.
- 인벤토리 필터를 사용하면 광고가 노출되는 Facebook 인스턴트 아티클, Facebook 인스트림 동영상, 릴스의 Facebook 오버레이 광고, Instagram 인스트림 동영상 및 Audience Network의 콘텐츠 민감도를 세부적으로 관리할 수 있다. 여기서 참사 또는 분쟁, 논란의 여지가 있는 사회문제, 불쾌한 활동, 성적인 콘텐츠, 거친 언어, 노골적인 콘텐츠 등을 포함한 콘텐츠에 광고가 노출되지 않도록 할 수 있다.
- 다음 플랫폼에 노출할지 안할지 결정할 수 있다.
  - Facebook
  - Instagram
  - Audience Network
  - Messenger

※ 아래와 같이 세부 노출 위치도 지정할 수 있다.

| 구분 | 노출 위치 | 규격 |
|---|---|---|
| 피드 | Facebook 피드 | 세로방향(4:5) 이미지 및 동영상 |
| | Facebook 프로필 피드 | 정사각형(1:1) 이미지와 세로 방향(4:5) 동영상 |
| | Instagram 피드 | |
| | Instagram 프로필 피드 | |
| | Facebook Marketplace | |
| | Facebook 동영상 피드 | |
| | Facebook 오른쪽 칼럼 | 가로 방향(1.91:1) 이미지나 동영상 |
| | Instagram 탐색 탭 | 정사각형(1:1) 이미지와 세로 방향(4:5) 동영상 |
| | Instagram 탐색 홈 | 다이내믹 크리에이티브를 이용 시 사용 금지 |
| | Messenger 받은 메시지함 | 정사각형(1:1) 이미지 |
| | Facebook 비즈니스 둘러보기 | 우리나라에서는 사용 제한 |
| 스토리 및 릴스 | Instagram 스토리 | 세로 방향 전체 화면(9:16) 이미지나 동영상 |
| | Facebook 스토리 | |
| | Messenger 스토리 | 다이내믹 크리에이티브를 이용 시 사용 금지 |
| | Instagram 릴스 | 세로 방향 전체 화면(9:16) 동영상 |
| | Instagram 프로필 릴스 | |
| | Facebook 릴스 | |
| 동영상 및 릴스의 인스트림 광고 | Facebook 인스트림 동영상 | 가로 방향(16:9) 동영상 또는 정사각형(1:1) 이미지 |
| | Facebook 릴스 광고 | 세로 방향(9:16) 동영상 또는 정사각형(1:1) 이미지 |

| 검색결과 | Facebook 검색 결과 | 가로 방향(1.91:1) 이미지와 정사각형(1:1) 동영상 |
|---|---|---|
| | Instagram 검색 결과 | 다이내믹 크리에이티브를 이용 시 사용 금지 |
| 메시지 | Messenger 홍보 메시지 | 메시지 |
| 앱 및 사이트 | Audience Network 네이티브, 배너 및 전면 광고 | 세로 방향 전체 화면(9:16) 이미지나 동영상 |
| | Audience Network 보상형 동영상 | |

▲ Meta 광고 관리자에서 선택할 수 있는 세부 노출 위치

④ 최적화 및 게재

광고를 최적화할 수 있는 기준은 다음과 같다.

| 광고 게재 최적화 기준 | 설명 |
|---|---|
| 도달 | 최대한 많은 사람에게 광고를 게재 |
| 일일 고유 도달 | 타겟에게 최대 하루에 한 번 광고를 표시 |
| 노출 | 타겟에게 광고를 최대한 여러 번 표시 |
| 랜딩 페이지 조회 | 광고의 링크를 클릭하고 웹사이트 또는 인스턴트 경험을 읽어들일 가능성이 높은 타겟에게 광고를 게재하는 것이다. |
| 링크 클릭 | 광고를 클릭할 가능성이 높은 사람에게 광고를 게재 |
| 게시물 참여 | 가장 낮은 비용으로 게시물을 좋아하거나 공유하거나 댓글을 남길 가능성이 높은 적절한 사람들에게 광고를 게재 |
| 페이지 좋아요 | 가장 낮은 비용으로 페이지 좋아요를 더 많이 받을 가능성이 높은 적절한 사람들에게 광고를 게재 |
| 이벤트 응답 | 가장 낮은 비용으로 이벤트에 관심을 가질 가능성이 높은 적절한 사람들에게 광고를 게재 |
| 앱 설치 | 앱을 설치할 가능성이 가장 높은 사람들에게 광고를 게재 |
| 앱 이벤트 | 특정 행동을 1회 이상 취할 가능성이 가장 높은 사람들에게 광고를 게재 |
| 전환 | 웹사이트 전환 가능성이 가장 높은 적절한 사람들에게 광고를 게재 |
| 전환이벤트 | 카탈로그의 제품에 관심을 보이고 행동을 취할 가능성이 높은 사람들에게 광고를 게재 |
| 가치 | 창출되는 총 구매 금액을 최대화하여 가장 높은 광고 지출 대비 수익률(ROAS)을 달성할 수 있는 사람들에게 광고를 게재 |
| ThruPlay | 동영상이 15초 이하인 경우 동영상 재생 완료 횟수를 최대한 늘리는 데 도움이 되는 광고를 게재함. 15초보다 긴 동영상의 경우 15초 이상 재생할 가능성이 가장 높은 사람들에 대해 동영상을 최적화한다. |
| 동영상 연속 2초 이상 조회 | 동영상 연속 2초 이상 조회수를 최대한 늘릴 수 있도록 광고를 게재. 대다수의 동영상 연속 2초 이상 조회에서는 최소 50%의 동영상 픽셀이 화면에 노출된다. |

| 잠재 고객 | 가장 낮은 비용으로 잠재 고객이 될 가능성이 가장 높은 적절한 사람들에게 광고를 게재 |
|---|---|
| 잠재 고객 전환 | 전환 가능성이 가장 높은 잠재 고객을 더 많이 확보할 수 있도록 광고를 게재 |
| 대화 | 메시지를 통해 대화를 나눌 가능성이 가장 높은 사람들에게 광고를 게재 |
| 답장 | 메시지를 통해 대화를 나눌 가능성이 가장 높은 사람들에게 광고를 게재 |
| 매장 방문 | 비즈니스 매장을 방문할 가능성이 높은 사람들에게 광고를 게재 |
| 광고 상기도 성과 증대 | 광고를 본 것을 기억하는 사람 수를 극대화하도록 광고를 게재 |

▲ 선택할 수 있는 광고 게재 최적화 기준

용어 정리

■ 인스턴트 경험
모바일 기기 사용자가 광고를 누르면 열리는 전체 화면 경험

⑤ **다이내믹 크리에이티브** : 이미지와 제목 같은 크리에이티브 요소를 이용하여 타겟별 버전을 자동으로 생성할 수 있는 기능을 말한다. 광고 세트 설정에서 토글을 클릭하여 켜짐으로 하면 설정된다.

**다이내믹 크리에이티브**       켜짐
이미지와 제목 등의 크리에이티브 요소를 제공하면 타겟에 최적화된 조합이 자동으로 생성됩니다. 버전마다 하나 이상의 요소를 기반으로 서로 다른 형식 또는 템플릿이 포함될 수 있습니다. 더 알아보기

▲ Meta 광고 관리자의 다이내믹 크리에이티브 설정 화면

㉠ 다이내믹 크리에이티브의 특징
- 다이내믹 크리에이티브에서는 여러 광고 구성 요소(이미지, 동영상, 텍스트, 행동 유도 등)를 적절히 결합하여 사용한다.
- 다이내믹 크리에이티브를 사용하면 광고를 보는 각 사람에게 맞춤화된 크리에이티브 버전을 자동으로 만들 수 있으며, 만들어진 결과물은 확장 가능하다.
- 다이내믹 크리에이티브는 어떤 크리에이티브가 각 타겟의 반응을 얻는지 알 수 없는 경우 사용할 수 있는 도구이다.
- 다만, 모든 버전의 취합된 성과만 확인할 수 있기 때문에 다이내믹 크리에이티브를 A/B테스트 대용으로 사용하는 것은 적절하지 않다.

㉡ 다이내믹 크리에이티브 광고 사용 시 주의할 점
- 다국어 광고, 소재 맞춤화, 정치 관련 콘텐츠를 포함하는 광고에는 다이내믹 크리에이티브를 사용할 수 없다.
- 다이내믹 크리에이티브 광고는 다이내믹 언어 최적화 또는 광고 크리에이티브 맞춤 설정과 함께 사용할 수 없다.

PART 2

3 광고

▲ Meta의 광고 프로세스에서 광고의 위치

광고는 어떤 매체에, 어떤 광고물을 노출할 지 정하는 부분이다.

※ 광고에서 결정하는 사항
· 광고 이름
· 대표 계정
· 광고 설정
· 광고 크리에이티브
· 언어
· 추적

① 광고 이름
광고주가 자유롭게 광고의 이름을 지을 수 있지만, 이름 템플릿을 만들면 광고 이름을 특정한 규칙에
따라 일관되게 만들 수 있다.

② 대표 계정
광고주가 사용할 Facebook 계정과 Instagram 계정을 선택한다. Instagram 계정이 없으면 Facebook
페이지의 이름, 프로필, 기타 정보를 기반으로 Instagram에 광고가 노출된다. Instagram 광고를 위해
서는 별도의 Instagram 계정을 사용하는 것을 권장한다.

③ 광고 설정

광고 설정에 들어가면 광고 만들기, 기존 게시물 사용, 크리에이티브 허브 모의 광고 등 세 가지 메뉴 중 하나를 선택할 수 있다.

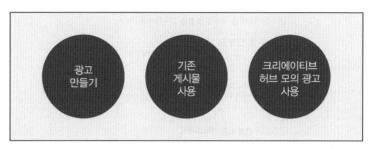

▲ 광고 설정에서 선택할 수 있는 옵션

용어 정리

■ 크리에이티브 허브
광고 제작을 위해 공동 작업자를 추가하고, 모의 광고를 만들어 협업할 수 있는 도구로 Meta 비즈니스 관리자에서 설정할 수 있다.

㉠ 광고 만들기(새로운 광고 소재를 만들 때)

새로운 광고를 만들 때는 다음과 같은 항목에 대해 광고를 설정할 수 있다.

| 구분 | | 설명 |
| --- | --- | --- |
| 크리에이티브 소스 | 수동 업로드 | 광고주가 수동으로 업로드 |
| | 카탈로그 | 카탈로그의 미디어가 자동으로 사용 |
| 형식 | 단일 이미지 또는 동영상 | 단일 이미지, 동영상, 슬라이드쇼 |
| | 슬라이드 | 2개 이상의 이미지 또는 동영상 |
| | 컬렉션 | 모바일 환경에서 전체 화면으로 열리는 복수의 이미지 또는 동영상 |

▲ 광고 만들기에서 크리에이티브 소스와 광고의 형식 선택하기

▲ Meta 광고 관리자의 광고 만들기 화면

- 광고를 만들 때 다음 두 가지 사항에 대해서 사용 여부를 결정
  - 다이내믹 경험 사용 여부
  - 전체 화면 모바일 환경(= 인스턴트 경험) 사용 여부
- 다이내믹 경험
  - 정의 : 다양한 텍스트 조합, 미디어 개선 및 구성 변경 사항이 포함된 광고 버전이 자동으로 생성되며, 데이터를 기반으로 각각의 사람이 반응을 보일 가능성이 가장 높은 광고 버전이 표시되는 것
  - 성과 개선을 위해 변경될 수 있는 항목 : 텍스트의 구성, 이미지의 밝기와 선명도와 화면 비율, 좋아요나 댓글

> 비교 다이내믹 크리에이티브
> 다이내믹 크리에이티브를 사용하면 광고를 보는 각 사람에게 맞춤화된 크리에이티브 버전을 자동으로 만들 수 있다(다이내믹 크리에이티브는 광고 세트 수준에서 설정).

• 전체 화면 모바일환경
  - 사용자가 광고를 누르면 열리는 전체 화면 경험
  - 브랜드, 제품 및 서비스를 생생하게 보여줄 수 있다.
  - 이러한 인스턴트 경험이 포함된 광고는 모바일 Facebook 피드, Facebook 스토리, Instagram
    피드, Instagram 스토리와 기타 노출 위치에 표시된다.
  - 광고를 게재하고 나서 인스턴트 경험 지표를 활용하여 결과를 분석할 수 있다(인스턴트 경험 조
    회 시간, 인스턴트 경험 조회율)

ⓛ 기존 게시물 사용

이 메뉴는 새 광고를 만드는 것이 아니라, Facebook, Instagram, 브랜디드 콘텐츠에 올렸던 기존
게시물로 광고를 만드는 곳이다. 미리 만들어 놓은 게시물을 선택할 수도 있고, 새로운 게시물을 만
들 수도 있다.

ⓒ 크리에이티브 허브 사용

Facebook과 Instagram 광고에 대한 정보를 알아보고, 모의 광고를 만들 수 있는 공간이다.
  • 광고를 미리 보고 테스트할 수 있다.
  • 모의 광고 및 프로젝트에서 팀원들과 협력할 수 있다.
  • 아이디어부터 최종 전송까지 간편하고, 안전하고, 빠르게 진행할 수 있다.

④ **광고 크리에이티브**

광고 크리에이티브 메뉴에서 미디어를 추가하고 미디어의 상세 정보를 입력한다.

㉠ 미디어 추가

미디어 추가를 눌러 이미지 또는 동영상을 추가할 수 있으며, 각 노출 위치별로 광고 미디어를 다르
게 설정할 수 있다(이를 노출 위치에 대한 자산 맞춤화라고 부름).
  • 다른 파일로 변경
  • 자르기 및 최적화
  • 기본 문구 및 헤드라인 변경
  • 랜딩 페이지 변경

▲ Meta 광고 관리자의 노출 위치에 따른 미디어 자르기 화면

- 동영상 만들기
- 동영상 만들기 버튼을 눌러 동영상을 만들 수도 있음
- 2~15개의 이미지 필요
- 광고에 추가적으로 포함될 정보
  - 광고 제목, 설명, 문구 등
  - 광고 랜딩 페이지 URL(웹사이트 또는 Facebook 이벤트 페이지)
  - 광고 소재(미디어)
  - 사람에 따라 텍스트 최적화 여부
  - 통화 연결(전화번호) 표시 여부
  - 행동 유도 버튼(예 더 알아보기, 구매하기, 다운로드 등)

⑤ **언어**
광고 형식이 '단일 이미지 및 동영상'인 경우 언어를 추가로 선택하고 번역(자체 번역 또는 자동 번역)하
여 표시할 수 있다.

㉠ 언어 추가

사람들이 적절한 언어로 자동 표시되는 광고를 볼 수 있도록 여러 언어로 표시되는 광고를 만들 수 있다. 이 기능을 사용하면 각 언어마다 광고 세트를 만들고 별도의 언어 타겟팅을 적용할 필요가 없다.

▲ Meta 광고 관리자의 언어 관리 화면

㉡ 다이내믹 언어 최적화

카탈로그에 국가 및 언어 피드를 업로드한 경우 여러 국가와 언어를 위한 다이내믹 광고를 만들 수 있다. 다이내믹 광고에서는 특정 국가 또는 언어에 해당하는 정확한 정보를 사용하여 카탈로그에서 관련성 있는 상품을 사람들에게 자동으로 표시한다.

> **용어 정리**
>
> ■ 카탈로그
>  카탈로그는 Facebook과 Instagram에서 광고하거나 판매하려는 모든 상품에 대한 정보가 담긴 공간

⑥ **추적**

광고의 성과를 추적하기 위한 설정을 하는 부분을 말한다. 웹사이트에 픽셀을 설치하거나, 앱에 SDK를 설치하여 광고를 통해 어떤 전환이 일어나는지 추적할 수 있다. 오프라인 API를 설치하여 오프라인 매장에서 수집한 데이터를 활용할 수도 있다. 웹사이트 URL의 뒷부분에 매개변수를 추가하여 방문자의 유입 소스를 파악할 수도 있다.

---

**용어 정리**

- **픽셀**
  웹사이트 내에서 발생하는 행동(이벤트)을 파악하여 Meta에 보고할 수 있도록 만든 코드
- **SDK**
  Software Development Kit의 약자로서 개발자들이 애플리케이션 소프트웨어(앱)를 개발할 때 사용하는 도구로, 이를 앱에 설치하여 앱에서 발생하는 데이터를 Meta에 보낼 수 있다.
- **전환 API**
  비즈니스 내에서 발생하는 마케팅 데이터와 Meta를 연결해 주는 도구
- **오프라인 API(오프라인 전환 API)**
  매장 구매, 전화 주문, 예약 등 비즈니스의 오프라인 행동(이벤트) 데이터를 Meta에 연결해 주는 도구

---

## 제 4 절 | Meta 광고의 원리 및 관리 전략    기출중요도 중 ★★☆

### 1 머신러닝

#### ① Meta 광고에서의 머신러닝의 역할

Meta에서 광고를 만들거나 수정하면, 광고 관리자는 특정 시간동안 광고성과를 최적화하기 위한 작업을 시작하며, 그 작업을 머신러닝이라고 한다. 예측 분석 및 알고리즘을 사용하여 적절한 타겟에게 적절한 광고를 보여주기 위한 활동이며, 비즈니스의 캠페인 목표에 따라 시스템이 가장 좋은 결과를 달성할 가능성이 높은 곳으로 지출을 옮겨 광고성과를 개선할 수 있다(최적의 입찰가로 최적의 타겟을 찾음). 타겟팅에 적합한 대상이 누구인지, 광고를 노출하기에 적절한 시간대는 언제인지, 사용할 크리에이티브는 무엇이며 노출 위치는 어디가 적절한지를 학습을 통해 알아낸다.

#### ② Meta 광고에서 머신러닝이 활용되는 분야

- 자동 노출 위치
- 캠페인 예산 최적화
- 광범위한 타겟
- 다이내믹 크리에이티브

③ 머신러닝 운영 시 주의할 점

- 머신러닝 하는 동안 광고 세트를 수정하지 말 것
- 불필요한 수정을 하지 말 것. 수정을 하면 머신러닝이 다시 시작되어 최적화가 지연된다.
- 광고의 수를 늘리지 말 것. 광고가 늘어나면 각각의 광고에 대한 학습량이 줄어든다.
- 실제 사용할 예산을 사용하되 50회 이상의 최적화 이벤트가 발생하도록 예산을 충분히 설정할 것
- 잦은 예산 변경을 피할 것

## ② 광고 효과 높이기

### ① 효과적인 모바일 동영상 광고

ㄱ 광고의 길이

- Facebook의 2018년 자체 연구 결과
  - 동영상 길이가 15초 이하이면 사람들이 동영상을 끝까지 시청할 확률이 높아진다.
  - 제품 또는 브랜드가 첫 15초 이내에 나타나도록 편집할 것
  - 가장 흥미로운 부분을 동영상 초반 3초 내에 배치할 것
  - 세로 방향 또는 정사각형 동영상을 사용할 것
  - 소리 없이도 이해할 수 있는 광고를 만들어야 한다. 필요하면 자막(캡션)을 사용할 것

ㄴ 스토리텔링 방식

- 모바일 피드 환경에서 더 높은 성과를 올리기 위해 아래와 같은 다양한 형식들이 사용된다.
  - 부메랑(Boomerang) : 반복 재생되는 형식에서 중요한 순간을 캡처
  - 연속 사진 동영상(Burst) : 핵심 메시지나 모션을 통해 표현되는 클라이맥스로 시작
  - 간헐적 동영상(Pulse) : 빠르게 전환되는 순차적 장면을 보여주면서 짧은 시간 내에 스토리를 2~3회 반복하여 전달
  - 역순 동영상(Retrogade) : 스토리의 마지막 장면으로 시작하여 동영상의 중간 지점에 스토리의 처음 부분이 등장하기까지 역순으로 이동하며 스토리라인의 순서를 재배치
- 과거 Facebook은 다음과 같은 기법도 소개한다.
  - 셔플(Shuffle) : 화면을 전환하는 기법
  - 버블(Bubble) : 화면을 확대하는 기법

## ① Meta 광고성과 지표 관련 용어

※ 노출수

- 광고 플랫폼으로부터 수신된 데이터를 기반으로 광고가 게재된 횟수를 의미한다.
- 노출은 각 플랫폼이 노출을 어떻게 계산하느냐에 따라 '화면 표시 노출' 또는 '조회 가능한 노출'로도 측정 가능하며, 플랫폼에 따라 달라질 수 있다.
- 서드 파티 광고 플랫폼의 노출의 경우 화면 표시 노출인지 조회 가능한 노출인지 Facebook을 통해 확인이 불가하다.

※ 클릭수

- 광고 플랫폼으로부터 수신한 데이터를 기반으로 광고가 클릭된 횟수이다.
- 클릭을 통해 광고가 얼마만큼의 트래픽을 유도하는지 알 수 있다.
- 광고를 게재한 광고 플랫폼으로부터 수신한 데이터를 기반으로 광고 클릭 횟수를 계산한다.

※ 전환수

- 구매 또는 장바구니에 담기 같은 특정 행동이 실행된 횟수이다.
- 픽셀, 앱 또는 오프라인 이벤트 세트를 통해 기록한다.
- 이 지표는 선택한 전환이 설정한 보고 기간 내 발생한 횟수를 측정한다.

※ 클릭률

- 전체 노출 중 클릭수의 비율이다.
- 클릭률은 광고가 얼마나 효과적으로 웹사이트나 다른 랜딩 페이지로 트래픽을 유도했는지를 나타낸다.
- 목표가 트래픽 확보인 경우, 이 수치가 높을수록 좋다.
- 이 지표는 클릭수를 노출수로 나누어 계산되며 비율(%)로 표시한다.

※ 1,000회 노출당 전환

- 1,000회 노출당 전환은 광고가 노출을 통해 전환을 얼마나 효율적으로 확보하는지 파악할 수 있는 지표이다.
- 1,000회 노출당 전환은 전환 횟수를 노출 횟수로 나눈 뒤 1,000을 곱하여 계산한다.
- 1,000회 노출당 비용(CPM)에 따라 비용을 지불하는 경우에 유용하다.

※ 광고 지출 대비 수익률(Return On Advertising Spend = ROAS)

- 광고 지출 대비 수익률은 전환 가치(매출)를 비용으로 나누어 계산한다.
- 픽셀, 앱 또는 오프라인 이벤트 세트의 데이터를 기반으로 계산한다.

※ 방문 전환율
- 전체 방문 횟수 중 전환이 발생한 비율이다.
- 방문 전환율을 통해 웹사이트 방문 후 가장 많은 전환을 발생시킨 광고가 무엇인지 알 수 있다.
- 전환을 확보하는 것이 목표인 경우 이 수치가 높아야 한다.
- 방문 전환율은 전환 횟수를 방문수로 나누어 계산하며 퍼센트로 표시한다.
- 데이터가 불완전하거나 누락되어 전환을 직접 측정할 수 없는 경우 통계 모델링을 사용하여 전환을 확인할 수 있다.

※ 클릭 전환율
- 전체 클릭 횟수에 대한 전환의 비율
- 클릭 전환율을 통해 광고를 클릭한 후 가장 많은 전환을 확보한 광고가 무엇인지 알 수 있다.
- 전환을 확보하는 것이 목표인 경우 이 수치가 높아야 한다.
- 클릭 전환율은 전환 횟수를 클릭수로 나누어 계산하며 퍼센트로 표시한다.

※ 전환 가치
- 광고가 전환에 기여한 가치를 말하며, 픽셀, 앱 또는 오프라인 이벤트 세트를 통해 기록한다.
- 전환 가치를 통해 광고에서 얼마만큼의 수익을 올렸는지 알 수 있다.
- 성과를 높이려는 지표가 전환을 통한 총 수익인 경우, 전환 가치에 맞추어 최적화해야 한다.
- 비용 데이터를 업로드한 경우 광고 지출 대비 수익률을 사용하여 전환 가치와 광고 비용 간의 관계, 그리고 광고의 수익성 여부를 파악할 수 있다.
- 이 지표는 이벤트, 맞춤 전환, 오프라인 이벤트에서 설정한 가치 매개변수를 통해 계산되며, 광고에 기여한 전환의 개별 전환 가치를 포함한다.
- 여기에는 픽셀, 앱 또는 오프라인 이벤트 세트를 통해 기록된 전환이 포함될 수 있다.
- 전환 횟수를 직접 측정할 수 없는 경우에는 통계 모델링을 사용하여 전환을 확인할 수 있다.

※ 비용
- 광고에 지출한 총 금액
- 비용은 광고 캠페인에서 설정한 목표를 얼마나 효율적으로 달성했는지 보여준다.
- 이 지표를 사용하여 여러 캠페인의 성과를 비교하고 기회를 발견할 수 있다.

※ 1,000회 노출당 비용(cost per millennium = CPM)
- 1,000회 노출에 대한 평균 비용이다.
- 광고 캠페인의 비용 효율을 측정하기 위해 온라인 광고 업계에서 사용되는 일반적인 지표이다.
- 노출당 비용은 비용을 노출 횟수로 나눈 뒤 1,000을 곱하여 계산한다.

※ 최적화된 CPM(= Optimized CPM)

최적화된 CPM(1,000회 노출당 비용)은 광고주가 원하는 행동을 취할 가능성이 높은 사람에게 광고를 표시하는 입찰 유형이다. 예를 들어, 광고 목표가 고객의 웹사이트 방문 유도인 경우 최적화된 CPM으로 입찰하면 외부 링크로 이동할 가능성이 높은 사람들에게 광고가 표시된다. 이 입찰 유형에서는 CPM(노출당 비용)을 지불한다. 선호하는 대상에게 광고가 도달할 수 있도록 입찰가가 자동으로 조정되지만 예산을 초과하지는 않는다.

※ 클릭당 비용(cost per click = CPC)

• 클릭당 비용은 각 클릭당 소요되는 평균 비용이다.
• 클릭당 비용은 광고 효과 및 성과를 벤치마킹하기 위해 온라인 광고 업계에서 사용되는 지표이다.
• 클릭당 비용은 비용을 광고 클릭수로 나누어 계산한다.

※ 전환당 비용

• 각 전환당 소요되는 평균 비용이다.
• 전환당 비용은 전환을 발생시키거나 고객을 확보하는 데 지출한 비용을 나타낸다.
• 원칙적으로 전환당 비용 목표는 전환 가치보다 높을 수 없다.
• 비용을 전환수로 나누어 계산한다.

※ 방문당 비용

• 각 방문의 평균 비용이다.
• 방문당 비용은 각 방문당 소요되는 평균 비용이다.
• 방문당 비용은 비용을 방문 횟수로 나누어 계산한다.

## 2 성과 측정을 위한 데이터 수집

### ① 이벤트 데이터 소스

이벤트 데이터 소스는 사람들이 비즈니스의 웹사이트, 모바일 앱 또는 매장에서 취하는 행동(예 조회, 장바구니에 담기, 구매)을 추적한다.

> • 카탈로그
> • Facebook 픽셀(Meta 픽셀)
> • 오프라인 이벤트 세트
> • 맞춤 전환
> • 자산
> • 이벤트 소스 그룹(비즈니스 자산 그룹으로 명칭 변경)
> • 공유 타겟
> • SDK(Meta SDK)

이러한 데이터 소스는 비즈니스 관리자의 '데이터 소스' 메뉴에서 관리할 수 있다.

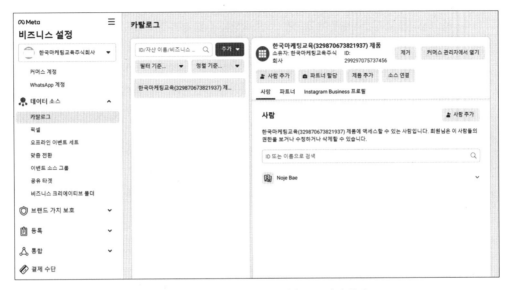

▲ Meta 비즈니스 관리자의 데이터 소스 관리 화면

비즈니스 관리자의 이벤트 관리자에 있는 '이벤트 데이터 소스'에서 새로운 데이터 소스를 연결할 수 있다.

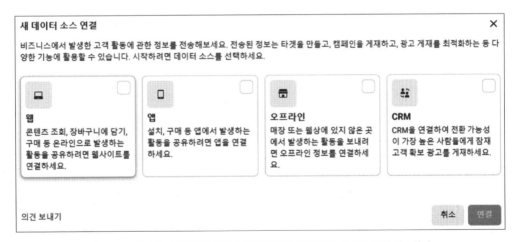

▲ Meta 비즈니스 관리자의 이벤트 관리자에서 새 데이터 소스를 연결하는 화면

㉠ 카탈로그
• 카탈로그란 광고하거나 판매하고자 하는 제품의 정보가 담긴 공간이다.
• 카탈로그 내에서 발생한 이벤트 데이터를 수집하여 분석할 수 있다.
㉡ 픽셀
웹사이트에서 사람들이 취한 행동을 파악하여 광고의 효과를 측정하기 위해 설치하는 코드
• 픽셀의 활용
– 적합한 사람들에게 광고를 노출함 : 신규 고객, 웹사이트의 특정 페이지를 방문한 사람, 원하는 행동을 취한 사람 등 비즈니스에 적절한 타겟을 찾을 수 있다.

- 매출을 늘림 : 자동 입찰을 설정하여 제품 구매 등 비즈니스에 중요한 행동을 할 가능성이 높은 사람에게 도달할 수 있다.
- 광고성과를 측정 : 사람들이 광고를 보면 발생하게 될 결과를 측정하여 광고의 영향을 더욱 효과적으로 파악할 수 있다.
- Facebook 픽셀로 이벤트 데이터를 수집할 때에는 고객의 행동 데이터가 Facebook 쿠키와 함께 브라우저를 통해 전달되기 때문에, 쿠키 지원을 중단하는 브라우저가 늘어나면 웹사이트 전환 추적이 어려워지기 때문에 캠페인 최적화를 위해 전환 API를 구현할 필요가 있다.

• 전환 API
- 전환 API는 웹사이트에서 발생하는 이벤트 데이터를 웹 브라우저를 거치지 않고 웹사이트의 서버에서 Facebook 서버로 바로 전송하는 API를 말한다.
- 전환 API를 픽셀과 함께 사용하면 Facebook 광고 캠페인의 성과 및 측정을 개선하는 데 도움이 된다.

> ※ **전환 API의 이점**
> • 픽셀과 함께 전환 API를 사용하면 연결 안정성이 높아져서 게재 시스템에서 행동당 비용을 낮추는 데 도움이 된다.
> • 고객 여정의 후반부에 발생하는 중요한 행동에 광고를 최적화한다(예 구독, 매장 내 행동 등).

ⓒ 오프라인 이벤트 세트
• Facebook의 오프라인 전환 측정 기능을 사용하면 사람들이 Facebook 광고를 보거나 참여 한 후에 실제 비즈니스 위치나 기타 오프라인 채널에서 한 거래를 추적할 수 있다.
• 오프라인 전환을 사용하여 Facebook 광고가 매장 구매, 전화 주문, 예약 등 얼마나 많은 실질적인 성과를 유도했는지 측정할 수 있다.
• 매장에서 발생한 오프라인 전환을 광고를 보거나 클릭한 사람의 리스트와 비교함으로써 광고 캠페인의 효과를 파악하는 데 도움이 된다.
• 오프라인 전환을 통해 수행할 수 있는 일
- 오프라인 활동을 추적하고 해당 활동에 대한 광고의 기여도 확인
- 오프라인 광고 지출 대비 수익 측정
- 오프라인에서 사람들에게 도달하고 사람들이 오프라인에서 취한 행동을 기반으로 광고를 노출한다. 유사 타겟을 만들어 오프라인 고객과 비슷한 특성을 가진 사람들에게 Facebook 광고를 노출할 수도 있다.
• 오프라인 전환을 측정하는 방법
- 오프라인 API를 이용하는 법
- 파트너 통합을 이용하는 법
• 파트너 통합 : Facebook에서는 간편하게 오프라인 이벤트 데이터를 업로드할 수 있도록 여러 파트너 통합을 제공하고 있다. 이러한 파트너는 POS, CRM(고객 관계 관리) 또는 기타 고객을 측정할 수 있다.
ⓓ 맞춤 전환
맞춤 전환으로 이벤트 또는 URL에 대한 규칙을 만들어 더 구체적인 고객 행동을 측정할 수 있다.

ⓜ 이벤트 소스 그룹(비즈니스 자산 그룹으로 개편)
- 비즈니스 자산 그룹은 비즈니스 관리자 계정 내 자산의 집합을 말한다(예 페이지, 계정, 픽셀, 카탈로그, 앱, 맞춤전환 등).
- 비즈니스 운영자는 비즈니스 자산 그룹 만들어 자산과 이를 사용하는 사람을 구성하고 관리할 수 있다.
- 비즈니스 자산 그룹 별로 이벤트 데이터를 얻어 별도로 분석할 수 있다.

ⓗ 공유 타겟
- 공유 타겟을 사용하면 광고 타겟을 다른 사람들이 이용하도록 허용할 수 있다.
- 비즈니스 관리자의 '광고' 메뉴에서 관리할 수 있다.

ⓢ SDK
- System Development Kit의 약자로서 앱으로부터 발생하는 데이터를 얻기 위한 도구를 뜻한다.
- Meta에서 만든 SDK를 앱에 설치하여 Meta로 데이터를 보내고, 이를 분석할 수 있다.

## ③ Facebook 페이지 인사이트

- 페이스북 페이지의 인사이트에서는 타겟에 대한 인구 통계학적 특성 데이터와 사람들이 게시물에 응답하는 방식 등 페이지 성과에 대한 정보가 제공된다.
- 인사이트를 통해 다음과 같은 지표를 파악할 수 있다.

| 페이스북 인사이트 지표 | 설명 |
|---|---|
| 페이지 행동 | 사람들이 페이지의 연락처 정보 및 행동 유도 버튼을 클릭한 횟수 |
| 페이지 조회 | 로그인 또는 로그아웃한 사람들이 페이지의 프로필을 조회한 횟수 |
| 페이지 미리 보기 | 사람들이 콘텐츠를 미리 보기 위해 페이지 이름 또는 프로필 사진에 커서를 가져간 횟수 |
| 페이지 좋아요 | 페이지를 좋아하는 사람 중 새롭게 추가된 사람의 수를 좋아요를 누른 위치에 따라 광고 및 비광고로 나누어 각각 집계한 수치 |
| 게시물 도달 | 화면에 페이지의 게시물을 표시한 사람의 수를 전체, 일반 및 홍보로 나누어 집계한 수치 |
| 스토리 도달 | 화면에 페이지의 스토리를 표시한 사람의 수를 전체, 일반 및 홍보로 나누어 집계한 수치 |
| 추천 | 사람들이 페이지를 추천한 횟수 |
| 게시물 참여 | 사람들이 좋아요, 댓글, 공유 등을 통해 게시물에 참여한 횟수 |
| 응답률 | 응답률은 비즈니스에서 응답한 메시지의 비율. 응답 시간은 가장 빠른 응답 시간의 90%를 기준으로 페이지에서 응답하는 데 걸린 평균 시간 |
| 동영상 | 페이지의 동영상이 3초 이상 재생된 횟수 또는 총 길이가 3초 미만인 경우 총 길이에 가깝게 재생된 횟수를 전체, 광고 및 비광고로 나누어 집계한 수치. 동영상이 1회 재생되면 Facebook은 동영상이 다시 재생된 시간은 제외 |
| 페이지 팔로워 | 페이지를 팔로우한 사람 중 새롭게 추가된 사람의 수를 유입 경로에 따라 광고 및 비광고로 나누어 각각 집계한 수치 |
| 주문 | 선택한 기간에 접수된 주문 건수와 수익 |

▲ Facebook 페이지 인사이트 지표 구성 항목

- Facebook IQ는 다양한 관점의 전문 지식과 업무 방식을 가진 전 세계의 비즈니스 전략가, 최신 트렌드 전문가, 미래학자, 기획자, 문화기술자, 기자, 데이터 분석가로 구성된 팀이다.
- Facebook의 표현에 의하면 'Facebook IQ의 글로벌 분석 정보, 대담한 관점, 인터랙티브 보고서, 데이터 도구를 통해 전략의 효과를 극대화'할 수 있다.
- Meta Foresight를 통해 Meta와 관련된 다양한 분석 자료와 유용한 통찰을 알 수 있다.
- 뉴스레터 이메일 구독서비스도 제공한다.
- 2022년 5월 Facebook IQ가 Meta Foresight로 이름이 변경되었다(과거 명칭도 종종 함께 쓰이고 있다).

---

## 제 6 절 Meta App Family
기출중요도 하 ★☆☆

### 1 앱 패밀리란

- 회사 명칭 변경과 함께 기존 Facebook 앱 패밀리를 Meta App Family라고 부른다.
- 한마디로 Meta에서 운영하는 다양한 서비스와 앱의 묶음을 말한다.
- 일반적으로 Facebook, WhatsApp, Messenger, Instagram을 일컫는다.

### 2 앱 패밀리 각각의 특징

① Facebook
- Meta의 중심을 이루는 소셜 네트워크 플랫폼
- 세계 최대의 SNS 플랫폼

② Instagram
- Meta에서 운영하고 있는 이미지 공유 중심의 미국의 소셜미디어
- 인스턴트 카메라(Instant Camera)와 정보를 보낸다는 의미의 텔레그램(Telegram)을 합쳐 만든 것

③ WhatsApp
- Meta에서 운영하는 메신저 앱
- 인스턴트 메시징 기능에 특화
- 우리나라 사용자 수는 카카오톡에 밀려 매우 적음

④ Messenger
- Meta에서 개발한 모바일 메신저
- 우리나라의 모바일 메신저 시장에서 카카오톡 다음으로 이용자가 많음

## 제 7 절   Meta Business Suite

기출중요도 중 ★★☆

Facebook, Instagram 및 메시지 도구를 비즈니스 계정 단위로 통합적으로 관리해 주는 도구이다. Meta for Business, Facebook for Business, (Meta) Business Manager 라는 용어가 사용되기도 한다.

### 1  주요 특징

- 비즈니스 계정 단위로 다양한 광고 계정, 페이지 등을 관리
- 다양한 광고들의 통합적인 운영
- 대행사나 파트너 추가 또는 삭제
- 통합적인 분석 도구 제공
- 자사의 브랜드와 고객을 보호하기 위한 도구 제공
- 해당 비즈니스 계정이 관리하는 다양한 페이지 별로 게시되어 있는 게시물의 현황을 보여주고 관리
- 샵과 카탈로그를 추가하고 관리할 수 있는 도구 제공

#### ① 비즈니스 계정 별 통합 관리

※ Meta 비즈니스 계정을 사용하면 좋은 점
- 고급 도구와 인사이트 사용
- 파트너와 안전하게 협력하고 파트너의 액세스 권한 관리
- 업무와 생활을 분리하여 개인정보 보호

PART 2

| 비즈니스 관리 | 권리보호 | 광고 |
|---|---|---|
| • 계정 품질<br>• 매장 위치<br>• 미디어 라이브러리<br>• 브랜드 가치 보호<br>• 비즈니스 설정<br>• 앱<br>• 이벤트 관리자<br>• 청구서<br>• 협력 센터 | 브랜드 권리 보호 | • 광고 계정 설정<br>• 광고 관리자<br>• 자동 규칙<br>• 크리에이티브 허브<br>• 타겟<br>• 페이지당 광고 한도 |

| 분석 및 보고 | 고객과 소통 | 제품과 서비스 판매 |
|---|---|---|
| • 광고 보고서<br>• 실험<br>• 인사이트<br>• 크리에이티브 보고서<br>• 타겟 인사이트<br>• 트래픽 분석 보고서<br>• Meta 브랜드 콜라보 관리자 | 페이지 게시물 | 커머스 관리자 |

▲ Meta 비즈니스 관리자의 모든 도구

㉠ 비즈니스 관리

| 구분 | 설명 |
|---|---|
| 계정 품질 | • 광고 계정<br>• 커머스 계정 및 카탈로그<br>• 관리하는 페이지<br>• WhatsApp 계정 |
| 매장 위치 | 특정 오프라인 매장이 있는 경우 표시 |
| 미디어 라이브러리 | 폴더를 만들어 광고 자산에 연결된 모든 미디어를 정리한다. |
| 브랜드 가치 보호 | 광고가 브랜드 가치에 도움이 되지 않는 콘텐츠 내에 표시되지 않도록 차단 리스트를 관리 |
| 비즈니스 설정 | 비즈니스에 대한 다양한 설정을 관리 |
| 앱 | 비즈니스에 연결된 앱 관리 |
| 이벤트 관리자 | 이벤트에 사용되는 데이터 소소를 관리한다. |
| 청구서 | 특정 기간 동안의 결제 활동 관리 |
| 협력 센터 | 추천된 파트너와 협력 광고를 만들고 관리<br>(Meta에서 규정한 특정 요구사항을 측정한 비즈니스만 가능) |

▲ Meta 비즈니스 관리자의 비즈니스 관리 세부 항목

㉡ 권리 보호
  • 자사의 브랜드와 고객을 보호하기 위한 도구
  • 신청 가능 조건
    - 등록 상표를 갖고 있어야 한다.
    - 상표가 활성 상태이며 텍스트 또는 이미지 기반이어야 한다.
    - 비즈니스가 지식재산권을 위반한 기록이 없어야 한다.
    - 브랜드 또는 비즈니스의 직원이 신청해야 한다.

㉢ 광고

| 구분 | 설명 |
|---|---|
| 광고 계정 설정 | 결제 등 광고 계정 관련된 다양한 설정 |
| 광고 관리자 | 실제 광고 캠페인을 관리하는 도구 |
| 자동 규칙 | 맞춤 규칙, 경매 중복 줄이기, 타겟 세분화 줄이기 등 규칙을 관리 |
| 크리에이티브 허브 | 공동 작업자를 추가하고, 모의 광고를 만들어 협업할 수 있는 도구 |
| 타겟 | 비즈니스에 중요한 사람들에게 도달하기 위해 맞춤 타겟, 유사 타겟, 저장된 타겟, 특별 광고 타겟 등을 만들 수 있다. |
| 페이지당 광고 한도 | 동시에 게재될 수 있는 250개의 광고에 도달했는지 확인 |
| 광고 보고서 | 피벗테이블, 추세, 막대선 등 광고 보고서를 생성 |

▲ Meta 비즈니스 관리자의 광고 세부 항목

ㄹ 분석 및 보고

| 구분 | 설명 |
|---|---|
| 광고 보고서 | 피벗테이블, 추세, 막대선 등 광고 보고서를 생성 |
| 실험 | A/B테스트와 브랜드 설문을 진행할 수 있다. |
| 인사이트 | 다양한 차원에 대해 분석과 통찰을 얻을 수 있다. |
| 크리에이티브 보고서 | 광고 크리에이티브에 특화된 광고 보고서를 볼 수 있다. |
| 타겟 인사이트 | 타겟에 대한 구체적인 정보를 보여준다. 즉, 내 페이지를 팔로우하는 사람들의 인구통계학적 특성, 관심사, 라이프스타일 등을 알 수 있게 해 준다. |
| 트래픽 분석 보고서 | 특정 비즈니스 자산 그룹에 대해 발생하는 트래픽을 분석해 준다. |
| Meta 브랜드 콜라보 관리자 | 콘텐츠 파트너십을 통해 도달을 늘리는 도구 |

▲ Meta 비즈니스 관리자의 분석 및 보고 세부 항목

ㅁ 고객과 소통

페이지 게시물 : 해당 비즈니스 계정이 관리하는 다양한 페이지 별로 게시되어 있는 게시물의 현황을 보여주고 관리한다.

ㅂ 제품과 서비스 판매 : 커머스 관리자를 통해 샵과 카탈로그를 추가하고 관리할 수 있는 도구이다.

## 제 8 절 Facebook Shop과 카탈로그  [기출중요도] 중 ★★☆

### 1 Facebook Shop

- Facebook에서 상거래를 할 수 있게 도와주는 솔루션
- 한국에서도 샵을 만들 수는 있지만 결제는 제공하지 않는다.
- Facebook과 Instagram 결제 기능은 현재 미국에서만 사용할 수 있다.
- 미국 외의 국가에서는 결제를 위한 별도의 웹사이트를 연결해야 한다.

① Facebook Shop 특징
- Facebook과 Instagram 양쪽에서 제품 판매 가능
- Facebook과 Instagram Shop을 한 곳에서 디자인하고 관리 가능(커머스 관리자에서) 빠르고 안전한 결제
- 구독 수수료 무료
- 간편한 인벤토리 관리
- 파트너 플랫폼(Shopify, BigCommerce 등)과 동기화 가능
- 테스트 Shop을 만들어 API 통합 테스트 등 가능

② Facebook Shop 생성 준비
- Shop을 만들기 위해서는 비즈니스 페이지와 카탈로그가 있어야 한다.
- 없다면 shop을 만들 때 함께 만들 수도 있다.
- Instagram에 shop을 만들기 위해 Instagram 비즈니스 계정도 있어야 한다.
- Instagram에만 shop을 만들려면 Facebook 비즈니스 페이지는 필요 없다.

③ Facebook/Instagram Shop 만들기
  ㉠ 결제 수단 선택
   - Facebook/Instagram에서 결제(미국 은행 계좌 필요)
   - 웹사이트를 통한 결제 : shop에서 결제할 외부 페이지로 안내, 허가를 받은 카탈로그 필요
   - 메시지 기능으로 결제 : WhatsApp이나 Messenger를 통한 결제
  ㉡ Shop 만들기 프로세스
   - 비즈니스 관리자 계정 선택
   - Shop에서 사용할 카탈로그 선택
   - 판매자 동의서 검토 및 동의
  ㉢ Facebook Shop을 위한 다이내믹 광고
   브라질, 중국, 홍콩, 인도네시아, 말레이시아, 멕시코, 대만, 싱가포르, 필리핀, 태국, 베트남에서만
   사용 가능하다.

2  카탈로그

① 카탈로그의 특징
- 카탈로그는 Facebook과 Instagram에서 광고하거나 판매하려는 모든 상품에 대한 정보가 담긴 공간
- 제품(이커머스), 호텔, 항공편, 목적지, 주택 매물 리스트, 차량 등 다양한 유형의 인벤토리에 대해 카탈로그 생성 가능
- 커머스 관리자에서 카탈로그를 만들고 관리

② 카탈로그 사용의 장점
- 이름, 이미지, 설명, 가격, 에디션 등 상품 관련 정보를 추가하고 관리
- 상품을 하나씩 업로드하거나 일괄 업로드할 수 있다.
- 카탈로그 내에서 고객에게 표시할 상품의 하위 그룹인 세트(광고용) 또는 컬렉션(Shop용)을 만들 수 있다.
- 권한을 할당하여 다른 사람이나 파트너 비즈니스가 카탈로그에서 작업을 할 수 있다.
- 언어 및 국가 정보를 업로드하여 광고나 Shop에서 각 고객의 언어 또는 국가에 해당하는 올바른 상품 정보 및 가격을 자동으로 표시할 수 있다.

③ **카탈로그를 이용해 상품을 광고하는 방법**
  ㉠ 다이내믹 광고
    • 특징
      – 다이내믹 광고는 카탈로그에서 관련 상품을 가져와 온라인에서 관심을 보인 사람들에게 자동으로 표시된다(다이내믹 광고를 위해서는 카탈로그가 필요함).
      – 카탈로그의 상품과 Facebook 픽셀 또는 SDK(웹사이트나 앱에 설치된 코드)의 이벤트를 매칭하는 방식으로 노출한다.
    • 다이내믹 광고를 위해 수집하는 이벤트(= 구매 인텐트)
      – Search
      – ViewCategory
      – ViewContent
      – AddToCart
      – Purchase
    • 다이내믹 광고의 가능한 형식
      – 단일 이미지
      – 슬라이드
      – 컬렉션 광고
    • 다이내믹 광고를 사용할 수 있는 캠페인 목표
      – 카탈로그 판매(카탈로그 판매 목표인 경우 기본으로 다이내믹 광고가 생성된다. 새 목표명 : 판매)
      – 앱 설치(새 목표명 : 앱 홍보)
      – 잠재 고객 확보(새 목표명 : 잠재 고객)
      – 전환(새 목표명 : 참여)
      – 트래픽
      – 메시지(새 목표명 : 트래픽, 참여, 잠재 고객, 판매)
    • 캠페인 목표별 카탈로그 선택 시점
      – 카탈로그 판매 : 캠페인 수준에서 카탈로그를 선택
      – 앱 설치 또는 잠재 고객 확보 : 광고 세트를 만들 때 카탈로그를 선택
      – 전환, 트래픽 또는 메시지 : 광고를 만들 때 카탈로그를 선택

> **용어 정리**
>
> ■ **다이내믹 크리에이티브**
> 다이내믹 크리에이티브에서는 여러 광고 구성 요소(이미지, 동영상, 텍스트, 행동 유도 등)를 사용하며, 광고성과를 높이기 위해 이러한 요소를 새로운 방식으로 결합한다.

  ㉡ 컬렉션 광고
    • 컬렉션 광고는 사람들이 제품을 발견한 후 구매까지 자연스럽게 이어갈 수 있게 해주는 모바일 전체 화면 광고 형식

- 컬렉션 광고에는 주요 동영상 또는 이미지가 표시되며 그 밑에 작은 이미지 3개가 그리드 레이아웃으로 배치
ⓒ 슬라이드 광고
  - 슬라이드는 사람들이 스크롤할 수 있는 자체 링크마다 여러 이미지 또는 동영상을 표시하는 광고 형식
  - 카탈로그의 상품으로 슬라이드를 자동으로 채우도록 선택할 수 있다.
ⓔ 제품 태그 광고
  - 제품 태그 광고를 만들어 카탈로그의 특정 상품을 홍보할 수 있다.
  - 제품 태그를 클릭하면 해당 상품을 자세히 알아보거나 구매할 수 있는 제품 상세 페이지로 이동한다.
ⓜ 협력 광고
  - 브랜드가 참여 판매자를 통해 상품을 판매하는 경우 협력 광고를 사용하면 바로 판매 캠페인을 게재할 수 있다.
  - 판매자 파트너가 비즈니스와 카탈로그 세그먼트를 공유하여 다이내믹 광고를 게재하는 데 사용할 수 있다.

④ **카탈로그를 이용해 상품을 판매하는 방법**
- Facebook Shop(제품)
- Shop는 Facebook 및 Instagram의 통합 온라인 매장이다.
- Shop을 맞춤 설정하고 추천 제품 컬렉션을 만들 수 있다.
- Instagram에서도 Instagram 쇼핑을 통해 게시물과 스토리에서 카탈로그에 있는 제품을 태그할 수 있다.
- Marketplace(차량) : Marketplace에서 주변 지역에 거주하는 사람들에게 차량 판매 가능

⑤ **효율적인 카탈로그 활용법**
카탈로그를 여러 개 만드는 대신 모든 상품을 포함하는 하나의 카탈로그를 사용하는 것이 좋은데, 이렇게 하면 더 효율적으로 상품을 관리하고 고객을 늘릴 수 있다. Facebook Shop를 설정하려는 경우에도 하나의 카탈로그만 선택해야 한다.

⑥ **카탈로그에 상품을 추가하는 방법**
보유한 상품 수, 판매하는 상품 유형, 상품 정보 변경 빈도 등 여러 요인에 따라 다음과 같은 세 가지 방법 중 선택한다.
ⓐ 수동 : 커머스 관리자에서 수동 양식을 사용하여 상품을 추가
ⓑ 데이터 피드
  - 스프레드시트 파일을 업로드하여 상품을 일괄적으로 추가
  - 파일을 한 번 업로드하거나 예약된 업로드를 설정하여 정기적으로 업로드할 수 있다.
  - CSV, TSV, XML(RSS/ATOM) 형식과 Google 스프레드시트 지원
ⓒ Facebook 픽셀
  - 웹사이트에서 자동으로 상품을 가져오고 업데이트
  - 설정하기가 다소 복잡

| 구분 | 수동 | 데이터 피드 | 픽셀 |
|---|---|---|---|
| 인벤토리 크기 | 작고 자주 변경되지 않음 | 중간~큰 크기이거나 자주 변경됨 | 중간~큰 크기이거나 자주 변경됨 |
| 인벤토리 유형 | 제품, 항공편, 호텔, 목적지, 차량 | 모든 인벤토리 유형 | 제품만 |
| 필수 요건 | 상품 상세 정보와 이미지 | • 올바른 사양이 지정된 데이터 피드 파일<br>• 파일 호스팅 사이트(선택 사항) | • 픽셀 설치<br>• 제품 페이지의 마이크로 데이터 태그<br>• 최근 웹사이트 활동 |
| 설정 난이도 | 적음 | 중간 | 많음 |
| 관리 난이도 | 높음. 수동으로 상품 업데이트 | 보통. 필요에 따라 스프레드 파일 업데이트 | 낮음. 픽셀을 통해 자동으로 상품 업데이트 |
| 추천 시나리오 | 인벤토리가 작고 자주 변경되지 않음 | • 인벤토리가 크거나 자주 변경 됨<br>• 예약된 업로드를 매시간, 매일 또는 매주 설정하려고 함 | • 인벤토리가 크거나 자주 변경됨<br>• 이미 픽셀을 설치함 |

▲ 카탈로그에 상품을 추가하는 3가지 방법

## 제 9 절 Meta 크리에이터 스튜디오

기출중요도 하 ★☆☆

크리에이터 스튜디오는 모든 Facebook 페이지와 Instagram 계정의 콘텐츠 성과를 효과적으로 게시, 관리, 수익화 및 추적하는 도구를 제공한다. 누구나 크리에이터 스튜디오를 사용할 수 있지만 페이지에 따라 볼 수 있는 특정 정보와 수행할 수 있는 작업이 다르며, 크리에이터 스튜디오는 페이지 단위로 운영된다(지금은 크리에이터 스튜디오 도구가 Meta Business Suite로 통합되었다).

주의 Meta 광고주의 관점이 아닌 크리에이터 관점에서 접근하는 플랫폼이다.

### 1 수익화

Meta에서 크리에이터는 다음과 같은 도구를 통해 수익화할 수 있다.

• 주문형 인스트림 광고
• 팬 구독
• 별
• 인스턴트 아티클
• 유료 온라인 이벤트
• 라이브 방송의 인스트림 광고

① **주문형 인스트림 광고**

수익을 창출하기 위해 동영상에 포함할 수 있는 짧은 광고를 말하며, 재생 전, 재생 중, 재생 후에 표시한다.

㉠ 권장 대상 : 업로드한 동영상이 존재, 콘텐츠가 광고에 적합할 때

㉡ 자격 조건(아래 조건 모두 충족)

> • 팔로워 10,000명
> • 최근 60일간 총 유효 조회 시간 600,000분
> • 페이지의 활성 동영상 5개

㉢ 광고 형식

- 프리롤 광고
  - 동영상이 시작되기 전에 재생
  - 콘텐츠를 적극적으로 찾는 사람들에게 표시
  - 더 많은 시청자가 콘텐츠를 찾아볼수록 광고주가 얻는 수익이 많아진다.
- 미드롤 광고
  - 동영상 중간에 재생되는 광고
  - 이러한 광고는 자연스럽게 중단되는 지점이 있는 동영상에 가장 적합
  - 대부분의 동영상이 뉴스피드에서 발견되기 때문에 크리에이터는 콘텐츠를 미드롤 광고에 맞추어 편집하는 것이 좋다.
- 이미지 광고
  - 콘텐츠 아래에 표시되는 고정 이미지 광고
  - 중간에 끊기 어려운 짧은 스토리처럼 미드롤 광고를 삽입하기 어려운 동영상으로도 수익을 올릴 수 있다.
- 포스트롤 광고
  - 포스트롤 광고는 동영상의 마지막에 표시된다.
  - 프리롤 광고 또는 이미지 광고를 수신하지 않는 시청자에게 표시되도록 할 수 있다.

㉣ 광고 노출

- 자동 노출 위치가 설정된 동영상에서 광고가 노출될 수 있는 최소 시간은 이미지 광고의 경우 30초, 동영상 광고의 경우 45초
- 광고 노출 위치를 선택할 때 동영상에 큐 포인트를 추가하여 60초 후에 광고를 게재하려는 위치를 표시할 수 있다.
- Facebook의 경매 시스템은 가능한 최적의 사용자 시청 경험을 보장하기 위해 광고를 게재할 가장 적절한 지점을 자동으로 감지한다.
- 이미지 광고와 포스트롤 광고를 통해 60~180초 콘텐츠로 수익을 창출할 수 있다.

㉤ 광고 차단 리스트

광고 차단 리스트를 만들면 해당 리스트에 해당하는 광고는 크리에이터가 만든 콘텐츠에 게재되지 않는다.

> ※ 아래와 같은 특정 카테고리의 광고는 기본적으로 차단된다.
> • 주류
> • 도박
> • 데이팅
> • 성인용 건강 제품과 서비스(피임 및 출산)

## Meta의 커뮤니티 규정 및 가이드라인    기출중요도 하 ★☆☆

Facebook에서는 커뮤니티 규정을, Instagram에서는 커뮤니티 가이드라인을 적용하여 폭력적인 이미지, 나체 이미지 및 혐오 발언과 같은 유해한 콘텐츠가 서비스에 표시되는 것을 방지한다.

### ① Facebook 커뮤니티 규정

Facebook 커뮤니티 규정은 Facebook에서 허용되는 콘텐츠와 허용되지 않는 콘텐츠에 대해 구체적으로 설명하고 있다. Facebook은 다음 4가지 가치를 중시하며, 표현을 제한할 때 이러한 가치를 제대로 제공하는 방향에 맞추어 고려한다.

> • 진실성(Authenticity)
> • 안전(Safety)
> • 개인정보보호(Privacy)
> • 존엄성(Dignity)

위 가치와 관련되어, 구체적인 커뮤니티 규정(community standard)를 운영하고 있다.

※ 전문 참조 : https://transparency.fb.com/ko-kr/policies/community-standards/

### ② Instagram 커뮤니티 가이드라인

Instagram 커뮤니티 가이드라인은 소중한 커뮤니티를 안전하게 유지하고 보호하기 위해 만들어진 정책이다.

> ※ 가이드라인의 헤드라인(by Instagram)
> • 직접 촬영했기니 공유찰 **권한**이 있는 사진과 **동**영상만 공유해야 한다.
> • 다양한 사람들이 즐길 수 있는 사진과 동영상을 게시해야 한다.
> • 의미 있고 진심이 담긴 교류에 동참해야 한다.
> • 법규를 준수해야 한다.
> • Instagram을 함께 사용하는 커뮤니티 멤버를 존중해야 한다.
> • 자해 행위를 미화하지 말고 도움을 주어야 한다.
> • 큰 사건은 신중하게 게시해야 한다.

# 워밍업! O · X문제

01 ☐O☐X 메타의 광고를 구성하는 3단계 중 입찰가를 설정하는 단계는 캠페인이다.

02 ☐O☐X 메타 광고 경매에 영향을 미치는 요소는 입찰가, 추산 행동률, 광고 품질이다.

03 ☐O☐X 입찰가를 높게 설정한 광고주와 낮게 설정한 광고주가 입찰 경쟁을 하면 높게 설정한 광고주가 항상 낙찰된다.

04 ☐O☐X 구매 유형을 예약(도달 및 빈도구매)으로 했을 때 광고비는 입찰 방식으로 결정된다.

05 ☐O☐X 앱 설치(앱 홍보)라는 캠페인 목표로 동영상 광고를 집행할 수 있다.

06 ☐O☐X 슬라이드 광고를 10장의 이미지로 만들 때, 가로 세로 비율을 다양하게 하는 게 좋다.

07 ☐O☐X 인스턴트 경험은 모바일 환경에서만 열린다.

08 ☐O☐X 사업자등록번호가 없어도 Meta 비즈니스 관리자를 만들 수 있다.

09 ☐O☐X 비즈니스 관리자 한 명이 여러 개의 광고 계정을 관리할 수 있다.

정답

01 X ▶ 입찰가는 광고 세트에서 설정한다.
02 O
03 X ▶ 광고 품질과 추산 행동률도 함께 종합적으로 검토된다.
04 X ▶ 고정된 CPM을 지불한다.
05 O
06 X ▶ 동일하게 만드는 것이 좋다.
07 O
08 X ▶ 사업자등록번호가 없어도 개인 계정으로 광고를 만들 수는 있지만, 비즈니스 관리자를 만들기 위해서는 반드시 사업자등록증이 필요하다.
09 O

**10** ○× Instagram 광고만 집행하고자 할 때는 Facebook 페이지가 필요 없다.

**11** ○× 새로 개편된 Meta 광고 캠페인의 목표는 6가지이다.

**12** ○× Meta 광고 캠페인에서 동영상 조회라는 기존 목표는 인지도라는 새 목표로 변경되었다.

**13** ○× Meta 광고 캠페인에서 도달이라는 목표는 인지도라는 새 목표로 변경되었다.

**14** ○× 오프라인 매장 유입이라는 목표는 판매라는 새 목표로 변경되었다.

**15** ○× 유아용 콘텐츠는 특별 광고 카테고리에 속한다.

**16** ○× Meta 광고에서 광고가 노출될 타겟을 정하는 부분은 광고 세트이다.

**17** ○× Meta 광고에서 온라인 및 오프라인에서 비즈니스에 참여한 적이 있는 사람들을 핵심 타겟이라고 한다.

**18** ○× 맞춤 타겟 소스 중 '오프라인 활동'은 내 소스에 속한다.

**19** ○× 맞춤 타겟 소스 중 Meta 소스를 얻기 위해서는 픽셀, API, 또는 SDK 등이 필요하다.

**20** ○× 캠페인 예산 최적화를 선택한 경우에는 광고 세트에서 예산을 입력하지 않는다.

**정답**

| | | |
|---|---|---|
| **10** | X | ▶ Instagram에만 광고 하려고 해도 Facebook 페이지가 있어야 한다. |
| **11** | O | |
| **12** | O | |
| **13** | O | |
| **14** | X | ▶ 오프라인 매장 유입이라는 목표는 인지도라는 이름으로 변경되었다. |
| **15** | X | ▶ 특별 광고 카테고리는 신용, 고용, 주택, 사회문제, 선거, 정치이다. 유아용 콘텐츠는 해당하지 않는다. |
| **16** | O | |
| **17** | X | ▶ 온라인 및 오프라인에서 비즈니스에 참여한 적이 있는 사람들을 맞춤 타겟이라고 한다. |
| **18** | O | |
| **19** | X | ▶ 픽셀, API, 또는 SDK 등은 Meta가 직접 수집하지 않을 때 사용되는 것이다. |
| **20** | O | |

**21**  ☐○ ☐× '페이지 좋아요'는 광고 게재 최적화 기준 중 하나이다.

**22**  ☐○ ☐× 이미지와 제목 같은 크리에이티브 요소를 이용하여 타겟별 버전을 자동으로 생성할 수 있는 기능을 다이내믹 크리에이티브라고 한다.

**23**  ☐○ ☐× Instagram 계정이 없으면 Instagram 광고를 할 수 없다.

**24**  ☐○ ☐× Meta에서 광고를 만들거나 수정하면, 광고 관리자는 특정 시간동안 광고성과를 최적화하기 위한 작업을 시작하며, 그 작업을 머신러닝이라고 한다.

**25**  ☐○ ☐× 머신러닝 중에 광고 수정을 하면 머신러닝을 처음부터 다시 시작한다.

**26**  ☐○ ☐× Facebook 광고에 쓰일 동영상은 세로보다 가로형을 사용하는 것이 좋다.

**27**  ☐○ ☐× 광고의 목표가 트래픽 확보일 때 '클릭수'가 높을수록 좋다.

**28**  ☐○ ☐× 광고 지출 대비 수익률이 높을수록 광고 효율이 좋은 것이다.

**29**  ☐○ ☐× CPM은 cost per million의 약자이다.

**30**  ☐○ ☐× 전환 API를 픽셀과 함께 사용하면 Facebook 광고 캠페인의 성과 및 측정을 개선하는 데 도움이 된다.

---

**정답**

21  O
22  O
23  X  ▸ Instagram 계정이 없어도 Facebook 계정 정보를 기반으로 Instagram 광고를 할 수 있다.
24  O
25  O
26  X  ▸ 세로 방향 또는 정사각형 동영상을 사용하는 것이 좋다.
27  O
28  O
29  X  ▸ cost per millennium 즉, 1,000명 노출당 비용을 말한다.
30  O

**31** ☐○☐× 오프라인 전환을 측정하기 위해 매장 컴퓨터에 픽셀을 설치한다.

**32** ☐○☐× 다양한 관점의 전문 지식과 업무 방식을 가진 전 세계의 비즈니스 전략가, 최신 트렌드 전문가, 미래학자, 기획자, 문화기술자, 기자, 데이터 분석가로 구성된 팀을 Meta Foresight라고 부른다.

**33** ☐○☐× WhatsApp은 Meta에서 운영하는 메신저 앱의 이름이다.

**34** ☐○☐× 우리나라의 모바일 메신저 시장에서 카카오톡 다음으로 이용자가 많은 메신저는 Messenger이다.

**35** ☐○☐× Facebook, Instagram 및 메시지 도구를 비즈니스 계정 단위로 통합적으로 관리해 주는 도구는 Meta Business Suite이다.

**36** ☐○☐× Meta 광고를 만들기 위해 공동 작업자를 추가하고, 모의 광고를 만들어 협업할 수 있는 도구를 크리에이티브 스튜디오라고 한다.

**37** ☐○☐× 한 페이지에서 동시에 집행할 수 있는 광고의 최대 수는 250개이다.

**38** ☐○☐× 우리나라에서 Facebook Shop의 결제 기능을 이용할 수 있다.

**39** ☐○☐× Instagram에 shop을 만들기 위해서는 Instagram 페이지가 있어야 한다.

**40** ☐○☐× 우리나라에서 Facebook Shop을 위한 다이내믹 광고가 가능하다.

정답

| | | |
|---|---|---|
| **31** | X | ▶ 오프라인 API를 설치하여 측정한다. |
| **32** | O | |
| **33** | O | |
| **34** | O | |
| **35** | O | |
| **36** | X | ▶ 크리에이티브 허브 |
| **37** | O | |
| **38** | X | ▶ 결제 기능은 현재 미국에서만 가능하다. |
| **39** | O | |
| **40** | X | ▶ 브라질, 중국, 홍콩, 인도네시아, 말레이시아, 멕시코, 대만, 싱가포르, 필리핀, 태국, 베트남에서만 사용 가능하다. |

**41** ☐ ☒ Facebook과 Instagram에서 광고하거나 판매하려는 모든 상품에 대한 정보가 담긴 공간을 카탈로그라고 한다.

**42** ☐ ☒ 제품 뿐만 아니라 호텔, 항공 등 서비스에 대해서도 카탈로그를 만들 수 있다.

**43** ☐ ☒ 카탈로그 없이도 다이내믹 광고를 만들 수 있다.

**44** ☐ ☒ ViewContent는 다이내믹 광고를 위해 수집하는 이벤트 중 하나이다.

**45** ☐ ☒ 카탈로그에 제품 추가시 수동으로 하는 것이 가장 복잡하다.

**46** ☐ ☒ Meta의 크리에이터 스튜디오는 광고 관리자 내의 기능이다.

**47** ☐ ☒ 주류 광고는 기본적으로 차단된다.

**48** ☐ ☒ Meta에 올린 크리에이터의 창작물에 주문형 인스트림 광고를 붙이기 위해서는 크리에이터의 팔로워가 1,000명 이상이어야 한다.

**49** ☐ ☒ Facebook 커뮤니티 규정에서 중시하는 4가지 가치 중 사회적 책임(social responsiblity)이 포함된다.

**50** ☐ ☒ Instagram의 커뮤니티를 안전하게 유지하고 보호하기 위해 만들어진 정책을 Instagram 커뮤니티 규정(standard)이라고 한다.

---

정답

41 O
42 O
43 X ▸ 다이내믹 광고를 위해서는 카탈로그가 필요하다.
44 O
45 X ▸ 수동 추가가 가장 난이도가 낮다.
46 X ▸ Meta 크리에이터 스튜디오는 창작자가 콘텐츠를 게시하고 관리하는 곳으로서, 광고 관리자와 독립적으로 존재한다.
47 O
48 X ▸ 1,000명이 아니라 10,000명이다.
49 X ▸ 진실성(Authenticity), 안전(Safety), 개인정보 보호(Privacy), 존엄성(Dignity)
50 X ▸ Instagram에서는 community guideline이라고 표현한다.

# 출제예상문제

**01** Meta의 광고 구조를 바르게 설명한 것은?

① 캠페인, 광고 세트, 광고
② 캠페인, 광고 그룹, 광고 세트
③ 광고 세트, 광고, 광고 그룹
④ 광고, 광고 세트, 캠페인

Meta 광고의 3단계 구조는 캠페인, 광고 세트, 광고이다.

**02** Meta 광고의 두 가지 구매 유형은?

① 경매, 도달 및 빈도
② CPM , CPC
③ 입찰, 경매
④ 입찰가, 품질

Meta 광고의 구매 유형은 경매 구매, 도달 및 빈도 구매 2가지가 있다.

**03** 경매 낙찰자를 결정하는 총 가치에 해당하지 않는 요인은?

① 입찰가
② 추산 행동률
③ 광고 품질
④ 타겟 시청률

경매 낙찰자는 총 가치가 가장 높은 광고로 결정되며, 총 가치에 해당하는 주요 요인에는 입찰가, 추산 행동률, 광고 품질이 있다.

**04** Facebook과 Instagram에서 광고하거나 판매하려는 모든 상품에 대한 정보가 담긴 공간을 말하는 용어는 무엇인가?

① 컬렉션
② 카탈로그
③ 제품 라인
④ 슬라이드

**05** 다음 중 자산 맞춤화와 관련된 작업이 아닌 것은?

① 다른 자산을 사용하기
② 다양한 자르기를 사용하기
③ 변경된 입찰가를 적용하기
④ 제목 바꾸기

> **자산 맞춤화 작업**
> • 다른 자산을 사용하기
> • 다양한 자르기를 사용하기
> • 수정된 동영상을 사용하기
> • 다른 텍스트, 제목, 링크를 사용하기

**06** 슬라이드 광고에 대해 잘못 설명한 것은?

① 각 항목별로 서로 다른 제목, 설명, 링크를 달 수 있다.
② 매력적인 스토리를 전달할 수 있다.
③ 포함되는 이미지와 동영상은 각각 가로세로 비율을 달리하는 것이 좋다.
④ 제품이나 서비스의 혜택을 설득력있게 전달할 수 있다.

> 포함되는 이미지/동영상의 사이즈와 가로세로 비율은 동일하게 만드는 것이 좋다.

**07** 모바일 기기 사용자가 광고를 누르면 펼쳐지는 전체 화면 랜딩페이지를 무엇이라고 하는가?

① 바탕화면
② 인스턴트 경험
③ 인스트림 동영상
④ 풀스크린 컬렉션

**08** 컬렉션 광고를 사용할 수 있는 캠페인 목표가 아닌 것은?(구 목표 기준)

① 도달
② 트래픽
③ 카탈로그 판매
④ 메시지

컬렉션 광고를 사용할 수 있는 캠페인 목표는 도달, 트래픽, 전환, 카탈로그 판매, 매장유입이다.

**09** '동영상 조회'라는 기존 캠페인 목표는 어떤 새 목표로 바뀌었는가?

① 인지도
② 관심 유도
③ 전환
④ 도달

**10** 서로 다른 이미지, 광고 문구, 타겟을 갖는 두 개의 광고를 만든 후 성과를 비교함으로써, 가장 성과가 좋은 광고를 만들기 위한 실험 방법을 무엇이라고 하는가?

① A/B 테스트
② 비교광고
③ 어트리뷰션
④ 벤치마크

**11** 캠페인 예산 최적화(CBO)에 대한 설명 중 잘못된 것은?

① 광고 세트 전반의 캠페인 예산을 자동으로 관리하는 것을 말한다.
② 머신러닝이 사용된다.
③ 유동성(liquidity)을 낮추는 작업이라고 할 수 있다.
④ 캠페인 설정을 간소화하고 수동으로 관리해야 하는 예산의 수를 줄이려는 경우에 사용된다.

예산이 가장 가치 있는 노출에 투입되고 있는가에 대한 지표인 유동성을 높이는 작업이다.

**12** 연령, 관심사, 지역 등의 기준에 따른 타겟을 지칭하는 말은?

① 맞춤 타겟
② 인구통계적 타겟
③ 핵심 타겟
④ 심리도식적 타겟

**13** 유사 타겟에 대한 설명 중 잘못된 것은?

① 기존 타겟과 유사한 타겟을 말한다.

② 광고에 반응을 보일 가능성이 있는 사람들에게 빠르고 효과적으로 도달할 수 있다.

③ 1에 가까울수록 유사성은 높지만 범위가 좁아지고, 10에 가까울수록 유사성은 떨어지지만 범위가 넓어진다.

④ API를 사용하여 광고주의 웹사이트에서 얻은 타겟이거나, SDK를 사용하여 광고주의 앱으로부터 얻은 타겟을 말한다.

API를 사용하여 광고주의 웹사이트에서 얻은 타겟이거나, SDK를 사용하여 광고주의 앱으로부터 얻은 타겟은 맞춤 타겟이라고 한다.

**14** 다이내믹 크리에이티브에 대한 설명 중 잘못된 것은?

① 다이내믹 크리에이티브에서는 여러 광고 구성 요소(이미지, 동영상, 텍스트, 행동 유도 등)를 적절히 결합하여 사용한다.

② 다이내믹 크리에이티브를 사용하면 광고를 보는 각 사람에게 맞춤화된 크리에이티브 버전을 자동으로 만들 수 있으며, 만들어진 결과물은 확장 가능하다.

③ 다이내믹 크리에이티브는 어떤 크리에이티브가 각 타겟의 반응을 얻는지 알 수 없는 경우 사용할 수 있는 도구이다.

④ 다이내믹 크리에이티브를 A/B 테스트 대용으로 사용하면 좋다.

다이내믹 크리에이티브는 모든 버전의 취합된 성과만 확인할 수 있기 때문에 다이내믹 크리에이티브를 A/B 테스트 대용으로 사용하는 것은 적절하지 않다.

**15** Meta 광고의 마지막 단계인 '광고'에서 결정하는 사항은?

① 예산
② 타겟
③ 기간
④ 언어

광고에서 결정하는 사항은 광고 이름, 대표 계정, 광고 설정, 광고 크리에이티브, 언어, 추적이다.

**16** 다음 중 광고의 성과를 추적하기 위한 행동이 아닌 것은?

① 웹사이트에 픽셀을 설치한다.
② 모바일 웹사이트에 SDK를 설치한다.
③ 오프라인 API를 설치한다.
④ 웹사이트 URL의 뒷부분에 매개변수를 추가한다.

SDK는 모바일 웹사이트가 아니라 모바일 애플리케이션에 설치하는 것이다.

**17** Facebook 모바일 동영상 광고 시 추천되는 사항이 아닌 것은?

① 제품 또는 브랜드가 첫 15초 이내에 나타나도록 편집할 것
② 가장 흥미로운 부분을 동영상 초반 3초 내에 배치할 것
③ 가로 방향이나 정사각형 동영상을 사용할 것
④ 소리 없이도 이해할 수 있는 광고를 만들 것

세로 방향이나 정사각형 동영상으로 만드는 것이 좋다.

**18** 사람들이 비즈니스의 웹사이트, 모바일 앱 또는 매장에서 취하는 행동(예 조회, 장바구니에 담기, 구매)을 추적한 것을 무엇이라고 하는가?

① 이벤트 데이터 소스
② Meta 소스
③ API 소스
④ 전환 유도 소스

**19** Facebook shop에 대해 잘못된 설명은?

① Facebook에서 상거래를 할 수 있게 도와주는 솔루션
② 한국에서도 샵을 만들 수 있으나 결제는 불가능하다.
③ Instagram에서는 판매할 수 없다.
④ 미국 외의 국가에서는 결제를 위한 별도의 웹사이트를 연결해야 한다.

Facebook과 Instagram 양쪽에서 제품 판매가 가능하다.

**20** Facebook 커뮤니티 규정에서 중시하는 네 가지 가치에 속하지 않는 것은?

① 진실성
② 안전
③ 개인 정보 보호
④ 사회적 책임

Facebook 커뮤니티 규정의 4대 가치는 진실성, 안전, 개인 정보 보호, 존엄성이다.

제 **1** 절    **YouTube 광고의 이해**    기출중요도 상 ★★★

① **YouTube**

① **YouTube의 특징 및 현황**

> • YouTube라는 명칭은 사용자를 가리키는 '유(You, 당신)'와 미국 영어에서 텔레비전의 별칭으로 사용되는 '튜브(Tube)'를 더한 것이다.
> • 채드 헐리, 스티브 천, 자베드 카림이 공동으로 창립했으며, 2005년 2월 14일 밤에 사이트 오픈했다.
> • 2008년 12월 18일 Google이 인수했다.
> • YouTube의 주 시청자는 10대~30대이다.
> • YouTube 동영상의 평균 길이는 약 12분 내외이다.
> • PC보다 모바일 시청이 많다.
> • 뉴스, 연예, 스포츠 등 일반적인 주제를 벗어나 세분화된 콘텐츠 주제로 시청하는 사람들이 늘어나고 있다.
> • 전세계 유튜브 구독자수 규모는 2020년 14억 7,000만명에서 2021년 36억 5,000만명으로 148% 증가했다.
> • 한국의 광고 수익 유튜브 채널은 인구 529명당 1개 꼴(미국보다 많은 비율)이다.

▲ Google Ads 광고의 구조

② **YouTube 광고 관련 용어**

ⓒ 도달 범위와 게재 빈도

• 도달 범위(reach) : 얼마나 많은 고객에게 도달하는가에 대한 지표

• 게재 빈도(frequency) : 한 고객에게 얼마나 반복하여 도달되는가에 대한 지표

ⓒ 조회율

• 노출수 대비 동영상 광고 유료 조회수의 비율

• 예를 들어 조회수가 5회이고 노출수가 1,000회인 경우 조회율은 0.5%

- 조회율은 클릭률(CTR)과 비슷하지만 클릭수를 측정하는 대신 YouTube나 디스플레이 네트워크에서 동영상 광고를 시청한 사용자 수를 집계한다.
- 조회율을 바탕으로 YouTube 및 디스플레이 네트워크에서 동영상 캠페인의 가치를 추적할 수 있다.
© 광고 품질
- 광고 품질과 광고 순위의 관계
  - Google은 입찰에 참여하는 광고를 게재하는 검색이 실행될 때마다 광고 순위를 계산한다.
  - 광고 순위 계산에 반영되는 요소
  - 입찰가
  - 입찰 시점의 예상 CTR 측정치
  - 광고 관련성
  - 방문 페이지 만족도(품질) 등
- 광고 품질의 중요성
  - 광고 순위의 품질 구성요소는 다양한 방법으로 사용되며, 다음 사항에 영향을 줄 수 있다.

> - 광고 입찰 자격 : Google의 광고 품질 통계는 광고의 광고 순위 기준을 결정하여 광고의 게재 자격 유무를 판단하는 데 영향을 준다.
> - 실제 클릭당비용(CPC) : 일반적으로 광고의 품질이 높으면 CPC가 낮음. 즉, 광고의 품질이 높으면 클릭당 지불하는 비용을 줄일 수 있다.
> - 광고 게재순위 : 광고의 품질이 우수할수록 광고 게재순위가 상승하면서 광고가 페이지에서 더 높은 곳에 게재된다.
> - 광고 확장 및 기타 광고 형식 자격 요건 : 광고 순위에 따라 광고가 사이트링크와 같은 광고 확장 및 기타 광고 형식과 함께 게재될 수 있는지 여부가 결정된다.

- 품질 평가 점수
  - 품질 평가 점수는 다른 광고주와 비교해 내 광고 품질을 파악할 수 있는 진단 도구이다.
  - 품질 평가 점수는 1~10의 값으로 측정되며 키워드 수준에서 확인할 수 있다. 품질 평가 점수가 높으면 다른 광고주에 비해 내 광고 및 방문 페이지가 내 키워드를 검색하는 사용자에게 관련성이 높고 유용하다는 의미이다.
  - 품질 평가 점수 진단 도구를 사용하면 광고, 방문 페이지 또는 키워드 선택을 개선했을 때 도움이 되는 부분을 파악할 수 있다.
- 품질 평가 점수 관련 주의 사항
  - 품질 평가 점수는 키워드의 일치검색에 대한 이전 노출수에 따라 결정되므로 키워드 검색 유형을 변경해도 품질 평가 점수에는 영향을 주지 않는다.
  - 품질 평가 점수 열에 '—'가 표시되면 키워드의 품질 평가 점수를 판단할 만큼 키워드와 정확히 일치하는 검색어가 충분하지 않음을 익미한다.
  - 광고 품질과 관련이 있으나 품질 평가 점수에 반영되지 않는 요소가 있을 수 있다. 이러한 요소에는 다음이 포함된다.

> • 검색에 사용된 기기
> • 사용자의 위치
> • 시간
> • 광고 확장

㉣ 광고 순위(광고 게재순위)
- 광고 게재순위란 입찰 결과에서 다른 광고와 비교할 때의 내 광고 순서를 말한다.
- 예를 들어 광고 게재순위가 '1'인 경우 첫 번째로 해당 광고가 게재되었으며 다른 광고는 다음에 게재되었다는 의미이다.
- 광고 게재순위가 '2'인 경우 두 번째로 광고가 게재되었다는 의미이며 그 이하도 동일하다.
- 광고 게재순위가 반드시 검색결과 페이지의 광고 위치를 의미하는 것은 아니다.

> ※ 광고 순위 결정 요인
> - 입찰가 : 입찰가를 설정하는 것은 광고 클릭 1회에 지불할 의사가 있는 최대 금액을 Google Ads 시스템에 알리는 것이다. 대부분의 경우 광고주가 최종적으로 실제 지불하는 금액은 입찰가보다 낮으며, 입찰가는 언제든지 변경할 수 있다.
> - 광고 및 방문 페이지의 품질 : Google Ads는 광고 및 연결된 웹사이트가 이를 조회하게 될 사용자에게 얼마나 관련성이 높고 유용한지 고려한다. 광고 품질에 대한 Google의 평가는 품질평가점수로 표현되며, 이 점수는 Google Ads 계정에서 모니터링할 수 있고 개선할 수 있다.
> - 광고 순위 기준 : 광고의 품질을 높은 수준으로 유지하기 위해 광고 게재를 위한 최소 기준을 설정했다.
> - 입찰 경쟁력 : 동일한 게재순위를 두고 경쟁하는 두 광고의 광고 순위가 비슷한 경우 각 광고가 해당 게재순위에 낙찰될 기회가 유사하다. 두 광고주의 광고 간 광고 순위 격차가 커질수록 순위가 더 높은 광고가 낙찰될 확률이 높아질 뿐만 아니라 확실하게 낙찰될 가능성을 높이기 위해 클릭당비용이 더 높아질 수 있다.
> - 사용자의 검색 문맥 : 광고 입찰에서 검색 문맥을 고려함. 광고 순위를 계산할 때 사용자가 입력한 검색어, 검색 당시의 사용자 위치, 사용 중인 기기 유형(예 모바일 또는 데스크톱), 검색 시점, 검색어의 특성, 페이지에 게재되는 다른 광고 및 검색결과, 다른 사용자 신호 및 속성 등을 고려한다.
> - 광고 확장 및 다른 광고 형식의 예상 효과 : 광고를 만들 때 전화번호, 사이트의 특정 페이지로 연결되는 링크 등 추가 정보를 광고에 넣을 수 있음. 이러한 정보를 광고 확장이라고 한다. Google Ads에서는 광고주가 사용하는 광고 확장을 비롯한 기타 광고 형식이 광고 실적에 미칠 영향을 예측한다.

㉤ 동영상 광고 캠페인 최적화
동영상 광고에서는 측정과 추적이 가능한 다양한 시청자 액션이 가능하므로 광고 목표를 더욱 빠르게 달성할 수 있다.

> ※ 동영상 캠페인을 최적화하기 위한 팁
> - 다양한 광고 소재 : 다양한 가로세로 비율 및 다양한 메시지
> - CPV 최적화 : CPV입찰가를 높이면 노출될 가능성이 높아지지만 수익성은 떨어질 수 있음
> - 동영상 캠페인에 보이스오버 추가 : 보이스오버란 텍스트를 자동으로 음성으로 변환해 주는 기능
> - 조회율 높이기 : 조회율 = 조회수 / 시청자수
> - 클릭률(CTR) 높이기 : 클릭률 = 클릭수 / 시청자수
> - 타겟팅 범위 좁히기 : 적합한 고객에게 더 많이 도달

- 입찰 설정 개선하기 : 원하는 광고의 목표에 맞는 경우 입찰가 증액
- 동영상 리마케팅 활용 : 시청자 활동을 상세한 목록으로 만들어 광고 타겟을 다시 지정할 수 있어 효과적
- 고급 캠페인 설정 : 일정, 빈도, 언어 등 조정

③ **입찰 전략**

입찰 전략은 광고 목표에 적합한 입찰가 최적화 방식을 정하는 기능이다. 선택할 수 있는 입찰 전략은 다음과 같다.

| 구분 | 가능한 입찰 전략 |
|------|------------------|
| 판매 | • 타겟 CPA<br>• 전환수 최대화 |
| 리드 | • 타겟 CPA<br>• 전환수 최대화 |
| 웹사이트트래픽 | • 타겟 CPA<br>• 전환수 최대화 |
| 인지도 및 구매 고려도 | • 타겟 CPM(도달 범위 목표)<br>• 최대 CPV(동영상 조회수 목표)<br>• 최대 CPC, 클릭수 최대화(클릭수 목표)<br>• 전환수 최대화, 타겟 CPM(구독자수 목표) |

▲ 각 광고 목표별 선택 가능한 입찰 전략

㉠ 조회당비용(CPV)

CPV 입찰을 사용하면 시청자가 동영상을 30초 지점까지(동영상 광고가 30초 미만인 경우 광고 전체) 시청하거나 동영상과 상호작용할 때(둘 중 빠른 시점 적용) 비용을 지불한다.

※ 조회당비용을 사용할 수 있는 캠페인 : 제품 및 브랜드 구매 고려도

> 참고 **인피드 동영상 광고에서의 CPV**
> - CPV 입찰을 사용하면 사용자가 동영상 썸네일을 통해 동영상 광고를 시청할 때 동영상 조회수에 대해 비용을 지불한다.
> - 동영상이 시청자의 브라우저 또는 YouTube 앱에 성공적으로 로드되면 비용이 청구된다.

㉡ 타겟 전환당비용(타겟 CPA)

- 타겟 CPA 입찰을 사용하면 전환 1회당 지불하고자 하는 평균 비용을 설정할 수 있다.
- Google Ads에서는 설정한 타겟 CPA로 최대한 많은 전환이 발생하도록 입찰가를 최적화한다.
- 일부 전환은 타겟보다 비용이 더 높거나 더 낮을 수 있다.
- 타겟 CPA 입찰은 '판매', '리드', '웹사이트 트래픽' 목표로 동영상 캠페인을 만들 때 사용할 수 있다.

㉢ 전환수 최대화

- 전환수 최대화 입찰을 사용하면 캠페인에서 가장 많은 전환이 발생하는 방향으로 예산이 지출되도록 입찰가가 자동으로 설정된다.
- 원하는 경우 전환수 최대화 입찰과 함께 타겟 CPA를 설정하여 타겟 광고 투자수익(ROAS)으로 전

환 가치를 극대화할 수 있다.

- 전환수 최대화 입찰을 사용할 수 있는 캠페인 목표 : 판매, 리드, '웹사이트 트래픽' 목표

② 타겟 1,000회 노출당비용(타겟 CPM)

- 타겟 CPM 입찰을 사용하면 광고가 1,000회 게재될 때마다 지불하려는 평균 금액을 설정할 수 있다.
- 금액이 설정되면 Google에서 입찰가를 최적화하여 순 사용자 도달 범위를 최대한 확대한다.
- 일부 노출은 타겟 비용보다 높거나 낮을 수 있다.
- 타겟 CPM 입찰을 사용할 수 있는 캠페인 목표 : 브랜드 인지도 및 도달 범위

⑤ 클릭수 최대화 / 최대 CPC

- 평균 일일예산을 설정하고 예산 내에서 클릭이 최대한 많이 발생하도록 Google Ads 시스템이 최대 클릭당비용(CPC) 입찰가를 설정한다.
- 입찰가 한도(최대 CPC)를 설정하면 입찰가가 이 한도보다 높게 설정되지 않도록 더 효과적으로 조정할 수 있다.


## ② YouTube 광고 형식

주요 유튜브 동영상 광고 형식은 다음과 같은 7가지가 있다.

| 건너뛸 수 있는 인스트림 광고 | 건너뛸 수 없는 인스트림 광고 |
|---|---|
| 인피드 동영상 광고 | 범퍼 광고 |
| 이웃스트림 광고 | 마스트헤드 광고 |
| 유튜브 쇼츠 광고 | – |

▲ 주요 유튜브 동영상 광고 형식

### ① 건너뛸 수 있는 인스트림 광고(구 트루뷰 인스트림 광고)

⊙ 적합한 상황 : YouTube와 Google 동영상 파트너에서 운영하는 웹사이트 및 앱에서 다른 동영상 전후 또는 중간에 홍보하고자 하는 동영상 콘텐츠가 있을 때

ⓒ 작동 방식 : 건너뛸 수 있는 인스트림 광고는 다른 동영상 전후 또는 중간에 재생된다. 5초 후 시청자가 광고를 건너뛸 수 있다.

ⓒ 게재 위치 : 건너뛸 수 있는 인스트림 광고는 YouTube 보기 페이지와 Google 동영상 파트너에서 운영하는 웹사이트 및 앱에 게재된다.

ⓔ 비용 청구

- CPV 입찰을 사용하는 경우 시청자가 동영상을 30초 지점까지(동영상 광고가 30초 미만인 경우 광고 전체) 시청하거나 동영상과 상호작용하면 비용을 지불한다. 둘 중 어느 조건이든 먼저 충족되면 적용된다.
- 타겟 CPM, 타겟 CPA, 전환수 최대화 입찰을 사용하는 경우 노출수를 기준으로 비용을 지불한다(이 중 타겟 CPM 입찰 방식을 사용하는 것을 트루뷰포리치라고 부르기도 함).

ⓜ 캠페인 목표 : 판매, 리드, 웹사이트 트래픽, 브랜드 인지도 및 도달 범위, 제품 및 브랜드 구매 고려도

참고 Google Ads에서 '목표에 따른 안내 없이 캠페인 만들기'를 선택한 경우에도 이 광고 형식을 사용할 수 있다.

② **건너뛸 수 없는 인스트림 광고**

　　㉠ 적합한 상황 : YouTube와 Google 동영상 파트너에서 운영하는 웹사이트 및 앱에서 다른 동영상 전후 또는 중간에 홍보하고자 하는 동영상 콘텐츠가 있고, 시청자가 동영상을 건너뛰지 않고 광고 전체를 보도록 하고자 할 때

　　㉡ 작동 방식

　　　• 건너뛸 수 없는 인스트림 광고의 길이는 15초 이하

　　　• 다른 동영상 전후 또는 중간에 재생

　　　• 시청자는 광고를 건너뛸 수 없음

　　　[참고] 건너뛸 수 없는 인스트림 광고 중 일부는 자격 요건에 따라 YouTube TV에도 게재될 수 있다.

　　㉢ 게재 위치 : YouTube 동영상, Google 동영상 파트너에서 운영하는 웹사이트 및 앱

　　㉣ 비용 청구 : 타겟 CPM 입찰, 노출수를 기준으로 비용을 지불한다.

　　㉤ 캠페인 목표 : 브랜드 인지도 및 도달 범위, 제품 및 브랜드 구매 고려도

　　　[참고] Google Ads에서 '목표에 따른 안내 없이 캠페인 만들기'를 선택한 경우에도 이 광고 형식을 사용할 수 있다.

③ **인피드 동영상 광고(구 트루뷰 비디오 디스커버리 광고)**

　　㉠ 적합한 상황 : 관련 YouTube 동영상 옆, YouTube 검색결과의 일부분 또는 YouTube 모바일 홈페이지를 비롯하여 발견 가능한 위치에서 동영상 콘텐츠를 홍보하고자 할 때

　　㉡ 작동 방식

　　　• 인피드 동영상 광고는 동영상의 썸네일 이미지와 텍스트로 구성된다.

　　　• 광고의 정확한 크기와 모양은 게재 위치에 따라 달라질 수 있지만, 모든 인피드 동영상 광고는 사용자가 동영상을 클릭하여 시청하도록 유도한다.

　　　• 사용자가 동영상을 클릭하면 YouTube 보기 페이지 또는 채널 홈페이지에서 동영상이 재생된다.

　　　• 광고의 길이는 제한이 없다.

　　㉢ 게재 위치 : YouTube 검색결과, 관련 YouTube 동영상 옆, YouTube 모바일 홈페이지

　　㉣ 비용 청구

　　　• 시청자가 썸네일을 클릭하여 광고를 실제로 시청한 경우에만 비용이 청구된다.

　　　• 자동재생은 광고의 동영상 조회수에 포함되지 않으며, 시청자가 광고의 YouTube 보기 페이지를 방문할 때까지 비용이 청구되지 않는다.

　　　• CPV 입찰을 사용하면 사용자가 동영상 썸네일을 통해 동영상 광고를 시청할 때 동영상 조회수에 대해 비용을 지불한다.

　　　• 동영상이 시청자의 브라우저 또는 YouTube 앱에 성공적으로 로드되면 비용이 청구된다.

　　㉤ 캠페인 목표 : 제품 및 브랜드 구매 고려도

　　　[참고] Google Ads에서 '목표에 따른 안내 없이 캠페인 만들기'를 선택한 경우에도 이 광고 형식을 사용할 수 있다.

　　㉥ 과금 방식 : 광고 썸네일을 클릭하여 재생될 때 과금된다(CPV 방식).

④ **YouTube 마스트헤드**

　　㉠ 적합한 상황 : 새로운 제품이나 서비스에 대한 인지도를 높이거나, 할인 행사와 같이 단기간 내에 방대한 잠재 고객에게 도달하고자 할 때

　　　[참고] 널리 도달하는 것이 목표이지만 타겟팅이 불가능한 것은 아니다.

ⓛ 작동 방식 및 게재 위치
- 데스크톱
  - YouTube 홈 피드 상단에서 최대 30초 동안 소리 없이 자동 재생
  - 와이드스크린 또는 16:9 가로세로 비율 형식으로 게재
  - YouTube 채널 애셋을 기반으로 자동 생성된 정보 패널이 오른쪽에 표시
  - 원하는 경우 이 패널에 최대 2개의 컴패니언 동영상을 포함시킬 수 있다(포함시켜야 한다는 의미는 아님).
  - 음소거 아이콘을 클릭하면 동영상 소리가 재생
  - 자동재생 후 메인 동영상은 기본적으로 썸네일로 표시
  - 사용자가 동영상이나 썸네일을 클릭하면 해당 동영상의 YouTube 보기 페이지로 이동
- 모바일
  - 마스트헤드 광고의 추천 동영상은 YouTube 앱 또는 m.youtube.com 홈 피드의 상단에서 전체 동영상이 소리 없이 자동으로 재생
  - 모바일 동영상 마스트헤드 광고의 특징은 동영상 썸네일, 맞춤 설정 광고 제목, 내용 텍스트, 외부 클릭 유도 문구(CTA)이다.
  - 모바일 동영상 마스트헤드 광고는 광고주 채널의 채널 이름과 아이콘을 자동으로 가져온다.
  - 사용자가 모바일 동영상 마스트헤드 광고를 클릭하면 YouTube 보기 페이지에서 추천 동영상이 재생
- TV 화면
  - 마스트헤드 광고의 추천 동영상은 지원되는 경우 TV용 YouTube 앱의 상단에서 전체 동영상이 소리 없이 자동으로 재생
  - 마스트헤드 광고는 와이드스크린 또는 16:9 가로세로 비율 형식으로 게재될 수 있다.
  - TV 리모컨을 사용하여 마스트헤드 광고와 상호작용할 수 있다.
  - 자동재생 후 메인 동영상은 기본적으로 썸네일로 표시
  - 사용자가 동영상이나 썸네일을 클릭하면 동영상이 전체 화면으로 재생되는 YouTube 보기 페이지로 이동
  - TV 화면용 마스트헤드 광고에는 CTA를 추가할 수 없다.
ⓒ 과금 방식
- 마스트헤드는 예약 방식으로만 제공 : 1,000회 노출당비용(CPM) 방식과 시간당비로 구매할 수 있다.
- 과거 함께 적용하던 일일 당 비용(CPD)은 2021년 폐지
- Google 광고팀 또는 대행사와 협의 필요
- 광고 소재는 영업시간 기준으로 캠페인을 시작하기 최소 48시간 전에 미리 Google 영업 담당자에게 제출해야 한다.
ⓔ 광고 효과 측정항목
- 노출수
- 노출수(공동 시청)
- 동영상 클릭수
- 동영상 시청률(동영상 재생 진행률 : 25%/50%/75%/100%)

- 웹사이트 클릭수(선택 사항)
- YouTube 채널 클릭수
- 컴패니언 동영상 클릭수

ⓜ 제한 사항
- 다음과 같은 애셋은 마스트헤드 형식에서 지원이 안 되거나 제한적일 수 있다.
  - 360도 동영상 및 앱 설치 캠페인은 지원되지 않는다.
  - YouTube Premieres 기능은 마스트헤드 캠페인에서 제한적으로 지원된다.

⑤ **범퍼 광고**
ⓐ 적합한 상황 : 짧고 기억하기 쉬운 메시지로 광범위한 고객에게 도달하고자 할 때 사용
ⓑ 작동 방식
- 범퍼 광고는 6초 이하
- 다른 동영상 전후 또는 중간에 재생
- 시청자는 광고를 건너뛸 수 없다.
ⓒ 게재 위치 : YouTube 동영상, Google 동영상 파트너에서 운영하는 웹사이트 및 앱
ⓓ 비용 청구 : 범퍼 광고는 타겟 CPM 입찰을 사용, 노출수를 기준으로 비용을 지불한다.
ⓔ 캠페인 목표 : 브랜드 인지도, 도달 범위

⑥ **아웃스트림 광고** : 파트너 사이트에서 잠재 고객을 대상으로 게재되는 모바일 전용 동영상 광고를 말한다.
ⓐ 적합한 상황 : 모바일에서 동영상 광고의 도달 범위를 확장하여 더 많은 고객에게 도달하고자 할 때
ⓑ 작동 방식
- 아웃스트림 광고는 음소거 상태로 재생
- 시청자가 광고를 탭하여 동영상의 음소거를 해제할 수 있다.
- 아웃스트림 광고는 비용효율적으로 동영상 도달 범위를 늘릴 수 있도록 설계
ⓒ 게재 위치
- 아웃스트림 광고는 모바일 전용 광고
- Google 동영상 파트너에서 운영하는 웹사이트 및 앱에서만 게재
- 아웃스트림 광고는 YouTube에서 사용할 수 없다.
- 아웃스트림 광고는 다양한 모바일 게재 위치에 게재될 수 있다.
- 모바일 웹에서 아웃스트림 광고는 배너 게재 위치에 게재된다.
- 모바일 앱에서 아웃스트림 광고는 배너, 전면 광고, 인피드, 네이티브 게재 위치로 게재되며 세로 모드 및 전체 화면 모드를 모두 지원한다.
ⓓ 비용 청구
- 조회가능 1,000회 노출당비용(vCPM)을 기준으로 아웃스트림 광고 비용이 청구
- 사용자가 2초 이상 동영상을 재생한 경우에만 비용이 청구

⑦ **유튜브 쇼츠 광고**
ⓐ 적합한 상황 : YouTube의 Shorts 피드에서 Shorts 동영상 사이에 홍보하고자 하는 동영상 콘텐츠가 있을 때

ⓛ 작동 방식 및 게재 위치
- 광고는 렌더링되어 자연 조회 Shorts 동영상 사이에 무작위로 표시됩니다.
- 사용자는 위 또는 아래로 스와이프하여 광고를 즉시 건너뛸 수 있습니다.
- 광고 동영상은 유지되며 사용자가 뒤로 스크롤하면 다시 표시됩니다.
- CTA 버튼을 클릭하면 사용자가 지정된 방문 페이지로 이동합니다.
ⓒ 게재 위치
태블릿, 모바일 앱, 스트리밍 기기, 게임 콘솔, TV와 같은 연결된 기기에 게재
ⓡ 과금 방식
노출, 조회 또는 참여에 대해 비용이 청구

⑧ [비동영상형] 컴패니언 배너
㉠ 특징

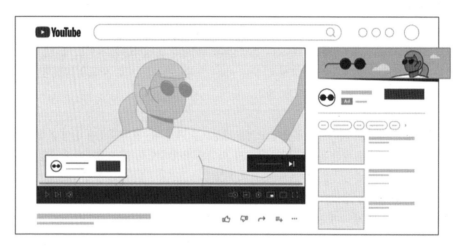

▲ 유튜브 컴패니언 배너 노출 위치

- 컴패니언 배너는 YouTube에서 동영상 광고와 함께 우측에 표시된다.
- 건너뛸 수 있는 인스트림 광고, 건너뛸 수 없는 인스트림 광고, 범퍼 광고는 컴패니언 배너를 지원한다.
- 컴패니언 배너는 데스크톱에만 표시된다. 휴대기기, 커넥티드 TV 또는 YouTube를 지원하는 다른 기기에는 표시되지 않는다.
- 시청자가 컴패니언 배너를 클릭하면 캠페인을 만들 때 제공한 웹사이트 URL로 이동한다.
- 컴패니언 배너를 클릭하면 사용자가 광고를 30초 이상 시청하지 않더라도 조회로 집계된다.
㉡ 컴패니언 배너 사양
- 파일 형식 : JPEG, GIF 또는 PNG
- 해상도 : 300px × 60px
- GIF 프레임 속도 : 초당 5프레임 미만
- 최대 크기 : 150KB

⑨ **카테고리 중심 동영상 광고**

- 광고 애셋에 세로 동영상을 포함하여 앱, 실적 최대화 및 동영상 캠페인을 최적화하는 것이 좋다.
- 세로 동영상 형식의 모바일 친화적인 전체 화면 환경은 모바일 동영상 뷰어의 캠페인 참여도를 높이는 데 도움이 된다.
- 인피드, 인스트림, YouTube 검색, YouTube Shorts에 게재 가능한 게재위치가 있는 모든 동영상 캠페인에서 세로 동영상이 지원된다.
- Google 동영상 파트너에도 광고가 게재되어 더 많은 사용자에게 도달할 수 있다.

3 **기타 YouTube 상품**

① **프라임 팩**

　㉠ 특징
- TV방송사 및 웹 오리지널 콘텐츠 채널을 선별하여 판매하는 예약형 광고 상품
- 인지도 증대, YouTube 내 프리미엄 콘텐츠 구매 목적일 때 적합
- 광고 게재 위치는 YouTube 영상시청 페이지
- 최소 집행 기간은 없지만, 최소 4주를 권장

　㉡ 광고 형식
- 스킵 가능 : 영상 URL(최대 60초) + 최종 도착 URL
- 15초 스킵 불가 : 영상 URL(15초) + 최종 도착 URL

　㉢ 게재 방식 : 데스크탑 및 모바일 웹/앱, 연결된 기기(스트리밍, 게임콘솔, TV)

　㉣ 과금 : 구매방식은 예약형, 과금 체계는 CPM, 스킵 가능 11,500원/논스킵 12,500원, 최소 예산은 3천만원 이상

　㉤ 부킹 절차 : 인벤토리 확인, 부킹 요청, 계약서 전달 및 확정, 소재 전달(라이브 3~4일 전), 소재 검수 및 세팅, 캠페인 라이브, 리포트 전달

② **YouTube 키즈**

　㉠ 특징 및 연혁
- YouTube 키즈는 구글의 어린이용 비디오 플랫폼
- 2015년 2월 15일에 안드로이드 앱과 iOS 앱으로 출시
- 2019년 8월 30일에 컴퓨터 웹사이트용으로 출시
- 2020년 5월 27일에 애플 TV용 YouTube 키즈 출시

　㉡ 주요 기능
- 다양한 설정 및 관리 기능으로 자녀의 환경을 맞춤 설정할 수 있다.
  - 특정 동영상이나 채널을 차단할 수 있다.
  - '승인된 콘텐츠만' 설정하여 사용 : 자녀는 보호자가 직접 선택한 동영상, 채널, 컬렉션만 시청할 수 있다.
  - YouTube 앱에서 자녀 계정으로 동영상과 채널을 공유할 수 있다.
  - 자녀 보호 설정을 사용하여 검색을 사용 중지할 수 있다.

## 1 캠페인 목표

### ① 목표 선택

**목표 선택하기**

캠페인에 가장 적합한 목적과 설정에 맞게 환경을 구현할 수 있는 목표를 선택합니다.

| 판매 | 리드 | 웹사이트 트래픽 | 제품 및 브랜드 구매 고려도 |
|---|---|---|---|
| 온라인, 앱, 전화, 매장을 통한 판매를 촉진합니다. | 고객의 액션을 유도하여 리드 및 다른 전환을 늘립니다. | 관련성 높은 사용자가 웹사이트를 방문하도록 유도합니다. | 사용자가 내 제품 또는 서비스를 살펴보도록 유도합니다. |
| 브랜드 인지도 및 도달 범위 | 앱 프로모션 | 오프라인 매장 방문 및 프로모션 | 목표 설정 없이 캠페인 만들기 |
| 광범위한 잠재고객에게 광고를 게재하여 인지도를 구축합니다. | 앱의 설치, 상호작용 및 사전 등록을 늘립니다. | 음식점, 대리점 등 오프라인 매장으로의 방문을 유도합니다. | 목표를 바탕으로 한 추천 없이 캠페인 유형을 먼저 선택합니다. |

▲ Google 광고 캠페인 목표

---

- 판매
- 리드
- 웹사이트 트래픽
- 앱 프로모션(동영상 안 됨)
- 인지도 및 구매 고려도
- 오프라인 매장 방문 및 프로모션(동영상 안 됨)
- 목표 없이 캠페인 만들기

---

## 2 캠페인 유형

### ① **캠페인 유형 선택** : 이 시험에서 다루는 범위는 YouTube 동영상에 대한 것이니 동영상을 선택한다.

### ② **캠페인 하위 유형**

    ㉠ 동영상 도달 범위 캠페인

        ※ 특징

        • 동영상 도달 범위 캠페인은 Google Ads의 차세대 구매 도달 범위로, 이를 통해 캠페인을 위한 건너뛸 수 있는 인스트림 광고, 범퍼 광고, 건너뛸 수 없는 인스트림 광고, shorts 광고를 손쉽게 구매할 수 있다.

• 동영상 도달 범위 캠페인을 사용하면 더 많은 순 사용자에게 도달하거나 전달하고자 하는 메시지를 모든 사용자에게 전달할 수 있다.

※ 이점
• 도달범위 목표 달성 : 동영상 도달범위 캠페인은 예산 및 타겟팅 기준에 맞춰 가능한 한 많은 순 사용자에게 도달하도록 최적화되어 있다.
• 도달범위 목표 달성 방법을 유연하게 선택 : 범퍼 광고, 건너뛸 수 있는 인스트림 광고, 인피드 광고 및 Shorts 광고 형식의 효율적인 조합을 사용하여 정해진 예산으로 도달범위를 극대화하거나, 건너뛸 수 없는 인스트림 광고 형식만 사용하여 전달하고자 하는 메시지를 모두 사용자에게 전달하거나, 매주 범퍼 광고, 건너뛸 수 있는 인스트림 광고, 건너뛸 수 없는 인스트림 광고 형식의 다양한 조합을 사용하여 동일한 사용자에게 여러 번 도달할 수 있다.
• 브랜드 인지도 구축 : 도달범위 목표를 달성하기 위해 선택한 방식과 관계없이, 도달범위 캠페인은 다양한 잠재고객을 대상으로 브랜드를 최대한 노출시키기에 가장 비용 효과적인 방법이다.

※ 사용하기 적합한 경우
• 도달범위 또는 인지도를 목표로 하는 브랜드 구매자로서, 가장 낮은 비용으로 최대한 많은 타겟층에 도달할 수 있도록 Google의 지원을 받고자 하는 경우
• 다양한 광고 형식을 갖춘 여러 캠페인을 만드는 대신 단일 캠페인에서 여러 광고 형식을 활용하여 효율적 잠재고객 도달을 극대화하려는 경우
• 전달하고자 하는 메시지를 모두 전달하기 위해 건너뛸 수 없는 인스트림 광고만으로 사용자에게 도달하려는 경우
• 동일한 사용자에게 여러 번 도달하여 광고 회상을 개선하고 제품 또는 서비스의 구매를 고려하도록 유도하려는 경우

※ 작동 방식
• '효율적 잠재고객 도달'을 사용하면 범퍼 광고 또는 건너뛸 수 있는 인스트림 광고를 사용하거나 동일한 캠페인에서 이 두 가지 광고 형식을 자유롭게 조합하여 더 낮은 비용으로 더 많은 순 사용자에게 도달할 수 있다. '다양한 형식의 광고'를 사용 설정하면 인피드 광고 및 Shorts 광고도 활용하여 정해진 예산으로 도달범위를 더욱 넓힐 수 있다.
• '건너뛸 수 없는 인스트림'을 사용하면 최대 15초 길이의 건너뛸 수 없는 인스트림 광고로 전달하고자 하는 메시지를 모두 잠재고객에게 전달할 수 있다.
• '타겟 게재빈도'를 사용하면 범퍼 광고, 건너뛸 수 있는 인스트림 광고, 건너뛸 수 없는 인스트림 광고를 사용하여 매주 정해진 횟수만큼 동일한 사용자에게 도달할 수 있다.

ⓒ 동영상 광고 시퀀스 캠페인(= 광고 순서)

※ 설명
• 동영상 광고 시퀀스를 사용하면 정의한 순서대로 일련의 동영상을 사람들에게 보여줌으로써 제품이나 브랜드 이야기를 알릴 수 있다.

- 동영상 광고 시퀀스 캠페인을 사용하여 관심을 갖게 하거나, 메시지를 보강하거나, 통합된 테마를 만들 수 있다.

※ 특징
- 사용자가 특정 동영상 광고 시퀀스 캠페인에서 홍보하는 동영상을 다른 캠페인에서 보게 되는 경우, 이러한 사용자에게는 해당 동영상이 게재되지 않고 시퀀스가 진행된다.
- 기본적으로 동영상 광고 시퀀스의 최대 게재 빈도는 사용자 1인당 7일 동안 1개의 시퀀스이다.
- 최대 게재 빈도를 변경하여 사용자 1인당 30일 동안 1개의 시퀀스를 표시할 수 있다.
- 캠페인을 저장한 후에는 최대 게재 빈도를 수정할 수 없다.
- 동영상 광고 시퀀스 캠페인에서는 예상 트래픽을 사용할 수 없다.

※ 템플릿
템플릿을 선택하면 Google Ads에서 시퀀스에 포함할 광고 형식 및 광고 길이에 대한 가이드와 함께 시퀀스를 만드는 방법이 안내된다.

※ 사용할 수 있는 4개의 템플릿
- 소개 및 강화 : 긴 동영상 광고로 브랜드를 소개한 후 짧은 동영상 광고로 메시지를 강화한다.
- 메시지 전달 및 액션 유도 : 짧은 동영상 광고로 시청자의 관심을 끌고 긴 동영상 광고로 액션을 유도한다.
- 관심 유도 및 안내 : 짧은 동영상 광고로 시청자의 관심을 끌고 긴 동영상 광고로 액션을 유도한 후 또 다른 짧은 동영상 광고로 액션을 취하는 방법을 안내한다.
- 참여 유도 및 차별화 : 짧은 동영상 광고 4개를 사용하여 브랜드 소개를 여러 부분으로 나누거나 동일한 스토리를 다른 관점으로 전달한다.

※ 사용 가능한 입찰 전략 및 광고 형식
- 입찰 전략
  - 타겟 CPM(권장) : 타겟 CPM을 사용하면 Google Ads에서 잠재 고객에게 전체 시퀀스 캠페인을 보여주기 위해 입찰가를 최적화하므로 광고주는 더 높은 시퀀스 완료율을 얻을 수 있다.
  - 최대 CPV : 최대 CPV를 사용하면 동영상 광고가 1회 조회될 때 지불하고자 하는 최대 금액을 설정할 수 있다.

※ 광고 형식
- 건너뛸 수 있는 인스트림 광고(입찰 전략 : 최대 CPV, 타겟 CPM)
- 건너뛸 수 없는 인스트림 광고(입찰 전략 : 타겟 CPM)
- 범퍼 광고(입찰 전략 : 타겟 CPM)
- 위 형식의 조합(입찰 전략 : 타겟 CPM)

ⓒ 동영상 액션 캠페인(= 전환 유도) : 동영상 액션 캠페인은 하나의 자동화된 캠페인으로 YouTube 안팎에서 더 많은 전환을 유도할 수 있다.

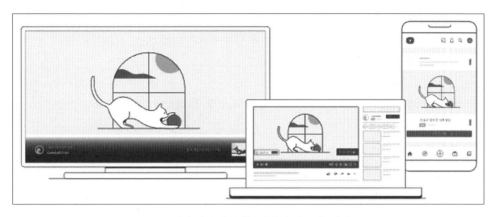

▲ 동영상 액션 캠페인(= 전환 유도) 노출 사례

※ 이점
• 더 많은 전환 유도 : 캠페인을 확장하여 YouTube 안팎의 더 많은 위치에 광고를 게재하고, 최소 CPA를 기준으로 최적화하면서 더 많은 전환을 유도한다.
• 캠페인 실적 향상 : 동영상 액션 캠페인을 사용하면 YouTube 홈 피드, YouTube 보기 페이지, Google 동영상 파트너 등의 인벤토리를 결합하여 신규 고객에게 도달하고 캠페인의 실적을 향상할 수 있다.
• 손쉬운 캠페인 확장 : 동영상 액션 캠페인을 사용하면 인벤토리 소스마다 입찰가와 예산을 설정할 필요 없이 하나의 캠페인으로 휴대기기, 데스크톱, TV에 광고를 쉽게 게재할 수 있다.

※ 사용하기 적합한 경우
• 동영상을 사용하여 내 비즈니스, 서비스 또는 제품에 대한 액션을 유도하려는 경우
• 동영상 광고를 확장하거나 CPA 실적 및 효율성을 높이려는 경우
• 캠페인에서 이미 전환 추적을 사용하고 있는 경우

※ 작동 방식
• 동영상 액션 캠페인에서는 건너뛸 수 있는 인스트림 광고 형식 및 인피드 동영상 광고 형식을 사용한다.
• 캠페인에 포함된 동영상의 길이는 10초 이상이어야 한다.
• 캠페인에 포함된 광고의 경우 광고 소재에 클릭 유도 문구(CTA), 광고 제목(긴 제목과 짧은 제목 모두), 설명을 사용할 수 있다.
• 클릭 후 도달할 최종 URL을 반드시 입력해야 한다.
• 캠페인에 광고 확장(예 시이트링그 또는 리드 양식)이나 제품 피드를 추가히여 전환수를 늘릴 수 있다.
• 캠페인에 광고 확장 또는 다른 광고 소재 옵션을 추가하면 캠페인에 포함된 광고의 모양이나 기능이 변경될 수 있다.

※ 입찰 전략

    동영상 액션 캠페인에서 설정할 수 있는 입찰 전략은 타겟 CPA, 전환수 최대화, 전환 가치 극대화, 또는 타겟 ROAS이다.

    ㉣ 아웃스트림 동영상 캠페인 : 아웃스트림 광고 설명 참고(p.89)

### ③ 목표 달성 방법 설정

    ㉠ 효율적 잠재 고객 도달 : 범퍼 광고, 건너뛸 수 있는 인스트림 광고 또는 두 광고 유형의 조합을 사용하여 보다 저렴한 비용으로 더 많은 순 사용자에게 도달한다.

    ㉡ 건너뛸 수 있는 인스트림 : 15초의 건너뛸 수 없는 인스트림 광고로 메시지를 충분히 전달한다.

---

## ③ 캠페인 일반설정

### ① 캠페인 이름 : 최대 128자까지 허용된다.

### ② 입찰 전략

    ㉠ 타겟 CPM, 최대 CPV, 조회 가능 CPM, 타겟 CPA, 전환수 최대화, 전환가치 극대화 등

    ㉡ 사용할 수 있는 입찰 전략은 캠페인 목표에 따라 달라진다.

### ③ 예산 및 날짜 : 예산 유형 및 금액 입력(일일 예산, 캠페인 총예산), 날짜(시작일, 종료일)

    • 특정한 일일 예산을 입력해도 그 예산을 초과하는 날이 발생할 수 있다.

### ④ 네트워크 : 캠페인에 따라 사용할 수 있는 네트워크가 달라짐(YouTube 검색결과, YouTube 동영상, 디스플레이 네트워크의 동영상 파트너)

### ⑤ 위치 : 타겟팅할 위치를 지정한다. 타겟팅에서 제외할 위치를 입력할 수도 있다.

### ⑥ 언어 : 고객이 사용하는 언어

### ⑦ 콘텐츠 제외

    ㉠ 인벤토리 유형

        • 확장된 인벤토리 : 최대 노출

        • 표준 인벤토리(기본 설정 옵션) : 적정 노출

        • 제한된 인벤토리 : 최대 제한

    ㉡ 제외할 유형 : 삽입된 YouTube 동영상, 실시간 스트리밍 동영상

© 제외할 디지털 콘텐츠 라벨
- DL-G : 전체 시청가(가족용 콘텐츠)
- DL-PG : 보호자 동반 시청가
- DL-T : 청소년 이상 시청가
- DL-MA : 성인용
- 라벨이 지정되지 않은 콘텐츠도 제외할 수 있다.

⑧ **관련 동영상**
- 사용자 참여를 높이기 위해 내 동영상 광고와 관련된 동영상을 추가한다.
- 관련 동영상은 내 동영상 광고 아래에 게재되며 몰입도 높은 동영상 경험을 제공하여 내 광고가 전달하는 메시지를 강화하고 확장한다.

⑨ **추가 설정**
㉠ 기기
- 사용 가능한 모든 기기 타겟팅 : 컴퓨터, 모바일, 태블릿, TV 화면 중 효율이 좋은 기기 위주로 광고가 노출된다.
- 특정 기기 타겟팅

> - 컴퓨터
> - 휴대전화
> - 태블릿
> - TV화면
> - 고급 타겟팅(특정 기기 유형, 운영체제, 기기 모델, 광고 인벤토리 또는 게시자가 광고 게재를 허용하는 공간, 이동통신사, 무선 네트워크를 타겟팅할 수 있음)

㉡ 게재 빈도 : 이 캠페인의 광고가 동일한 사용자에게 게재되는 횟수를 제한한다.
- 노출 빈도 제한 : 이 캠페인의 광고가 동일한 사용자에게 게재되는 횟수 제한
- 조회 빈도 제한 : 동일한 사용자가 이 캠페인의 광고를 조회하거나 상호작용하는 횟수를 제한할 수 있다.
㉢ 광고 일정 : 광고가 게재되는 시점을 제한하고, 특정 요일과 특정 시간을 설정한다.
㉣ 제3자 측정 : 외부 대행사가 광고성과를 측정하도록 할 때 설정한다. 대행사를 추가하려면 Google 지원팀에 문의한다.

### 4 광고 그룹 만들기

① **광고 그룹 이름** : 255자까지 입력 가능

② **타겟팅할 사용자** : 타겟팅은 크게 사용자 타겟팅과 콘텐츠 타겟팅으로 나눌 수 있다.

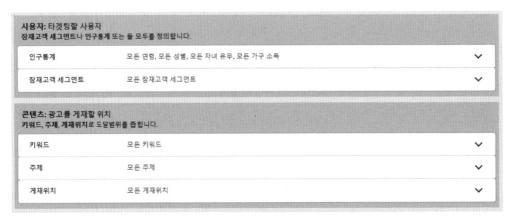

▲ Google Ads 광고 그룹의 사용자 및 콘텐츠 화면

㉠ 사용자 타겟팅
 ※ 인구 통계 : 성별, 연령(13세 미만의 어린이에게 타겟팅할 수 없음), 자녀 유무, 가계 소득
 ※ 잠재 고객 세그먼트

> • 구매 의도 : 특정 카테고리에 대한 구매 의도
> • 관심 분야
> • 상세 인구통계
> • 웹사이트 방문자
> • 맞춤 조합 세그먼트 : 내 데이터 세그먼트를 AND, OR 또는 NOT 관계로 조합하여 합성 세그먼트를
>   만들 수 있다.
> • 유사 세그먼트
>   – Google Ads Audience Center 라이브러리에서 유효한 목록을 1개 이상 설정하면 유사 세그먼트가
>     자동으로 생성
>   – 유사 세그먼트 타겟팅은 기존 고객과 유사한 신규 고객('사이트 방문자', '전환한 적이 있는 사용자'
>     등)을 자동으로 찾아준다.
> • 합성 세그먼트
>   – 다양한 세그먼트 속성을 교차하여 타겟팅 세그먼트를 표현하는 옵션
>   – 예 자동차 구매 의향자 × 아웃도어 애호가 = 새로운 합성 세그먼트
> • 맞춤 세그먼트
>   – 관련 키워드, URL 및 앱 등을 입력하여 이상적인 잠재 고객에게 도달
>   – 맞춤 세그먼트는 캠페인의 요건에 가장 적합한 잠재 고객을 자동으로 선택한다.

ⓒ 콘텐츠 타겟팅
- 키워드, 주제, 게재 위치로 도달 범위를 좁힌다.
- YouTube와 디스플레이 네트워크에 속한 웹사이트, 동영상, 채널, 앱, 앱 카테고리 등 광고를 게재할 위치를 구체적으로 선택할 수 있는 타겟팅 방법
- 키워드 타겟팅이나 주제 타겟팅과 같이 광고가 자동으로 사이트에 게재되는 다른 타겟팅 방법과 달리 게재 위치를 직접 선택할 수 있다.
- 키워드 : 키워드 직접 입력

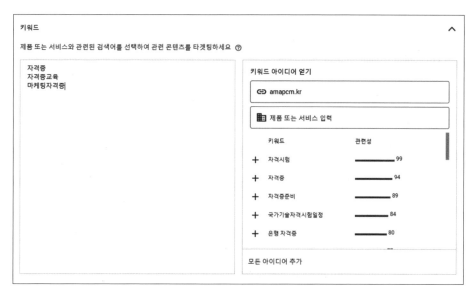

▲ 콘텐츠 타겟팅 중 키워드 세부 타겟팅

- 주제 : 건강, 게임, 과학, 금융, 뉴스 등 주제 선택 가능

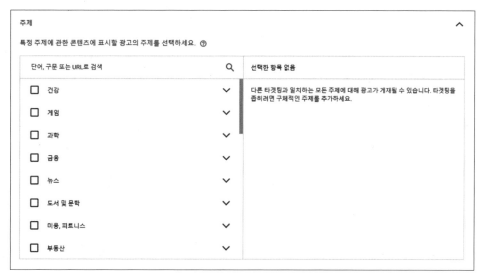

▲ 콘텐츠 타겟팅 중 주제 세부 타겟팅

• 게재 위치 : 검색을 통해 원하는 콘텐츠를 구체적으로 지정 가능
  – YouTube 채널
  – YouTube 동영상
  – 동영상 라인업
  – 웹사이트
  – 앱
  – 앱 카테고리 등

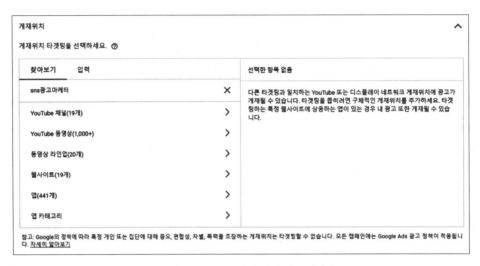

▲ 콘텐츠 타겟팅 중 게재 위치 세부 타겟팅

ⓒ 지리적 위치 타겟팅
  • 비즈니스를 운영하는 장소와 관련 있는 지리적 위치에 있거나, 정기적으로 방문하거나, 관심을 보인 사용자에게 광고를 게재할 수 있다.
  • '사용자의 위치 또는 사용자가 자주 방문하는 위치(물리적 위치)' 또는 '사용자가 관심을 보인 위치(관심위치)'에 맞게 타겟팅할 수 있다.
  • 물리적 위치는 IP주소, GPS, 와이파이, 블루투스, 구글의 셀ID에 근거하여 결정되며, 관심위치는 검색된 위치, 과거에 머무른 위치, 구글 지도 검색, 구글 검색 시 설정한 위치에 따라 결정된다.

5 광고 만들기

집행할 광고를 정하는 단계이다. 동영상을 검색하거나, 동영상의 URL을 직접 입력할 수 있으며, 이 단계를 건너뛰면 추후 캠페인을 실행할 때 광고를 선택해야 한다.

### 1 광고의 검토

대부분의 광고는 영업일 기준 1일 이내에 검토가 완료되지만 더 복잡한 검토가 필요하면 시간이 더 소요될 수 있다.

① **검토 중** : 광고가 아직 검토 중이며, 운영 가능 상태가 될 때까지 게재될 수 없다.

② **검토 후 게재 가능 상태**
  ㉠ 광고의 상태
    • 운영 가능 : 광고가 Google Ads 정책을 준수하므로 모든 잠재 고객에게 게재될 수 있다.
    • 운영 가능(제한적) : 광고가 게재될 수 있지만, 상표 사용이나 도박 관련 콘텐츠 등에 관한 정책 제한 때문에 모든 상황에서 게재될 수 있는 상태가 아니다.
    • 운영 가능(모든 위치 제한) : 정책 제한 및 타겟팅 설정으로 인해 타겟 지역에서 광고를 게재할 수 없다. 다만 타겟 지역에 관심을 보이는 사용자에게는 광고를 게재할 수 있다.
    • 게재 중 : 동영상 광고가 YouTube에 게재될 수 있다.
  ㉡ 광고 확장의 상태
    • 승인됨 : 광고 확장이 Google Ads 정책에 부합하여 모든 잠재 고객에게 게재될 수 있는 상태
    • 승인됨(제한적) : 광고 확장이 게재될 수는 있지만, 상표 사용이나 도박 관련 콘텐츠 등에 관한 정책 제한 때문에 모든 상황에서 게재될 수 있는 상태가 아니다.

③ **검토 후 게재 불가능 상태**
  ㉠ 비승인 : 광고의 콘텐츠 또는 도착 페이지가 Google Ads 정책을 위반하므로 광고가 게재될 수 없다.
  ㉡ 운영 불가능 : 캠페인이 일시중지, 삭제, 종료 또는 대기 중이거나 광고 그룹이 일시중지, 삭제 또는 설정이 미완료되어 광고가 게재되지 않는다.

### 2 구글 애즈 보고서(= 구글 애즈 광고 보고서)

구글 애즈의 상단에 있는 보고서를 클릭하여 구글 애즈 보고서를 만들 수 있다. 특정 기간에 대해 아래와 같은 세부 지표에 대한 보고서 작성이 가능하다.

| 구분 | 세부 지표 |
|---|---|
| 기본 | 캠페인, 광고 그룹, 광고, 검색키워드, 검색어, 최종URL, 유료 및 무료, 캠페인 세부정보, 광고 그룹 세부정보, 잠재 고객 세그먼트, 방문페이지, 확장 방문 페이지 |
| 시간 | 요일, 일, 주, 월, 분기, 연도, 시간 |
| 전환 | 전환카테고리, 전환액션이름, 전환발생위치, 매장방문 |
| 위치 | 거리 |

| 확장 소재 | 사이트링크 확장 소재, 전화번호 확장 소재, 콜아웃 확장 소재, 통화 세부정보, 구조화된 스니펫 확장 소재, 이미지 확장 소재 |
|---|---|
| 애셋 | 사이트링크 확장 소재, 콜아웃 확장 소재, 구조화된 스니펫 확장 소재, 전화번호 확장 소재 |
| 입찰 통계 | 검색-계정, 검색-캠페인, 검색-광고 그룹, 검색-키워드 |
| 기타 | 무료클릭, 청구 비용 |

▲ Google Ads 보고서의 세부 지표 사례

③ YouTube 커뮤니티 가이드

- YouTube 커뮤니티 가이드는 커뮤니티를 안전하게 유지하기 위해 마련되었다.
- YouTube에서 허용되는 콘텐츠와 허용되지 않는 콘텐츠를 명시한다.
- 동영상, 댓글, 링크, 미리보기 이미지 등 플랫폼에 존재하는 모든 유형의 콘텐츠에 적용된다.

① 스팸 및 기만 행위

YouTube 커뮤니티는 신뢰를 바탕으로 구축된 커뮤니티이다. 다른 사용자를 상대로 사기, 현혹, 스팸, 사취하려는 의도가 있는 콘텐츠는 YouTube에서 허용되지 않는다.

㉠ 스팸, 현혹 행위, 사기
- 동영상 스팸 : 과도하게 자주 게시되거나 반복되거나 뚜렷한 대상이 없고 다음 내용을 하나 이상 포함한 콘텐츠이다.
- 시청자에게 무언가를 보여주겠다고 약속하지만 보여주지 않고 외부 사이트로 유인한다.
- 시청자에게 빠른 수익 창출을 약속하면서 YouTube 외부 사이트로 클릭, 조회 또는 트래픽을 유도한다.
- 유해한 소프트웨어를 유포하거나 개인 정보를 수집하는 사이트 또는 부정적인 영향을 미치는 다른 사이트로 시청자를 유인한다.
- 혼동을 야기하는 Meta데이터 또는 썸네일 : 제목, 썸네일, 설명란을 이용하여 사용자가 콘텐츠의 내용을 다른 내용으로 오해하도록 속인다.
- 사기 : 현금 지급, '벼락부자 되기' 광고, 다단계 판매(다단계 구조에서 실제 제품 없이 돈만 지불)에 관한 콘텐츠이다.
- 인센티브 스팸 : 조회수, 좋아요 수, 댓글 수와 같은 참여도 측정항목이나 그 외 다른 YouTube 측정항목을 판매하는 콘텐츠로, 이러한 유형의 스팸에는 구독자 수, 조회수 또는 기타 측정항목을 늘리는 것이 유일한 목적인 콘텐츠도 포함된다. 예를 들면 내 채널을 구독하는 조건으로만 다른 크리에이터의 채널을 구독하겠다고 제안하는 '맞구독 제안' 콘텐츠가 여기에 해당한다.
- 댓글 스팸 : 시청자의 개인 정보를 수집하거나 잘못된 정보로 시청자를 YouTube 외부 사이트로 유인하거나 위에 설명된 금지 행동을 하는 것을 유일한 목적으로 작성된 댓글이다.
- 반복되는 댓글 : 내용이 같거나 뚜렷한 대상이 없거나 반복적인 댓글을 대량으로 남긴다.

- 실시간 스트림 악용 : 다른 사용자 소유의 콘텐츠를 스트리밍하려는 목적의 실시간 스트림으로서 악용 가능성에 대한 반복된 경고에도 수정되지 않은 경우이다. 채널 소유자는 실시간 스트림을 적극적으로 모니터링하여 문제가 될 수 있는 콘텐츠를 신속하게 수정해야 한다.
- ⓛ 명의 도용
  - 채널 명의 도용 : 타인의 채널과 비슷하게 보이도록 다른 채널의 프로필, 배경 또는 전반적인 디자인 및 분위기를 모방한 채널이다. 다른 채널을 모방하려는 의도가 명확한 경우 100% 동일하지 않아도 채널 명의 도용에 해당된다.
  - 개인 명의 도용 : 타인이 게시한 것처럼 보이도록 의도한 콘텐츠이다.
- ⓒ 외부 링크
  - 음란물로 연결되는 링크
  - 멀웨어를 설치하는 웹사이트나 앱으로 연결되는 링크
  - 사용자의 로그인 사용자 인증 정보, 금융 정보 등을 피싱하는 웹사이트 또는 앱으로 연결되는 링크
  - 일반적으로 요금 결제가 필요한 오디오 콘텐츠, 시청각 콘텐츠, 정식 버전의 비디오 게임, 소프트웨어 또는 스트리밍 서비스에 무료로 무단 액세스할 수 있는 웹사이트, 앱 또는 기타 정보 기술로 연결되는 링크
  - 테러 조직을 위해 모금 또는 조직원 모집 활동을 하는 웹사이트로 연결되는 링크
  - 아동 성적 학대 이미지(CSAI)가 포함된 사이트로 연결되는 링크
  - YouTube 규제 상품 가이드에 명시된 상품의 판매 사이트로 연결되는 링크
  - YouTube에 업로드 되면 증오심 표현 또는 괴롭힘 방지 정책을 위반할 콘텐츠로 연결되는 링크
  - 다른 사람의 폭력적인 행동을 조장하는 콘텐츠로 연결되는 링크
  - 현지 보건 당국 또는 세계보건기구(WHO)의 코로나19 관련 의료 정보와 상충되는 잘못된 의료 정보를 퍼뜨리는 콘텐츠로 연결되는 링크
  - 민주적 절차에 지장을 주는 등 심각한 위험을 초래할 수 있는 혼동을 야기하거나 기만적인 콘텐츠를 퍼뜨리는 웹사이트 또는 앱으로 연결되는 링크
- ⓔ 허위 참여
  - 조회수, 좋아요 수, 구독자 수를 인위적으로 늘리는 타사 서비스로 연결되거나 해당 서비스를 홍보하는 콘텐츠
  - 타사의 조회수 또는 구독자 조작 웹사이트나 서비스로 연결되거나 해당 웹사이트 또는 서비스를 홍보하는 콘텐츠
  - 내 채널을 구독하는 조건으로만 다른 크리에이터의 채널을 구독하겠다는 제안('맞구독 제안')
    참고 구독이나 좋아요 버튼을 누르거나, 공유하거나, 댓글을 남기도록 시청자에게 권하는 것은 허용된다.
  - 서비스 홍보 목적으로 제3자로부터 조회수를 구매하는 크리에이터가 등장하는 콘텐츠
- ⓜ 추가 정책
  - 비활성 계정 정책
    - 일반적으로 사용자는 YouTube 커뮤니티에서 활동 중인 구성원이어야 한다.
    - 오랫동안 계정의 활동이 없는 것으로 확인되면 YouTube에서는 고지 없이 계정을 회수할 수 있다.

• 서비스 약관 위반 조장 : 다른 사용자가 서비스 약관을 위반하도록 조장하는 콘텐츠를 게시하면, 해당 콘텐츠가 삭제되고 계정 활동에 불이익이 발생하며 경우에 따라서는 계정이 해지될 수도 있다.

• 이전에 삭제된 콘텐츠 또는 해지되거나 제한된 크리에이터의 콘텐츠 게시 : 서비스 약관 위반으로 인해 이전에 삭제된 콘텐츠, 현재 제한이 적용된 크리에이터가 제작한 콘텐츠 또는 약관에 따라 해지된 크리에이터의 콘텐츠를 게시하면 해당 콘텐츠가 삭제되고 계정 활동에 불이익이 발생하며 경우에 따라서는 계정이 해지될 수도 있다.

• Google 제품의 연령 요건 : YouTube 사용을 위한 최소 연령에 미달하는 것으로 판단될 경우 사용자의 연령 확인을 요청할 수 있다.

② **민감한 콘텐츠** : YouTube는 시청자, 크리에이터, 특히 미성년자를 보호하기 위해 이에 따라 아동 보호, 성행위와 과도한 노출, 자해와 관련된 규칙이 마련되어 있다.

㉠ 과도한 노출 및 성적인 콘텐츠에 대한 정책

• 성적 만족을 목적으로 성기, 가슴 또는 엉덩이(의복 착용 여부 무관) 묘사

• (동영상, 텍스트, 오디오, 이미지 등) 어떤 표시 경로에서든 성적 만족을 목적으로 성적 행위, 성기 또는 페티시즘을 묘사한 음란물

㉡ 미리보기 이미지 정책

• 성적 행위, 과도한 노출, 기타 성적 만족을 위한 이미지 등을 묘사한 포르노 이미지를 포함하는 미리보기 이미지

• 충격 또는 혐오감을 불러일으키기 위한 폭력적인 이미지

• 피 또는 유혈 장면이 포함된 노골적이거나 혐오스러운 이미지

• 저속하거나 외설적인 언어가 사용된 미리보기 이미지

• 동영상에 실제로는 없는 내용을 보게 될 것이라는 오해를 일으키는 미리보기 이미지

㉢ 아동 안전에 대한 정책

• 미성년자의 성적 대상화 : 미성년자가 나오는 음란물 및 미성년자를 성적으로 착취하는 콘텐츠로, 아동 성적 학대 이미지가 포함된 콘텐츠가 발견되면 YouTube에서 NCMEC(National Center for Missing and Exploited Children)에 신고하며, NCMEC는 각국의 법 집행 기관과 협력한다.

• 미성년자와 관련된 유해하거나 위험한 행위 : 미성년자가 위험한 행동에 가담하는 모습을 보여주거나 미성년자에게 위험한 행동을 독려하는 콘텐츠로, 미성년자를 위험한 스턴트, 도전, 장난을 비롯해 상해를 입힐 수 있는 유해한 상황에 처하게 해서는 안 된다.

• 미성년자의 정신적 고통 유발 : 미성년 참여자 또는 시청자에게 다음과 같이 정신적 고통을 초래할 수 있는 콘텐츠

> - 미성년자에게 성인용 주제를 노출
> - 부모의 학대 상황을 가장
> - 미성년자에 대한 강요 또는 강압적 행위
> - 폭력

- 오해를 일으키는 가족 콘텐츠 : 미성년자와 가족을 대상으로 하지만 다음과 같은 내용을 포함하고 있는 콘텐츠

> - 성적인 주제
> - 폭력
> - 아동 시청자층에게 적합하지 않은 외설적이거나 음란한 내용
> - 미성년자를 대상으로 하지만 폭력, 성행위, 사망, 약물 등의 성인용 주제 또는 연령 제한이 적용되는 주제를 포함한 가족용 만화는 제목, 설명, 태그가 대상 시청자층과 일치하는지 확인해야 한다. 또한 시청자층 설정이 내 콘텐츠를 시청하기에 적합한 시청자층을 올바르게 나타내는지 확인해야 한다. 성인 시청자층을 대상으로 하는 경우 업로드 시 콘텐츠에 연령 제한을 직접 적용할 수도 있다.

- 미성년자가 연루된 사이버 폭력 및 괴롭힘을 포함하고 있는 콘텐츠

> - 학대하거나 모멸감을 주기 위해 개인을 표적으로 삼는 콘텐츠
> - 이메일 주소 또는 은행 계좌 번호와 같은 개인 정보를 노출
> - 동의를 받지 않고 타인을 녹음/촬영
> - 성희롱
> - 폭력 또는 괴롭힘 행위를 선동

  ㉢ 자살 및 자해에 대한 정책 : 자살과 자해를 조장하거나 충격 또는 혐오감을 불러일으키려는 목적으로 제작되었거나 시청자에게 상당한 위험을 초래할 수 있는 콘텐츠

③ **폭력적이거나 위험한 콘텐츠** : 증오심 표현, 약탈적 행위, 폭력 묘사, 악의적 공격, 유해하거나 위험한 행동을 조장하는 콘텐츠는 YouTube에서 허용되지 않는다.

  ㉠ 유해하거나 위험한 콘텐츠에 대한 정책

- 매우 위험한 도전 : 위급한 신체적 상해의 위험이 있는 도전
- 위험하거나 위협적인 장난 : 피해자가 위급하고 심각한 신체적 위험에 처했다고 믿게 만들거나 미성년자에게 심각한 정신적 고통을 초래하는 장난
- 사람을 죽이거나 해치는 방법 : 다른 사람을 죽이거나 불구로 만들기 위한 행위를 하는 방법을 시청자에게 알려주는 내용으로, 다른 사람을 해치거나 죽이기 위한 폭발물을 만드는 방법을 알려주는 행위를 예로 들 수 있다.
- 중독성 마약 흡입 또는 제조 : 코카인 또는 오피오이드와 같은 중독성 마약을 남용하는 모습을 묘사하거나 제조하는 방법을 알려주는 콘텐츠로, 대개 신체적 중독에 이를 수 있는 마약을 중독성 마약으로 정의한다.
- 섭식 장애 : 거식증이나 기타 섭식 장애를 칭송하거나, 미화하거나, 따라하도록 시청자를 독려하는 콘텐츠이다. 섭식 장애는 음식이 아닌 물질을 먹는 것을 포함하여 건강에 부정적 영향을 주는 비정상적이거나 잘못된 식습관을 의미한다.

- 폭력 사건 : 학교 총격 사건과 같은 폭력적인 참사를 조장하거나 미화하는 내용
- 절도 또는 속임수 방법 안내 : 시청자에게 실물 상품을 훔치는 방법을 알려주거나 부정행위를 조장하는 콘텐츠
- 해킹 : 사용자 인증 정보를 훔치거나, 개인 정보를 손상시키거나, 소셜미디어 계정을 해킹하는 등 다른 사람에게 심각한 피해를 발생시킬 의도로 컴퓨터나 정보 기술을 사용하는 방법을 알려주는 내용
- 디지털 콘텐츠 또는 서비스 결제 우회 : 일반적으로 요금 결제가 필요한 오디오 콘텐츠, 시청각 콘텐츠, 정식 버전의 비디오 게임, 소프트웨어 또는 스트리밍 서비스에 무료로 무단 액세스할 수 있는 웹사이트, 앱 또는 기타 정보 기술의 사용 방법을 시청자에게 알려주는 내용

ⓛ 폭력적이거나 노골적인 콘텐츠에 대한 정책
- 폭력적이거나 노골적인 콘텐츠
  - 특정 개인 또는 집단을 상대로 폭력적인 행위를 가하도록 다른 사람을 선동하는 내용
  - 미성년자가 관여된 싸움
  - 교통사고, 자연재해, 전쟁 또는 테러 공격 여파, 길거리 싸움, 신체적 공격, 분신, 고문, 시체, 시위 또는 폭동, 강도 행위, 의료 시술을 비롯해 시청자에게 충격 또는 혐오감을 주려는 의도의 기타 사건이 담긴 영상, 오디오 또는 이미지
  - 시청자에게 충격 또는 혐오감을 주려는 의도로 피나 구토물과 같은 체액을 보여주는 영상 또는 이미지
  - 사지 절단 등 부상 정도가 심각한 시체를 보여주는 영상
- 동물 학대 콘텐츠
  - 사람의 부추김이나 강압에 의해 동물들이 싸우는 내용의 콘텐츠
  - 사냥이나 음식 준비와 같이 전통적이거나 일반적인 목적을 제외하고 인간이 악의적으로 동물에게 고통을 주는 콘텐츠
  - 유해한 환경을 연출하여 동물을 위험에 노출시킨 후 구조하는 콘텐츠
- 각색하거나 가상으로 연출한 콘텐츠 : 영상이 각색되었거나 가상으로 연출된 사실을 알 수 있는 충분한 정보를 시청자에게 제공하지 않으며 이 가이드라인에서 금지한 각색하거나 가상으로 연출한 영상 또는 콘텐츠
- 교육, 다큐멘터리, 과학 또는 예술적 맥락을 제공했더라도 다음과 같은 종류의 콘텐츠는 허용되지 않는다.
  - 폭력적이고 신체적인 성폭력(동영상, 정지 이미지 또는 오디오)
  - 무기, 폭력 또는 부상당한 피해자가 보이거나 그러한 소리가 들리는 치명적이거나 중대한 폭력 사건을 가해자가 촬영한 영상

ⓒ 폭력 범죄 조직에 대한 정책
- 폭력적인 범죄 조직이나 테러 조직에 의해 제작된 콘텐츠
- 다른 사람이 폭력 행위를 하도록 조장하기 위해 유명한 테러리스트 또는 범죄자를 찬양하거나 기념하는 콘텐츠
- 폭력적인 범죄 조직이나 테러 조직의 폭력 행위를 찬양하거나 정당화하는 콘텐츠
- 폭력적인 범죄 조직 또는 테러 조직의 새 구성원 모집에 관한 콘텐츠

- 인질을 묘사하거나 폭력적인 범죄 조직 또는 테러 조직을 대신해 회유, 위협, 협박하려는 의도로 게시한 콘텐츠
- 폭력적인 범죄 조직 또는 테러 조직을 찬양하거나 홍보하기 위해 이들의 휘장, 로고, 기호를 묘사하는 콘텐츠

② 증오심 표현에 대한 정책

> 연령, 계급, 장애, 민족, 성 정체성 및 성 표현, 국적, 인종, 이민 신분, 종교, 성별, 성적 지향, 큰 폭력 사건의 피해자와 그 친인척, 군필 여부

⑩ 괴롭힘 및 사이버 폭력에 대한 정책
- 개인의 타고난 특성을 이유로 지속적으로 욕설을 하거나 악의적으로 모욕하는(⑩ 인종차별적 비방) 콘텐츠로, 이러한 특성에는 보호 대상 집단 신분이나 신체적 특징 외에도 성폭행, 합의되지 않은 은밀한 개인적 이미지 배포, 가정 폭력, 아동 학대 등의 피해자 신분이 포함된다.
- 미성년자에게 수치심을 주거나 속이거나 모욕감을 주기 위한 의도로 업로드된 콘텐츠로, 미성년자는 법적 성년 미만의 개인을 의미하는데 대부분의 경우 만 18세 미만으로 규정되어 있지만 지역별로 미성년자 연령에 차이가 있을 수 있다.

④ **규제 상품** : 특정 상품은 YouTube에서 판매할 수 없다.
   ㉠ 불법 또는 규제 상품과 서비스 판매에 대한 정책 : 아래에 나온 규제 상품 및 서비스 중 어느 하나라도 직접 판매하거나 링크를 걸거나 접근성을 높이고자 하는 것이라면 YouTube에 게시하지 말 것

> 주류, 은행 계좌 비밀번호, 훔친 신용카드 또는 기타 금융 정보, 위조 문서 또는 통화, 통제 대상 마약 및 기타 약물, 폭발물, 장기, 멸종위기의 동식물 또는 멸종위기 동식물의 일부 부위, 총기 및 특정 총기 액세서리, 전자담배를 포함한 니코틴 제품, 아직 Google 또는 YouTube의 검토를 받지 않은 온라인 도박 사이트, 처방전 없는 약품, 성매매 또는 에스코트 서비스, 무면허 의료 시술, 인신매매

   ㉡ 총기류에 대한 정책
   - 직접 판매(⑩ 개인 간 비공개 판매) 또는 총기 관련 상품을 판매하는 사이트 링크를 통해 총기 및 특정 총기 액세서리를 판매하는 행위로, 총기 액세서리에는 다음과 같은 품목이 포함될 수 있다.

> - 총기의 자동 발화를 일으키는 액세서리
> - 총기를 자동 발화로 전환시키는 액세서리(범프 스톡, 개틀링 방아쇠, 고진폭 자동 제어 장치, 변환 키트 등)
> - 30발 이상 휴대할 수 있는 대용량 탄창이나 탄띠
> - 다음 품목의 제조에 관한 안내를 제공한다.
>   - 총기류
>   - 탄약
>   - 대용량 탄창
>   - 사제 소음기/억제기
>   - 총기의 자동 발화를 일으키는 액세서리
>   - 총기를 자동 발화로 전환시키는 액세서리(범프 스톡, 개틀링 방아쇠, 고진폭 자동 제어 장치, 변환 키트 등)

- 총기를 자동 발화로 전환시키거나 자동 발화를 일으키는 방법을 안내한다.
- 위에 언급된 액세서리 또는 개조품을 장착하는 방법을 안내한다.

⑤ **잘못된 정보**
- 오해의 소지가 있거나 사기성 정보로 큰 피해를 입힐 심각한 위험이 있는 특정 유형의 콘텐츠는 YouTube에서 허용되지 않는다. 여기에는 유해한 치료제나 치료법을 홍보하는 콘텐츠, 기술적으로 조작된 특정 유형의 콘텐츠, 민주적 절차를 방해하는 콘텐츠 등 실제적인 위험을 초래할 수 있는 특정 유형의 잘못된 정보가 포함된다.
  ㉠ 잘못된 정보 관련 정책
  - 유해한 약물 또는 치료법 홍보 : 유해한 약물 또는 치료법이 건강에 도움이 될 수 있다고 주장하는 콘텐츠
  - 인구 조사 참여 방해 : 인구 조사 시간, 장소, 수단, 자격요건과 관련하여 참여자에게 거짓 정보를 제공하는 콘텐츠 또는 인구 조사 참여 포기를 심각하게 조장할 수 있는 허위 주장
  - 조작된 콘텐츠 : (아무런 정황 설명 없이 발췌된 클립의 수준을 넘어) 혼동을 야기하는 방식으로 기술적으로 조작되거나 변조되어 사용자에게 큰 피해를 입힐 심각한 위험이 있는 콘텐츠
  - 출처가 잘못된 콘텐츠 : 과거에 발생한 사건의 오래된 영상이 최신 사건의 영상이라는 허위 주장으로 큰 피해를 입힐 심각한 위험이 있는 콘텐츠
  ㉡ 잘못된 선거 정보 관련 정책
  - 유권자 투표 방해 : 투표 시간, 장소, 수단, 자격요건과 관련하여 유권자에게 거짓 정보를 제공하는 콘텐츠 또는 투표 포기를 심각하게 조장할 수 있는 허위 주장
  - 후보자 자격요건 : 현 정치권 후보자 및 재임 중인 선출 정부 공무원의 특정한 자격요건과 관련된 허위 사실을 유포하는 콘텐츠로, 여기에서 자격요건이란 관련 국가 법규에 근거하며 연령, 시민권, 생사 여부 등을 포함
  - 민주적 절차를 방해하는 선동 : 민주적 절차에 지장을 주도록 타인을 선동하는 콘텐츠로, 여기에는 투표 절차를 방해하거나 중단시키는 콘텐츠가 포함
  - 해킹된 자료의 배포 : 공개 시 민주적 절차에 지장을 줄 수 있는 해킹된 정보가 포함된 콘텐츠
  - 선거 공정성 : 선거 최종 결과가 공식적으로 인증된 후 대대적인 사기, 오류 또는 결함으로 인해 과거의 특정 선거 결과가 바뀌었다는 허위 사실을 유포하는 콘텐츠로, 이 정책은 현재 다음 선거에 적용된다.
    - 과거 미국 대통령 선거
    - 2021년 독일 연방의회 선거
    - 2018년 브라질 대통령 선거
  ㉢ 잘못된 의료 정보에 대한 정책
  - 잘못된 예방 정보 : 특정 질병의 예방이나 전염 또는 현재 승인 및 접종 중인 백신의 안전성, 효능, 성분과 관련하여 보건 당국의 지침에 상반되는 정보를 홍보하는 콘텐츠는 허용되지 않는다.
  - 잘못된 치료 정보 : 특정 질병의 치료와 관련하여 현지 보건 당국 또는 세계보건기구로부터 안전하거나 효과가 있는 것으로 승인받지 않았거나 심각한 피해를 야기한다고 확인된 특정 유해 물질 또는 행위를 홍보하는 등, 보건 당국의 지침에 상반되는 정보를 홍보하는 콘텐츠는 허용되지 않는다.

④ **YouTube 크리에이터의 실적 및 관리**

① **조회수** : 영상 콘텐츠가 매력적이고 볼 만한 가치가 있다는 것을 보여 주는 좋은 표시

② **조회수 카운팅 기준(유료 보기 수)**
  • 사용자가 물리적으로 재생 버튼을 클릭해야 한다.
  • 30초 이상의 영상인 경우, 영상이 적어도 30초 동안 재생되어야 한다.
  • 사용자가 11초에서 30초 사이의 완전한 비디오 광고를 시청한다.
  • 사용자가 최소 30초 이상 긴 비디오를 시청한다.
  • 사용자가 광고를 클릭하여 광고와 상호 작용한다.
  • YouTube에서 반복해서 보는 것도 어느 정도까지는 조회수로 인정한다.

③ **맞춤 동영상** : 동영상 시청 중에 다음에 볼만한 동영상을 추천하는 기능이다.
  ㉠ 맞춤 동영상 선정 영향 요인
    • 동영상을 클릭한 다른 사용자가 이를 끝까지 시청했는지(동영상의 품질이 우수하거나 재미있다는 신호) 혹은 동영상을 클릭하여 재생한 후 바로 다른 콘텐츠를 클릭했는지 여부이다.
    • 시청 및 검색 기록(사용 설정된 경우)과 구독한 채널, 국가 및 시간과 같은 사용자 상황 등을 고려한다.
    • 사용자가 구독 중인 채널과 관련된 영상
    • 과거에 시청 이력이 있는 영상과 관련된 영상
    • 현재 보고 있는 영상과 관련된 영상

④ **인기 급상승 동영상(인기 동영상)**
  ㉠ 인기 급상승 동영상 결정 요인
    • 다양한 시청자의 관심을 끄는 동영상
    • 현혹적이거나 클릭을 유도하거나 선정적이지 않은 동영상
    • YouTube와 전 세계에서 일어나고 있는 일들을 다루는 동영상
    • 크리에이터의 다양성을 보여주는 동영상
    • 흥미와 새로움을 느낄 만한 동영상
  ㉡ 결정을 위해 사용하는 세부 지표
    • 조회수
    • 동영상 조회수 증가 속도(즉, '온도')
    • YouTube 외부를 포함하여 조회수가 발생하는 소스
    • 동영상 업로드 기간
    • 해당 동영상을 같은 채널에 최근 업로드한 다른 동영상과 비교한 결과

⑤ **수익 창출** : YouTube 스튜디오에서 수익 창출을 신청하고 관리할 수 있다. 수익 창출을 위해 YouTube 파트너 프로그램(YPP)에 가입해야 한다.

※ YPP에 가입하기 위한 조건

- 구독자 1,000명 이상
- 공개 동영상 시청시간이 지난 12월간 4,000시간 이상('스토리 및 짧은 동영상' 섹션에서 또는 광고 캠페인의 일부로 재생된 동영상은 제외함) 또는 공개 쇼츠 동영상의 유효 조회수 1,000만회
- 2단계 인증 활성
- 활성 상태의 커뮤니티 가이드 위반 경고가 없어야 한다.
- 광고주 친화적인 콘텐츠 가이드라인을 준수해야 한다.
- 크리에이터 후원 기능으로 수익을 창출할 때는 상거래 제품 수익 창출 정책도 준수해야 한다.
- YPP 약관에 서명해야 한다.
- 애드센스 계정은 1개여야 한다.
- 애드센스에 가입해야 하며 계정은 1개여야 한다(애드센스 가입은 18세 이상만 가능).

참고 YouTube 파트너(YPP)가 아닌데 내 동영상에 광고가 표시되는 이유

동영상으로 수익을 창출하도록 설정하지 않아도 업로드한 동영상에 광고가 표시될 수 있는데, 필요한 모든 권한을 보유하지 않은 콘텐츠가 동영상에 포함된 경우, 저작권 보유자가 해당 동영상에 광고를 게재하기로 선택했기 때문이다.

⑥ **저작권 위반 경고** : 저작권 위반 경고와 커뮤니티 가이드 위반 경고는 다르다.

㉠ 저작권 위반 경고를 받는 경우

- 저작권 위반 경고를 받았다면 이는 저작권으로 보호되는 콘텐츠를 사용한 데 대해 저작권 소유자가 법적 저작권 삭제 요청을 제출했음을 의미한다.
- 저작권 위반 경고를 처음 받으면 저작권 학교를 수료해야 한다.
- 저작권 학교는 크리에이터가 저작권이 무엇이며 YouTube에서 관련 규정이 어떻게 시행되는지 이해할 수 있도록 도와준다.
- 저작권 위반 경고를 받으면 수익 창출 자격에 영향을 줄 수 있다.
- 또한 활성 상태의 실시간 스트림이 저작권 위반으로 인해 삭제되는 경우 실시간 스트리밍 사용이 7일 동안 제한된다.

㉡ 저작권 위반 경고 3회 시 조치

- 계정 및 계정과 연결된 모든 채널이 해지될 수 있다.
- 계정에 업로드된 모든 동영상이 삭제된다.
- 새로운 채널을 만들 수 없다.

⑦ **동영상 공개 상태** : 유튜브 동영상을 만들 때 크리에이터는 다음과 같은 공개 상태 옵션을 선택할 수 있으며, 업로드 하는 마지막 단계에서 설정하고, 업로드 후에도 공개 상태를 변경할 수 있다. 비공개로 되어 있는 영상은 광고 소재로 사용할 수 없다.

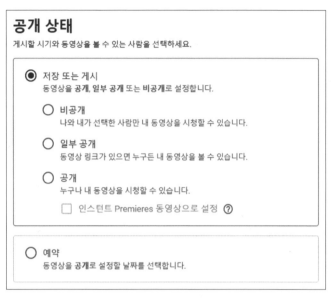

▲ 유튜브 동영상 공개 상태

각 공개 상태에서 할 수 있는 업무는 다음과 같이 정리할 수 있다.

| 기능 | 비공개 | 일부 공개 | 공개 |
|---|---|---|---|
| URL 공유기능 | 아니요 | 예 | 예 |
| 채널 섹션에 추가기능 | 아니요 | 예 | 예 |
| 검색, 관련 동영상, 맞춤 동영상에 표시 | 아니요 | 아니요 | 예 |
| 채널에 게시 | 아니요 | 아니요 | 예 |
| 구독자 피드에 게시 | 아니요 | 아니요 | 예 |
| 댓글 작성 가능 | 아니요 | 예 | 예 |
| 공개 재생목록에 표시 가능 | 아니요 | 예 | 예 |

▲ 유튜브 동영상 공개 상태별로 가능한 기능

⑧ **동영상 제한 사항 및 동영상 신고 관련**

㉠ 제한 사항 : 동영상 탭의 목록에서 동영상을 찾아 '제한 사항' 열을 확인하면 제한 사항을 확인할 수 있다.

> ※ **동영상의 제한 사항의 종류**
> • 저작권 침해 신고 : 저작권 보호를 받는 콘텐츠가 포함된 동영상을 업로드하면 동영상에 Content ID 소유권 주장 또는 저작권 위반 경고가 주어질 수 있다.

- 약관 및 정책 : 이용약관 문제로 인해 동영상이 게시 중단 또는 제한되거나 YouTube에 의해 비공개로 전환되었다면 다음과 같은 경우 '제한 사항' 열에 '이용약관'이 표시된다.
  - 커뮤니티 가이드를 위반하는 부적절한 콘텐츠가 포함된 경우
  - 조회수를 인위적으로 늘린 경우
  - YouTube 서비스 약관을 위반한 경우
  - 동영상에 상표권 침해 문제가 생긴 경우
  - 동영상에 대한 법적 신고를 받은 경우
- 연령 제한 : 동영상이 만 18세 미만의 시청자에게 적합하지 않으면 연령 제한 콘텐츠로 간주될 수 있다.
- 아동용 : 콘텐츠가 아동용으로 설정된 경우 관련 법규에 따라 특정 기능이 제한된다.
- 광고 적합성 : YouTube 파트너 프로그램에 참여하고 있고 콘텐츠가 대부분의 광고주에게 적합하지 않은 것으로 식별

ⓒ 동영상 신고
- YouTube에서는 YouTube 커뮤니티 회원의 부적절한 콘텐츠 신고가 중요한 역할을 한다.
- 콘텐츠 신고는 익명으로 진행되므로 다른 사용자는 누가 신고했는지 알 수 없다.
- 콘텐츠가 신고되어도 자동으로 게시 중단되는 것은 아니다.
- 신고된 콘텐츠는 가이드라인에 따라 검토된다.
- YouTube 커뮤니티 가이드를 위반하는 콘텐츠는 YouTube에서 삭제된다.
- 미성년자에게 부적절할 수 있는 콘텐츠에는 연령 제한이 적용될 수 있다.
- 동영상 신고의 검토(가이드라인)
  - YouTube에서는 담당자가 신고된 동영상을 연중무휴 검토한다.
  - YouTube에 업로드된 동영상은 언제든지 신고될 수 있다.
  - 검토팀에서 위반사항을 발견하지 못하면 신고된 횟수와 관계없이 동영상이 사이트에 계속 게시된다.

| 사유 | 세부 선택 사유 |
|---|---|
| 성적인 콘텐츠 | • 노골적인 성적 표현<br>• 과도한 노출<br>• 과도한 노출은 없으나 외설적인 콘텐츠<br>• 미성년자 제목 또는 설명<br>• 기타 성적인 콘텐츠 |
| 폭력적 또는 혐오스러운 콘텐츠 | • 성인 폭력물<br>• 신체적 공격<br>• 청소년 폭력물<br>• 동물 학대 |
| 증오 또는 악의적인 콘텐츠 | • 증오심 또는 폭력 조장<br>• 사회적 약자 학대<br>• 악의적인 제목 또는 설명 |
| 괴롭힘 또는 폭력 | • 나를 괴롭히는 콘텐츠<br>• 다른사람을 괴롭히는 콘텐프 |

| 유해하거나 위험한 행위 | • 약물남용<br>• 불 또는 폭발물 남용<br>• 자살 또는 자해<br>• 기타 위험한 행위 |
|---|---|
| 잘못된 정보 | (세부 사항 없음) |
| 아동 학대 | (세부 사항 없음) |
| 테러 조장 | (세부 사항 없음) |
| 스팸 또는 혼동을 야기하는 콘텐츠 | • 대량광고<br>• 의약품 판매<br>• 사용자를 현혹하는 텍스트<br>• 사용자를 현혹하는 미리보기 이미지<br>• 사기 |
| 법적 문제 | • 저작권 문제<br>• 개인정보 보호 문제<br>• 상표권 침해<br>• 모조품<br>• 기타 법적인 문제 |
| 자막 문제 | • 자막이 없음(CVAA)<br>• 정확하지 않은 자막<br>• 욕설이 포함된 자막 |

▲ 유튜브 동영상 신고 사유 및 세부 선택

## 제 4 절　구글 애즈의 도구 활용　기출중요도 상 ★★★

### 1 YouTube 리마케팅

① **리마케팅이란** : YouTube에서 과거에 상호작용을 했던 유저를 다시 한 번 타겟팅하여 마케팅하는 것이다. 리마케팅을 통해 영상을 시청했던 유저나 YouTube 채널을 방문했던 유저 등에게 다시 광고를 노출할 수 있다.

② **리마케팅 프로세스**

　㉠ YouTube 계정 연결

　　• YouTube의 특정 계정에 방문한 사람들에게 리마케팅을 하기 위해서는 해당 유튜브 계정을 연결해야 한다.

　　• 채널 이름이나 URL을 입력하여 쉽게 찾을 수 있다.

　　• 그 계정이 광고주 소유가 아니라면 소유주에게 이메일을 보내 승인을 받아야 한다.

　　• 계정 연결을 위해 태그를 심을 필요는 없다.

ⓒ 잠재 고객 관리자에서 리마케팅 목록 생성

잠재 고객 관리자는 잠재고객 세그먼트 및 소스, 통계를 이용하여 새 잠재고객 세그먼트와 소스를 관리할 수 있는 구글 애즈 도구이다.

▲ Google Ads 잠재 고객 관리자의 데이터 세그먼트 화면

## ② 제외 키워드 추가 및 관리

검색 및 디스플레이 네트워크 캠페인에 제외 키워드를 추가하여 이러한 검색어가 포함된 사이트를 타겟팅하지 않을 수 있다. 디스플레이 광고의 경우 제외 키워드는 최대 5,000개까지 사용할 수 있으며 디스플레이 및 동영상 캠페인의 경우 모든 제외 키워드는 확장검색으로 간주된다. 여기에서 새 키워드, 새 제외 키워드 목록 또는 기존 제외 키워드 목록을 캠페인 또는 광고 그룹에 적용할 수 있다.

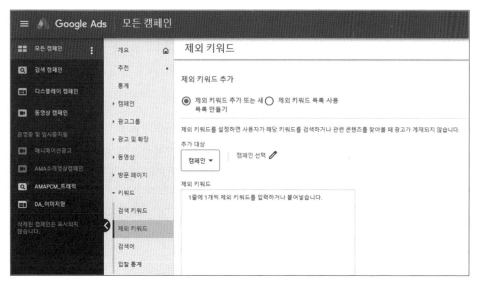

▲ Google Ads 제외 키워드 관리 화면

③ 도달 범위 플래너

도달 범위 플래너는 YouTube와 동영상 파트너 사이트 및 앱에 광고를 게재하는 도달 범위 기반 동영상 캠페인을 정확하게 설정할 수 있게 해주는 Google Ads 캠페인 계획 도구이다. 이를 통해 사용자는 순 사용자 도달 범위, 조회수, 전환수를 중심으로 미디어 계획을 정확하게 만들 수 있다. 도달 범위 플래너의 데이터는 Google의 Unique Reach 산출 방식에 기반한 것으로 제3자가 유효성을 검증했으며, 실제 도달 범위 및 입찰가와 일치한다. 도달 범위 플래너는 가능한 한 최신 데이터를 제공하기 위해 매주 업데이트된다.

※ 도달 범위 플래너를 사용하여 다음을 수행할 수 있다.

- YouTube 및 Google 동영상 파트너 사이트에서 광고의 도달 범위, 게재 빈도, 지출을 계획한다.
- 도달 범위 플래너가 광고 형식 및 예산 할당을 선택하거나 맞춤 미디어 계획을 만들 수 있다.
- 캠페인 유형의 다양한 조합을 만들어 효과를 비교한다.
- 선택한 미디어 계획의 상세한 도달 범위, 인구통계, 기기 통계를 확인한다. 도달 범위 플래너는 미디어 계획에 포함된 각 광고 형식에 대한 자세한 항목을 제공한다. 예산, 위치, 타겟팅 등 각 광고 형식의 설정을 빠르게 조정하고 미디어 계획에 대한 새 예측을 생성할 수 있다.

**4** 브랜드 광고 효과(Brand Lift)

① **브랜드 광고 효과** : 브랜드 광고 효과(Brand Lift)는 동영상 광고의 효과를 측정하는 무료 도구이다. 이 도구를 사용하면 동영상 캠페인을 조정하고 개선할 수 있다.

② **특징**

　ⓐ (클릭수, 노출수, 조회수 같은 전통적인 측정항목 대신) 광고 회상, 브랜드 인지도, 고려도 같은 측정 항목에 중점을 두는 브랜드 광고 효과는 캠페인을 마케팅 목표에 맞게 조정하는 데 도움이 된다.

　ⓑ 브랜드 광고 효과의 테스트 방법과 큰 표본 크기로 인해 캠페인이 사용자들의 제품 및 브랜드 인식에 어떻게 영향을 주는지 자세히 알아보는 데 매우 효과적이다.

③ **적용 가능한 광고** : 입찰을 통해 구매한 인스트림 및 범퍼 광고에 적용할 수 있으며, 아웃스트림 및 인피드 동영상 광고에는 적용할 수 없다.

④ **측정하는 데이터** : 전환을 고려하는 사용자, 전환 고려 사용자당 비용, 절대적 브랜드 광고 효과, 브랜드 광고 효과 개선 여지, 상대적 브랜드 광고 효과, 기준군 긍정 응답률, 실험군 긍정 응답률

# 02 워밍업! O · X문제

**01** ☐O☐X 유튜브 광고는 캠페인, 광고 세트, 광고 순으로 구성된다.

**02** ☐O☐X 유튜브 품질 평가 점수는 1보다 10이 좋은 것이다.

**03** ☐O☐X 시청자가 동영상을 30초 지점까지 시청하거나 동영상과 상호작용했을 때 과금되는 방식을 CPA라고 한다.

**04** ☐O☐X 건너뛸 수 있는 인스트림 광고는 6초 후에 건너뛸 수 있다.

**05** ☐O☐X 건너뛸 수 없는 인스트림 광고의 영상은 15초를 넘길 수 없다.

**06** ☐O☐X 인피드 동영상 광고는 동영상이 시청자의 브라우저 또는 유튜브 앱에 성공적으로 로드되면 비용이 청구된다.

**07** ☐O☐X 마스트헤드 광고는 모든 광고주가 Google Ads를 통해 즉시 게시할 수 있다.

**08** ☐O☐X 범퍼 광고는 건너뛸 수 없다.

**09** ☐O☐X Google Ads의 광고 목표 중 앱 프로모션은 동영상 광고가 불가능하다.

PART 2

---

**정답**

**01** X ▶ 광고 세트가 아니라 광고 그룹이다.

**02** O

**03** X ▶ CPV라고 한다.

**04** X ▶ 5초 후에 건너뛸 수 있다.

**05** O

**06** O

**07** X ▶ Google 광고팀 또는 대행사를 통해 신청해야 한다.

**08** O

**09** O

**10** ◯✕ 동영상 광고 시퀀스 캠페인을 집행할 때, 권장되는 과금 방식은 최대 CPV이다.

**11** ◯✕ 유튜브 동영상 광고를 위해 타겟팅할 때, 특정 위치를 제외하는 타겟팅도 가능하다.

**12** ◯✕ 유튜브에서 가족용 콘텐츠를 나타내는 라벨은 DL-PG이다.

**13** ◯✕ 자동차 구매 의향이 있으면서 아웃도어 애호가인 타겟을 만들 때, 이것을 유사 세그먼트 타겟이라고 한다.

**14** ◯✕ 키워드, 주제, 게재 위치로 도달 범위를 좁히는 타겟팅을 콘텐츠 타겟팅이라고 한다.

**15** ◯✕ 유튜브 광고의 검토 시간은 일반적으로 48시간이다.

**16** ◯✕ 조회수를 카운팅할 때 사용자가 물리적으로 재생 버튼을 클릭한 것만 인정한다.

**17** ◯✕ 인기급상승 동영상을 결정하는 요인 중 하나는 '흥미와 새로움'이다.

**18** ◯✕ 크리에이터가 유튜브에서 수익을 창출하기 위해서는 구독자 기준과 시청 시간 기준을 둘 다 만족해야 한다.

**19** ◯✕ 공개 상태를 '예약'으로 했다면, 그 시간까지는 '일부 공개' 상태가 유지된다.

---

정답

**10** X ▸ 타겟 CPM을 사용하면 Google Ads에서 잠재 고객에게 전체 시퀀스 캠페인을 보여주기 위해 입찰가를 최적화하므로 광고주는 더 높은 시퀀스 완료율을 얻을 수 있기 때문에 타겟 CPM 방식을 권장한다.

**11** O

**12** X ▸ DL-G가 전체 시청가를 의미하고 이를 가족용 콘텐츠라고 할 수 있다.

**13** X ▸ 합성 세그먼트가 맞다.

**14** O

**15** X ▸ 대부분 1일 이내에 검토가 완료된다.

**16** O

**17** O

**18** O

**19** X ▸ 예약 시간 후에 공개하기로 했다면, 그 때까지는 비공개가 유지된다.

**20**  ☐ ☒  도달 범위 플래너는 Google Ads 기능 중 하나이다.

**21**  ☐ ☒  브랜드 광고 효과(brand lift)를 통해 클릭수, 노출수, 조회수 등의 지표를 얻는다.

**22**  ☐ ☒  디스플레이 및 동영상 캠페인의 경우 모든 제외 키워드는 확장검색으로 간주된다.

정답

| | |
|---|---|
| **20** | O |
| **21** | X ▸ 클릭수, 노출수, 조회수 같은 전통적인 측정항목 대신 광고 회상, 브랜드 인지도, 고려도 같은 측정항목에 중점을 둔다. |
| **22** | O |

**01** 유튜브 광고의 3단계 구조를 상위부터 바르게 나타낸 것은?

① 캠페인, 광고 세트, 광고
② 캠페인, 광고 그룹, 광고
③ 광고 그룹, 광고, 캠페인
④ 광고 세트, 캠페인, 광고

**02** 유튜브 광고 순위 계산에 반영되는 요소가 아닌 것은?

① 입찰가
② 입찰 시점의 CTR 측정치
③ 방문 페이지의 만족도
④ 동영상 광고의 길이

> 광고 순위 계산에 반영되는 요소는 입찰가, 입찰 시점의 예상 CTR 측정치, 광고 관련성, 방문 페이지 만족도(품질) 등이 있다.

**03** 다음 중 건너뛸 수 있는 인스트림 광고 노출에 대한 설명으로 틀린 것은?

① 5초 후 시청자가 광고를 건너뛸 수 있음
② CPV 입찰을 사용하는 경우, 동영상을 30초 지점까지 보았을 때 과금된다.
③ 타겟 CPM, 타겟 CPA 방식으로 입찰할 수도 있다.
④ 캠페인 목표로 '판매'를 선택한 경우에는 사용할 수 없다.

> 판매, 리드, 웹사이트 트래픽, 브랜드 인지도 및 도달 범위, 제품 및 브랜드 구매 고려도 등의 캠페인 목표를 사용할 수 있다.

**04** 유튜브 마스트헤드 광고에 대한 설명으로 잘못된 것은?

① 기본적으로 소리 없이 재생된다.

② 최대 30초 동안 노출된다.

③ 모바일 전용 상품이다.

④ 새로운 제품이나 서비스에 대한 인지도를 높이거나, 할인 행사와 같이 단기간 내에 방대한 잠재 고객에게 도달하고자 할 때 유용하다.

> PC, 모바일, TV 등에서 모두 사용할 수 있다.

**05** 다음 중 아웃스트림 광고에 대해 잘못된 설명은?

① 모바일 전용 상품이다.

② 음소거 상태로 재생된다.

③ 유튜브 내에서 재생되지 않는다.

④ 동영상 재생과 동시에 과금된다.

> 사용자가 2초 이상 동영상을 재생한 경우에만 비용이 청구된다.

**06** TV방송사 및 웹 오리지널 콘텐츠 채널을 선별하여 판매하는 예약형 광고 상품을 무엇이라고 하는가?

① 유튜브 프리미엄

② 프라임 팩

③ 프리미엄 패키지

④ 오리지널 팩

**07**  유튜브 캠페인의 하위유형 중 하나인 동영상 도달 범위 캠페인에 대해 잘못된 설명은?

① 건너뛸 수 있는 인스트림 광고, 범퍼 광고, 건너뛸 수 없는 인스트림 광고를 손쉽게 구매할 수 있다.

② 더 많은 순 사용자에게 도달하거나 전달하고자 하는 메시지를 모든 사용자에게 전달할 수 있다.

③ 여러 광고 형식을 함께 사용하여 가장 효율적인 결과를 달성할 수 있다.

④ 정의한 순서대로 일련의 동영상을 사람들에게 보여줌으로써 제품이나 브랜드 이야기를 알릴 수 있다.

> 정의한 순서대로 일련의 동영상을 사람들에게 보여줌으로써 제품이나 브랜드 이야기를 알릴 수 있는 것은 동영상 광고 시퀀스이다.


**08**  동영상 액션 캠페인의 특징이 아닌 것은?

① 더 많은 전환 유도

② CPC를 기준으로 최적화

③ 캠페인 실적 향상

④ 쉬운 캠페인 확장

> 동영상 액션 캠페인에서 사용되는 입찰전략은 타겟 CPA, 전환수 최대화, 전환 가치 극대화, 또는 타겟 ROAS이다.


**09**  유튜브에서 사용할 수 있는 인벤토리 유형에 해당하지 않는 것은?

① 확장된 인벤토리

② 집약적 인벤토리

③ 표준 인벤토리

④ 제한된 인벤토리

> 유튜브에서 사용할 수 있는 인벤토리 유형은 확장된 인벤토리(최대 노출), 표준 인벤토리(적정 노출), 제한된 인벤토리(최대 제한)이 있다.

**10** 다양한 세그먼트 속성을 교차하여 타겟팅 세그먼트를 표현하는 옵션을 무엇이라고 하는가?

① 유사 세그먼트
② 합성 세그먼트
③ 교차 세그먼트
④ 맞춤 세그먼트

**11** Google Ads Audience Center 라이브러리에서 유효한 목록을 1개 이상 설정하면 생성되는 세그먼트는 무엇인가?

① 유사 세그먼트
② 합성 세그먼트
③ 교차 세그먼트
④ 맞춤 세그먼트

> 유사 세그먼트 타겟팅은 기존 고객과 유사한 신규 고객(사이트 방문자, 전환한 적이 있는 사용자 등)을 자동으로 찾아준다.

**12** 유튜브 광고의 타겟팅 방법 중 하나로서, 키워드, 주제, 게재 위치로 도달 범위를 좁히는 것을 무엇이라고 하는가?

① 사용자 타겟팅
② 콘텐츠 타겟팅
③ 맥락 타겟팅
④ 테마형 타겟팅

**13** 유튜브 광고의 콘텐츠 타겟팅에서 설정할 수 있는 게재 위치로서 적당하지 않은 것은?

① 유튜브 채널
② 유튜브 동영상
③ 웹사이트
④ GDN

> 콘텐츠 타겟팅은 유튜브와 디스플레이 네트워크에 속한 웹사이트, 동영상, 채널, 앱, 앱 카테고리 등 광고를 게재할 위치를 구체적으로 선택할 수 있다.

**14** 다음 중 광고의 콘텐츠 또는 도착 페이지가 Google Ads 정책을 위반하므로 광고가 게재될 수 없는 상태를 말하는 것은?

① 운영 불가능
② 비승인
③ 제한
④ 신고

**15** 다음 중 유튜브 맞춤 동영상 추천에 영향을 주지 않는 요소는?

① 동영상 품질
② 시청 기록
③ 채널 구독 여부
④ 채널의 수익

> **맞춤 동영상 선정 영향 요인**
> • 동영상을 클릭한 다른 사용자가 이를 끝까지 시청했는지(동영상의 품질이 우수하거나 재미있다는 신호) 혹은 동영상을 클릭하여 재생한 후 바로 다른 콘텐츠를 클릭했는지 여부
> • 시청 및 검색 기록(사용 설정된 경우)과 구독한 채널, 국가 및 시간과 같은 사용자 상황 고려
> • 사용자가 구독 중인 채널과 관련된 영상
> • 과거에 시청 이력이 있는 영상과 관련된 영상
> • 현재 보고 있는 영상과 관련된 영상

**16** 유튜브의 동영상 공개 상태에서 선택할 수 있는 옵션이 아닌 것은?

① 비공개
② 일부 공개
③ 공개
④ 노출 제한

유튜브의 동영상 공개 상태는 비공개, 일부 공개, 공개가 있으며, 공개 설정할 날짜를 예약할 수도 있다.

**17** 유튜브에서 과거에 상호작용을 했던 유저를 다시 한 번 타겟팅하여 마케팅하는 것을 무엇이라고 하는가?

① 빈도 설정
② 리마케팅
③ 리포지셔닝
④ 고객 유지

리마케팅을 통해 영상을 시청했던 유저나 유튜브 채널을 방문했던 유저 등에게 다시 광고를 노출할 수 있다.

**18** 브랜드 광고 효과(Brand Lift)에서 측정하는 항목 중 하나는?

① 광고 클릭수
② 브랜드 노출수
③ 브랜드 인지도
④ 광고 조회율

클릭수, 노출수, 조회수 같은 전통적인 측정항목 대신 광고 회상, 브랜드 인지도, 고려도 같은 측정항목에 중점을 두는 브랜드 광고 효과(brand lift)는 캠페인을 마케팅 목표에 맞게 조정하는 데 도움이 된다.

**19** 다음 중 유튜브의 조회수로 인정되지 않는 것은?

① 1분짜리 동영상 중 35초 시청
② 동영상에 댓글 남김
③ 재생 버튼을 클릭하지 않고 자동 재생
④ 동영상의 공유

사용자가 물리적으로 재생 버튼을 클릭한 경우만 재생으로 인정된다.

**20** 구글 애즈의 제외 키워드 관리에 관하여 잘못된 설명은?

① 검색 및 디스플레이 네트워크 캠페인에 제외 키워드를 추가하여 그 검색어가 포함된 사이트를 타겟팅하지 않을 수 있다.
② 디스플레이 광고의 경우 제외 키워드는 최대 3,000개까지 사용할 수 있다.
③ 디스플레이 및 동영상 캠페인의 경우 모든 제외 키워드는 확장검색으로 간주된다.
④ 기존 제외 키워드 목록도 적용할 수 있다.

디스플레이 광고의 경우 제외 키워드는 최대 5,000개까지 사용할 수 있다.

# 03 카카오 광고 : 카카오톡

## 제 1 절 카카오톡 광고 `기출중요도` 상 ★★★

### 1 카카오톡 현황

- 2010년 서비스를 시작한 우리나라의 대표적인 모바일 메신저
- 국내 카카오톡 월간 이용자 수 : 4,700만 이상(2021년 4분기 기준)
- 친구탭, 채팅탭, 뷰탭, 더보기탭의 모바일 지면과 PC 로그인 시 팝업 그리고 채팅창 하단에 광고 노출 가능
- 대표적인 광고 상품 : 비즈보드

### 2 카카오 모먼트

① **특징** : 카카오가 보유하고 있는 다양한 매체와 연결된 타겟 고객들에게 광고를 설정하고 운영하고 관리하기 위한 플랫폼이다. 카카오 모먼트는 광고 만들기부터 성과분석까지 원스톱으로 가능하다.

② **카카오 비즈니스 계정 만들기**

- 광고주 사업자등록번호
- 세금계산서 발행용 사업자등록번호(사업자등록이 없어도 계정을 만들 수는 있음)
- 광고 계정 이름(20자 이내)
- 옵션 : 광고최적화를 위한 픽셀 & SDK 연동

### 3 카카오 광고의 종류

① **카카오 비즈보드**

ㄱ 소개 : 카카오톡 채팅탭 중심의 모바일 광고로, 광고주가 원하는 톡 내 랜딩 방식과 최종 액션을 선택할 수 있다.

ㄴ 지면 및 디바이스
- 카카오 비즈보드는 카카오톡 뿐만 아니라 다음, 카카오의 주요 서비스, 제휴 네트워크에도 노출된다.
- 게재 지면 상세 설정이 가능하다(예 카카오 채팅 탭에만 노출 가능하다).

- 카카오 모먼트에서 카카오 비즈보드 등록 시 게재지면을 선택할 수 있다.
- 디바이스는 안드로이드와 iOS 중 하나를 선택하거나 둘 다 선택할 수 있다.

ⓒ 광고 목표 : 다음과 같은 광고 목표를 선택할 수 있다.
- 전환 : 광고주의 비즈니스에 대한 관심을 구매 또는 참여, 설치 등의 행동으로 유도한다.
- 방문 : 광고주가 원하는 랜딩으로 사용자들의 방문을 극대화하여 원하는 마케팅 목표를 달성한다.
- 도달 : 광고주의 제품 또는 서비스를 홍보하기 위하여 많은 사람들에게 광고를 노출하여 인지도를 높인다.

ⓔ 연결되는 서비스
- 앱스토어 또는 앱
- 카카오서비스
    - 애드뷰 : 카카오톡 채팅탭 내에서 아래에서 위로 넓게 노출되는 화면
    - 카카오톡 채널 : 광고주의 카카오톡 채널로 이동하여 채널 추가, 상담이 가능
    - 비즈니스 폼 : 광고주 서비스와 관련된 예약, 설문, 응모에 참여
    - 카카오싱크 : 카카오싱크를 통해 간편하게 이용자들의 회원가입이 가능
    - 톡스토어/선물하기/메이커스/주문하기/상품구독

ⓜ 과금 기준 : CPC(클릭당 과금), CPM(노출당 과금), CPA(액션당 과금)

ⓗ 노출 가능 소재 : 이미지 배너

## ② 디스플레이 광고

ⓐ 소개 : 다양한 크리에이티브를 활용하여, 카카오의 핵심 서비스, 주요 파트너 서비스를 중심으로 한 많은 지면에 광고를 노출한다. 광고주 최적의 오디언스를 찾아줄 다양한 타겟 옵션을 통하여 광고의 효율을 높일 수 있다.

ⓑ 광고 목표
- 전환 : 광고주의 비즈니스에 대한 관심을 구매 또는 참여, 설치 등의 행동으로 유도한다.
- 방문 : 광고주가 원하는 랜딩으로 사용자들의 방문을 극대화하여 원하는 마케팅 목표를 달성한다.

ⓒ 지면 및 디바이스
- (모바일, PC) 카카오톡, 다음, 네트워크
- (모바일) 카카오스토리, 카카오서비스

ⓔ 과금 기준 : CPC(클릭당 과금), CPM(노출당 과금), CPA(액션당 과금)

ⓜ 노출 가능 소재
- 이미지 네이티브 : 2:1 또는 1:1 비율의 단일 이미지
- 이미지 카탈로그 : 다양한 상품 정보를 효과적으로 전달하기 위해 스와이핑 기능을 제공한다.

## ③ 카카오톡 채널

ⓐ 소개 : 내 카카오톡 채널의 친구에게 카카오톡 채팅방으로 전달되는 메시지형 광고이다. 쿠폰 발송, 시즌널 세일 알림 등 관여도 높은 메시지 광고를 통하여 효과적으로 마케팅할 수 있다.

ⓑ 광고 목표
- 도달 : 광고주의 제품 또는 서비스를 홍보하기 위하여 많은 사람들에게 광고를 노출하여 인지도를 높인다.

ⓒ 지면 및 디바이스 : (모바일) 카카오톡 채널 채팅방

ⓔ 과금 기준 : CPMS(발송당 과금 방식(cost per message)), 타겟팅 미적용 시 15원/건, 타겟팅 적용 시 20원/건

ⓜ 노출 가능 소재 : 메시지

④ **다음쇼핑**

ⓖ 소개 : 쇼핑에 특화된 영역에 집중하여 광고를 노출한다. 다음 지면에 방문하는 모든 사용자에게 쇼핑몰의 방문을 유도할 수 있다.

ⓝ 목표 : 도달

ⓒ 지면 및 디바이스 : (모바일, PC)다음 초기 쇼핑 영역

ⓔ 과금 기준 : CPT(설정된 기간 단위(주 단위 또는 월 단위)를 구매하는 방식으로, 실제 노출과 관계없이 기간이 지나면 항상 과금된다)

ⓜ 노출 가능 소재 : 이미지박스

⑤ **동영상**

ⓖ 소개 : 카카오서비스에서 제공하는 다양한 지면에 동영상 광고를 노출한다. 카카오의 영상 및 콘텐츠 영역에 최적의 타겟팅을 통한 광고로 높은 퍼포먼스를 달성할 수 있다.

ⓝ 목표 : 조회

ⓒ 지면 및 디바이스
- (모바일, PC)카카오톡, 다음, 카카오서비스, 네트워크
- (모바일)카카오스토리

ⓔ 과금 기준 : CPV(동영상 조회가 발생할 때마다 과금된다)

ⓜ 노출 가능 소재 : 동영상 네이티브

⑥ **상품 카탈로그**

ⓖ 소개 : 상품 카탈로그를 활용하여 온라인에서 상품에 관심을 보인 사용자에게 맞춤형 다이내믹 광고를 노출한다. 카카오 서비스에서 제공하는 다양한 지면에 카탈로그를 노출하여 상품에 반응했던 사용자에게 효과적으로 리타게팅할 수 있다.

ⓝ 목표 : 전환

ⓒ 지면 및 디바이스
- (모바일, PC)카카오톡, 카카오스토리, 다음, 카카오서비스, 네트워크
- (모바일)다음, 카카오서비스, 네트워크

ⓔ 과금 기준 : CPC

ⓜ 노출 가능 소재 : 다이내믹 카탈로그

⑦ **카카오비즈보드 CPT**

ⓖ 소개 : 카카오톡 친구목록 탭의 메가 트래픽을 바탕으로 한 광고를 노출한다. 톡 내에서만 제공되는 다양한 프리미엄 랜딩(애드뷰, 챗봇, 커머스 플랫폼 등)을 활용해 강력한 브랜딩 및 완결성 있는 마케팅 액션을 만들 수 있다.

ⓝ 목표 : 도달

ⓒ 지면 및 디바이스 : (모바일)카카오톡 친구탭

② 과금 기준 : CPT

ⓜ 노출 가능 소재 : 이미지 배너

⑧ **포커스 보드**

ⓐ 소개 : Windows 카카오톡 PC 버전의 메가 트래픽을 기반으로 광고를 노출한다. 시간 점유 브랜딩을 목적으로 하는 광고주 확보 및 매출 증대를 위한 광고이다.

ⓑ 목표 : 도달

ⓒ 지면 및 디바이스 : (PC)카카오톡 메인창 하단

② 과금 기준 : CPT

ⓜ 노출 가능 소재 : 리치 네이티브

⑨ **포커스 풀뷰**

ⓐ 소개 : 카카오톡 오픈채팅탭에 노출되는 광고 상품. 하루를 단독으로 점유하면서 오픈채팅탭 탭리스트 내 2번째로 고정된 브랜드 버블탭을 통해 사용자의 반응을 유도하고, 클릭한 사용자에게 전면으로 브랜딩 광고를 노출할 수 있다.

ⓑ 목표 : 도달

ⓒ 지면 및 디바이스 : (모바일)카카오톡 오픈채팅탭

② 과금 기준 : CPT

ⓜ 노출 가능 소재 : 리치 네이티브

⑩ **프로필 풀뷰**

ⓐ 소개 : 카카오톡 친구탭의 '업데이트한 프로필' 지면에 전면 노출되는 광고 상품. 사용자는 광고 캠페인을 탐색하고, 브랜드 채널과 친구를 맺어 관계를 형성할 수 있다.

ⓑ 목표 : 도달

ⓒ 지면 및 디바이스 : (모바일)카카오톡 친구탭

② 과금 기준 : CPT

ⓜ 노출 가능 소재 : 리치 네이티브

⑪ **리치팝 올데이**

ⓐ 소개 : Windows 카카오톡 PC 버전 로그인 시점, 우측 하단 플로팅 팝업으로 노출되는 광고. 카카오톡 PC 버전 유저 대상 1일 1회 노출이 보장되는 올데이 광고로 차별화된 브랜딩을 위한 광고

ⓑ 목표 : 도달

ⓒ 지면 및 디바이스 : (PC)카카오톡 우측 하단 플로팅 팝업

② 과금 기준 : CPT

ⓜ 노출 가능 소재 : 리치 네이티브

## 4 카카오 광고의 목표

① **전환** : 광고주의 비즈니스에 대한 관심을 구매 또는 참여, 설치 등의 행동으로 전환을 유도한다. 전환 가능성이 높은 대상에게 최적화된 광고를 노출하는 카카오의 기술이 제공된다.
   ※ 지원 유형 : 카카오 비즈보드, 디스플레이

② **방문** : 광고주가 원하는 랜딩으로 사용자들의 방문을 극대화하여 원하는 마케팅 목표를 달성한다. 입찰 방식의 과금을 통하여 효율적인 광고 운영이 가능하다.
   ※ 지원 유형 : 카카오 비즈보드, 디스플레이, 스폰서드 보드

③ **도달** : 광고주의 제품 또는 서비스를 홍보하기 위하여 많은 사람들에게 광고를 노출하여 인지도를 높인다. 보다 많은 사용자에게 광고 노출 또는 내 카카오톡 채널 친구에게 메시지를 발송할 수 있으며 광고 유형에 따라 사전 계약 형태의 구매방식을 지원한다. 도달을 목표로 한 캠페인에서는 나이와 성별을 지정할 수 없다.
   ※ 지원 유형 : 카카오 비즈보드, 카카오톡 채널, 다음쇼핑

④ **조회** : 광고주의 동영상 광고를 많은 사람들이 조회하도록 유도하여 홍보 및 브랜딩을 강화한다.
   ※ 지원 유형 : 동영상

## 5 광고 관리 프로세스

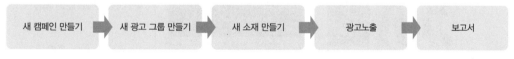

새 캠페인 만들기 ➡ 새 광고 그룹 만들기 ➡ 새 소재 만들기 ➡ 광고노출 ➡ 보고서

▲ 카카오 광고 프로세스

① **캠페인 만들기**
   ㉠ 유형과 목표 설정
   • 광고의 유형(= 광고의 종류) : 카카오 비즈보드, 디스플레이, 카카오톡 채널, 다음쇼핑, 동영상, 상품 카탈로그, 카카오비즈보드 CPT, 포커스 보드, 포커스 풀뷰, 프로필 풀뷰, 리치팝 올데이

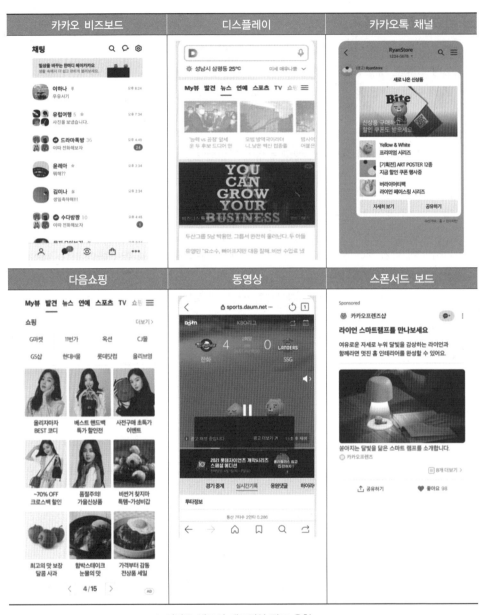

| 카카오 비즈보드 | 디스플레이 | 카카오톡 채널 |
| 다음쇼핑 | 동영상 | 스폰서드 보드 |

▲ 카카오 광고의 대표적인 광고 유형

• 광고 목표 설정

  – 전환 : 광고주의 비즈니스에 대한 관심을 구매 또는 참여, 설치 등의 행동으로 유도한다.

  – 방문 : 광고주가 원하는 랜딩으로 사용자들의 방문을 극대화하여 원하는 마케팅 목표를 달성한다.

  – 도달 : 광고주의 제품 또는 서비스를 홍보하기 위하여 많은 사람들에게 광고를 노출하여 인지도를 높인다.

  – 조회 : 동영상 광고를 많은 사람들이 조회하도록 유도한다.

ⓛ 전환 추적 설정 : 픽셀 & SDK 설정 시 전환 추적이 가능하여 광고효율을 지속적으로 높이는데 도움을 준다. 또한 보고서에서 전환 지표를 확인할 수 있다.

ⓒ 예산 설정 : 캠페인 일 예산은 5만원 이상 10억원 이하에서 10원 단위로 설정할 수 있다(미설정도 가능).

ⓔ 캠페인 이름 : 50자 이내로 캠페인 이름을 정한다.

② **광고 그룹 만들기**

ⓐ 오디언스 : 광고를 노출할 대상을 설정한다.

> ※ **맞춤타겟**
> • 내 데이터 설정 : 광고 반응 타겟, 픽셀 & SDK, 카카오 사용자, 고객 파일
> • 추가 설정 : 카테고리(사용자의 관심 분야)

> ※ **데모그래픽**
> 성별, 나이, 지역(전체(국내, 해외), 행정구역(읍, 면, 동까지 타겟팅 가능))

ⓑ 게재지면 및 디바이스
   • 디바이스 : 가능한 모든 디바이스 노출, 상세 설정(캠페인에 따라 달라짐)
   • 게재지면 : 가능한 모든 지면 노출, 상세 설정(캠페인에 따라 달라짐)

ⓒ 입찰 방식
   • 수동 입찰
     – CPC(클릭당 과금) 입찰금액 입력
     – CPM(노출당 과금) 입찰금액 입력
   • 자동 입찰
     – 클릭수 최대화(카카오 비즈보드 광고인 경우), 캠페인에 따라 달라짐
   • CPT(구좌단위 과금) : 단가표에 나온 금액에 의거하여 집행

ⓔ 일 예산 : 캠페인 차원에서 관리할 일 최대 예산 입력

ⓜ 집행기간
   • 일자 : 시작일 및 종료일 입력, 종료일 미설정 가능
   • 요일/시간 : 가능한 모든 요일/시간 노출, 상세 설정. 심야 시간대에만 광고 집행이 가능한 소재
     (예 고도수 주류 등)를 사용할 경우 '심야 타겟팅'을 필수로 선택해야 함

ⓗ 게재 방식(수동 입찰 시 설정 가능)
   • **빠른 게재** : 광고 그룹에 설정된 일 예산을 최대한 **빠르게** 소진
   • **일반 게재** : 광고 그룹에 설정된 일 예산을 바탕으로 시간대별로 고려된 예산을 초과하지 않도록
     예산을 분할

ⓢ 이름 설정

③ 소재 만들기(카카오 비즈보드)
　　㉠ 소재 설명 : 장애인에게 음성으로 안내되기 위한 정보로서, 광고 소재에 대한 30자 이내의 간단한 정보를 입력한다.
　　㉡ 랜딩 URL : 광고주가 원하는 최종 액션으로 사용자를 안내하기 위해 랜딩 유형을 선택한다.
　　　• URL : 외부 URL 주소로 랜딩
　　　• 애드뷰 : 미리 설정해 놓은 애드뷰로 랜딩
　　　• 채널웹뷰 : 카카오톡 채널의 특정 페이지로 랜딩
　　　• 챗폼 : 챗봇이 설정된 카카오톡 채널로 랜딩
　　　• 비즈니스폼 : 설문, 사전신청 등의 응모 신청으로 랜딩
　　　• 톡캘린더 : 톡캘린더 일정 확인 및 등록 화면으로 랜딩
　　　• 포스트 : 카카오톡 채널 내 등록한 포스트로 랜딩
　　㉢ 홍보 이미지
　　　• 이미지 추가 : 미리 만들어 놓은 이미지를 넣을 수 있다.
　　　• 배너 만들기
　　　　- 텍스트를 직접 입력하고 이미지를 추가하여 배너를 만들 수 있다.
　　　　- 카카오 비즈보드는 4가지 유형의 배너를 다양한 형태로 변형해서 마케팅에 최적화된 광고 소재를 제작할 수 있다 : 오브젝트형, 썸네일형, 마스킹형, 텍스트형

| 배너 유형 | 설명 |
| --- | --- |
| 오브젝트형 | 배경이 제거된 오브젝트 이미지를 사용하여 소재를 등록할 수 있다. |
| 썸네일형 | 박스형 또는 블러형 썸네일 이미지와 멀티 이미지를 사용하여 소재를 등록할 수 있다. |
| 마스킹형 | 반원 또는 원기둥형의 썸네일 이미지를 사용하여 소재를 등록할 수 있다. |
| 텍스트형 | • 텍스트로만 된 소재로 강조하고 싶은 내용을 담을 수 있다.<br>• 텍스트는 두 줄 또는 한 줄로 작성할 수 있다. |

▲ 광고 배너의 유형 및 설명

▲ 광고 배너의 디자인 사례

　　㉣ 게재 빈도 : 게재 빈도 자동 설정(상세 설정 시 1~5 사이로 설정 가능)
　　㉤ 소재 이름 : 소재 이름을 40자 이내로 입력한다.

## 6  카카오 모먼트 관리

① **광고 자산 관리** : 카카오 모먼트 관리자센터에서 다양한 광고 자산을 관리할 수 있다.

  ㉠ 메시지 관리
  - 카카오 모먼트에서 메시지 소재를 바로 작성하고 관리할 수 있는 기능
  - 메시지 관리에서 만든 메시지는 카카오톡 채널 친구 대상으로 발송하는 '카카오톡 채널 × 도달' 캠페인 하위 메시지 소재로 사용할 수 있다.

  ㉡ 애드뷰 관리
  - 애드뷰는 카카오 비즈보드 랜딩페이지 유형 중 하나로서 카카오톡 채팅탭 내에서 아래에서 위로 노출되는 화면을 통해 앱 이탈 없이 자연스럽게 이용자에게 비즈니스 액션을 유도할 수 있도록 해준다.
  - 카카오 모먼트 관리자센터의 광고 자산관리 메뉴에서 애드뷰를 만들고 관리할 수 있다.

  ㉢ 비즈니스폼 연동 관리 : 광고를 통해 설문, 응모, 예약을 광고에 활용하기 위해 비즈니스폼을 연동할 수 있다.

  ㉣ 픽셀 & SDK 연동 관리
  - 카카오 픽셀 & SDK는 카카오에서 제공하는 전환추적 서비스이다.
  - 광고 계정에서 사용하고 싶은 픽셀 & SDK가 있으면 '픽셀 & SDK 만들기' 버튼을 눌러 생성할 수 있다.

② **타겟 관리**

  ㉠ 오디언스 관리
  - 타겟을 조합하여 오디언스를 만들고, 광고 그룹 만들기/수정 시에 사용할 수 있다.
  - 광고 그룹 만들기/수정 시에는 캠페인 유형에 맞는 오디언스만 사용할 수 있다.

  ㉡ 광고 반응 타겟 관리
  - 광고 반응 타겟은 광고 그룹의 광고에서 발생한 클릭/재생/전환 반응데이터를 조합하여 만드는 새로운 타겟을 말한다.
  - 최근 90일 동안 집행 광고에 반응(클릭, 전환, 재생, 열람)한 사용자를 리타겟팅 한다.
  - 캠페인 목표와 유형에 따라 다양하게 제공되는 광고 반응 데이터를 조합하여 활용할 수 있다.
  - 디스플레이 광고반응타겟(동영상 광고도 포함)

| 구분 | 설명 |
| --- | --- |
| 재생 | • 동영상을 3초 이상 혹은 25% 이상 재생한 사용자<br>• 동영상 재생에는 클릭 혹은 전환까지 한 사용자가 포함될 수 있다. |
| 클릭 | 광고의 클릭 영역 중에서 1곳이라도 클릭한 사용자 |
| 전환 | 1) 카카오 픽셀 & SDK로 전환이 수집된 사용자<br>2) 광고를 통하여 카카오톡 채널을 추가한 사용자<br> – 목표가 카카오톡 채널인 경우<br> – 카카오 비즈보드 애드뷰 랜딩 시 채널 추가하기 버튼 사용한 경우 |

• 메시지 광고반응타겟

| 구분 | 설명 |
|------|------|
| 열람 | 카카오톡 채널과의 채팅방을 열어서 메시지를 읽음 처리한 사용자 |
| 클릭 | 열람한 메시지의 클릭 영역 중에서 1곳이라도 클릭한 사용자 |
| 재생 | • 열람한 메시지의 동영상을 3초 이상 재생한 사용자<br>• 동영상 재생에는 클릭한 사용자가 포함될 수 있음 |

ⓒ 고객파일 관리 : 다수의 광고 집행과 브랜드 및 서비스 운영을 통해 광고주가 보유하고 있는 고객 식별자(ADID)를 직접 업로드하여 타겟팅에 활용할 수 있다.

ⓔ 친구그룹 관리 : 친구그룹은 카카오톡 채널 × 도달 캠페인에서 활용 가능한 오디언스 설정 방식으로 광고주가 서비스나 브랜드를 운영하며 직접 확보한 고객 식별자(전화번호/앱유저 아이디/메시지 발송 대상자)를 말한다. 친구그룹 가져오기를 통해 타겟팅에 활용할 친구그룹을 선택할 수 있다.

---

## 제 2 절  카카오 커머스  [기출중요도 중 ★★☆]

### 1  카카오 커머스란

#### ① 개요

> • '선물'의 의미와 목적에 맞는 특화된 경험과 서비스를 제공하는 메신저 기반의 커머스 플랫폼
> • 선물하는 대상과 상황에 적합한 선물 큐레이션 제공
> • 선물을 받는 사람이 직접 주소를 입력할 수 있어 주소를 몰라도 선물 가능

#### ② 특징

> • 카카오톡에 접목되어 일상의 관계와 대화 속에서 선물 교환
> • 일상의 이슈와 함께하는 선물하기
> • 선물을 받은 사람이 직접 옵션을 선택 가능
> • 감동카드를 통해 고마운 마음을 표현할 수 있다.

2 카카오쇼핑 광고센터

① 플랫폼

- 카카오톡 선물하기
- 쇼핑탭
- 톡딜
- 쇼핑라이브

② 특징

- 카카오 쇼핑 판매자 계정으로 로그인하여 클릭 몇 번만으로 간편하게 광고 계정 생성 가능
- 카카오쇼핑 광고센터에서는 카카오의 커머스 서비스에 특화된 광고운영 가능
- 광고 운영과 관련된 중요한 메시지를 알림톡으로 전송받을 수 있음
- 광고 구매와 정산 자동화 기능

③ 광고 유형

스토리가 있는 콘텐츠형 광고와 구매 맥락에 맞는 상품형 광고 상품이 있다. 구매 전환, 브랜딩 등 목적에 알맞은 지면과 광고 상품을 선택하여 적절한 마케팅 액션을 이끌낼 수 있다.

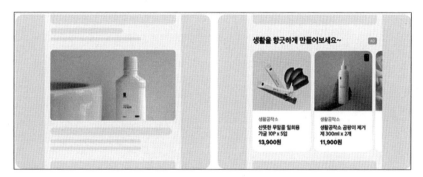

▲콘텐츠형 광고(좌)와 상품형 광고

# 워밍업! O·X문제

01  ⃞O⃞X  카카오 비즈보드에 동영상 광고를 노출할 수 있다.

02  ⃞O⃞X  카카오 스폰서드 보드 광고는 모바일에서만 노출된다.

03  ⃞O⃞X  광고의 목표를 '방문'에 두고 동영상 광고를 할 수 있다.

04  ⃞O⃞X  카카오 광고를 위해 타겟을 만들 때, 읍면동 단위로 나누어 만들 수 있다.

05  ⃞O⃞X  카카오 비즈보드 광고를 위해 배너를 만들 때, 배경 제거 이미지를 사용할 수 있는 형태는
마스킹형이다.

06  ⃞O⃞X  카카오 이모티콘 샵은 카카오 커머스 플랫폼의 서비스이다.

07  ⃞O⃞X  카카오 선물하기에서 선물을 받는 사람의 주소를 모르면 선물을 보낼 수 없다.

---

정답

01  X  ▸ 이미지 배너만 가능하다.
02  O
03  X  ▸ 동영상 광고의 목표는 조회만 가능하다.
04  O
05  X  ▸ 오브젝트형이다.
06  X  ▸ 이모티콘 샵은 카카오에서 직접 운영한다.
07  X  ▸ 주소는 받는 사람이 직접 입력할 수 있다.

PART 2

**01** 카카오톡의 채팅탭에 노출되는 대표적인 광고 상품 이름은?

① 카카오 검색광고
② 카카오 비즈보드
③ 카카오 모먼트
④ 카카오 비즈니스

> 카카오 비즈보드는 카카오톡 채팅탭 중심의 모바일 광고로, 광고주가 원하는 톡 내 랜딩 방식과 최종 액션을 선택할 수 있다.

**02** 카카오 디스플레이 광고에 대한 설명으로 잘못된 것은?

① 다양한 크리에이티브를 활용하여, 카카오의 핵심 서비스, 주요 파트너 서비스를 중심으로 한 많은 지면에 광고를 노출한다.
② 광고 목표는 전환 또는 방문이다.
③ 과금 기준은 CPC, CPM 또는 CPV이다.
④ 이미지 네이티브형과 이미지 카탈로그형이 있다.

> 과금을 위해 CPC, CPM 또는 CPA 방식을 사용할 수 있다.

**03** 카카오톡 채팅방으로 전달되는 메시지형 광고로서, 쿠폰 발송, 시즈널 세일 알림 등을 위해 사용할 수 있는 광고 상품은?

① 카카오톡 채널 광고
② 카카오 비즈보드
③ 카카오 애드뷰
④ 카카오 동영상 네이티브 광고

> 카카오톡 채널 광고는 내 카카오톡 채널 친구에게 관여도 높은 메시지 광고를 통하여 효과적으로 마케팅을 할 수 있다.

**04** 카카오 스폰서드 보드 광고의 과금 방식은?

① CPC

② CPM

③ CPA

④ CPV

**05** 다음 중 카카오 광고의 4대 목표에 해당하지 않는 것은?

① 전환

② 방문

③ 관심

④ 동영상 조회

카카오 광고의 4대 목표는 전환, 방문, 도달, 조회이다.

**06** 카카오 비즈보드 광고를 위해 만들 수 있는 배너의 유형이 아닌 것은?

① 동영상형

② 썸네일형

③ 마스킹형

④ 텍스트형

카카오 비즈보드는 오브젝트형, 썸네일형, 마스킹형, 텍스트형 4가지 유형의 배너를 다양한 형태로 변형해서 마케팅에 최적화된 광고 소재를 제작할 수 있다.

**07** 광고 반응 타겟 관리에서 광고의 반응과 그에 대한 설명으로 잘못 짝지워진 것은?

① 재생 : 동영상을 3초 이상 또는 25% 이상 시청한다.
② 전환 : 픽셀 또는 SDK로 전환이 수집된다.
③ 열람 : 카카오 채널 메시지를 읽었다.
④ 노출 : 광고가 잠재 고객에게 도달한다.

노출은 광고에 보인 반응이라고 볼 수 없다.

**08** 카카오 커머스에 대한 설명 중 틀린 것은?

① 메신저 기반의 커머스 플랫폼
② 주소를 몰라도 선물 가능
③ 선물을 받는 사람이 옵션 선택 가능
④ 이모티콘을 구입할 수 있음

이모티콘 구입은 카카오 커머스가 아닌 카카오에서 진행된다.

**09** 카카오 커머스의 서비스가 아닌 것은?

① 카카오톡 선물하기
② 카카오톡 쇼핑하기
③ 쇼핑하우
④ 카카오T

카카오 커머스에서는 카카오톡 선물하기, 카카오톡 쇼핑하기, 쇼핑하우, 카카오 메이커스, 카카오 쇼핑라이브를 서비스로 제공한다.

**10** 카카오 광고를 위한 오디언스 관리에 대해 잘못된 설명은?

① 성별 타겟팅이 가능하다.
② 소득으로 타겟팅할 수 없다.
③ 30세 여성과 34세 여성을 따로 타겟팅 가능하다.
④ 행정구역 별로 타겟팅 가능하다.

나이는 5년 단위로 나뉘므로 30~34세가 하나로 묶이게 된다.

# 네이버 밴드 광고

<table>
<tr><td>제 1 절</td><td>네이버 밴드 광고</td><td>기출중요도 상 ★★★</td></tr>
</table>

> ※ 밴드의 광고는 다음과 같이 세 종류로 분류할 수 있다.
> • 풀스크린 광고
> • 성과형 광고
> • 소셜 광고
> • 알림 광고

| 풀스크린 광고 | 성과형 광고 | 소셜 광고 | 알림 광고 |

▲ 네이버 밴드 광고 상품의 분류

## 1 풀스크린 광고

앱 종료 시 노출되는 Android 전용 상품으로 브랜드 인지 효과 및 클릭을 극대화할 수 있다. 제공되는 총 3가지의 템플릿 중에서 캠페인 성격에 따라 선별적으로 집행할 수 있으며, 보장형 디스플레이광고 NOSP플랫폼에서 관리한다.

① **과금 방식** : 고정가

② **타겟팅** : 성별 타겟팅만 가능

③ **종류**

• 이미지형 : 텍스트와 버튼, 이미지로 구성된 풀스크린 형태. 클릭 시 광고주 모바일 최적화 웹페이지 또는 좌우 스크롤 없는 웹페이지로 이동 가능
• 영상형 : 광고 내에서 자동 재생 혹은 재생 버튼을 클릭하여 동영상 시청이 가능

▲ 풀스크린 앱 종료 광고 : 이미지형(좌) 및 영상형

[2] 성과형 광고

① 스마트 채널

밴드앱 홈, 새소식, 채팅 최상단에 노출되는 상품으로, 프리미엄한 위치에서 비즈니스 메시지를 전달할 수 있다. '성과형 디스플레이 광고' 플랫폼에서 관리 가능하고, 밴드 외에 네이버 지면에서도 노출이 가능하다.

ⓐ 과금 기준 : CPM, CPC

ⓑ 최소금액 : CPM 1,000원, CPC 10원(VAT별도)

ⓒ 타겟팅 : 성별 / 연령 / 요일 및 시간 / 지역 / 관심사 / OS / 맞춤 타겟팅 지원

▲ 스마트 채널 광고

② **네이티브(피드) 광고**

밴드 새글 피드 중간에 노출되어 사용자 거부감을 줄이고 효과적인 메시지 전달이 가능한 밴드 피드 상품이다.

㉠ 캠페인 목적

> • 웹사이트 전환
> • 웹사이트 트래픽
> • 앱설치
> • 동영상 조회

㉡ 광고 형태 : 네이티브 이미지, 이미지 슬라이드, 동영상
- 네이티브 이미지 : 1대1 또는 1.9대1 비율의 이미지 노출
- 이미지 슬라이드 : 최대 5개의 이미지를 좌우 스와이프로 노출할 수 있고, 각 이미지별 랜딩 URL 설정 가능
- 동영상 : 1대일 또는 16:9 비율의 동영상 노출. Wi-fi 환경에서 자동 재생, 3G/LTE 환경에서는 정지 상태 노출
- 하단에 캠페인 영역 등록 가능, 랜딩 URL로 이동 가능

㉢ 입찰 및 비용 : Real Time Bidding 상품이며 최소 입찰가는 CPM 1,000원 / CPC 10원 / CPV 10원 (VAT 별도)

㉣ 타겟팅
- 인구통계 : 성별 및 연령(5세 단위) 타겟팅
- 시간 및 요일 : 특정 요일 및 시간 타겟팅
- 지역 : 현재 위치(IP 기준), (서울 및 경기도는 시/구, 그 외 지역은 군/구)
- OS : Android와 iOS 중 선택하여 타겟팅 가능
- 관심사 및 구매 의도 타겟팅
- 관심사(25개 항목) : 밴드 이용자의 밴드 활동 패턴을 분석한 타겟팅
- 구매의도(15개 항목) : 이용자의 제품 또는 서비스 구매 의도를 분석한 타겟팅
- 맞춤 타겟 : 광고주 브랜드를 알고 있거나 접한 적 있는 대상에게 광고 집행(고객 파일, MAT, 유사 타겟 등을 추가해 설정)

㉤ 광고 관리 : 밴드 네이티브(피드) 광고는 네이버 성과형 디스플레이 광고 플랫폼에서 관리할 수 있다.

| 상품명 | 풀스크린 광고 | 성과형 광고 | |
| --- | --- | --- | --- |
| | | 네이티브 광고 | 스마트채널 광고 |
| 추천 집행 목표 | 밴드 유저로 한 번에 많은 트래픽이 필요할 때 | 자연스러운 광고 노출을 원할 때, 유저 타켓팅·광고 예산을 조정하고 싶을 때 | 다양한 지면에서 많은 노출을 원할 때, 유저 타켓팅·광고 예산을 조정하고 싶을 때 |
| 광고 상품 유형 | 보장형 (광고 집행 보장) | 성과형 (광고주 간 실시간 입찰을 통해 광고 노출) | |
| 단가 | 평일 3,000만원, 공휴일 2,500만원 (공시가 기준, 프로모션가 별도) | 광고주 경쟁 상황에 따라 변동 | |
| 과금 기준 | 고정가 | CPM, CPC, CPV | CPM, CPC |
| 노출 수 | 평일 840만 건 노출 공휴일 700만 건 노출 | 광고 입찰 전략에 따라 변동 | |
| 노출 지면 | 안드로이드에서 밴드 앱 종료 시 (밴드 단독 집행) | 밴드 새 글 피드 탭 | 밴드 홈 / 채팅 / 새소식탭 및 네이버 지면 등 |
| 유저 타켓팅 | 성별 타켓팅 (안드로이드만 노출) | 시간/요일, 연령/성별, 지역, 디바이스, 관심사 타켓팅 및 맞춤 타켓 설정 가능 | |
| 광고 집행 방법 | NOSP 플랫폼에서 렙사 또는 대행사 통해 집행 | • 네이버 성과형 디스플레이 광고 플랫폼에서 집행 • 대행사 위탁운영 및 직접운영 가능 | |

▲ 네이버 밴드의 풀스크린 광고와 성과형 광고 상품 특징 정리

3 소셜 광고

밴드 유저들을 대상으로 밴드 / 페이지와 게시글을 효과적으로 홍보할 수 있는 상품

① 종류

   ㉠ 밴드 알리기
   • 새소식 / 밴드홈 지면에 노출
   • 소재 클릭 시 광고 대상이 되는 밴드 / 페이지의 홈으로 랜딩
   • 과금 방식 : CPM(최소 단가 100원)
   • 최소 일 예산 : 10,000원(VAT포함)

   ㉡ 게시글 홍보
   • 새소식 / 밴드홈 지면에 노출
   • 소재 클릭 시 밴드 / 페이지의 특정 게시글로 랜딩
   • 밴드 / 페이지의 대표 게시글, 중요 이벤트 등을 신규 유저에게도 곧바로 노출
   • 과금 방식 : CPM(최소 단가 100원)
   • 최소 일 예산 : 10,000원(VAT포함)

ⓒ 스티커를 활용한 보상형 광고
- 밴드 스티커샵 > 무료 탭 > 진행 중 이벤트에 광고 노출
- 유저가 해당 경로로 밴드에 가입하면 유저에게 유저가 선택한 무료 스티커가 보상으로 주어짐
- 밴드 / 페이지의 회원을 빠르게 모으고 싶은 경우 적합
- 과금 방식 : CPA(최소 단가 400원)
- 최소 일 예산 : 10,000원(VAT포함)

| 상품명 | 밴드 알리기 | 게시글 홍보하기 | 스티커 보상형 |
|---|---|---|---|
| 추천 집행 목표 | 밴드 / 페이지에 회원 모집 | 특정 게시글 홍보 | 밴드 / 페이지에 단기간에 많은 회원 모집 |
| 단가 | 실시간 입찰 | | |
| 과금 기준 | CPM | | CPA |
| 노출 수 | 입찰전략에 따라 다름 | | |
| 노출 지면 | 내 밴드 목록, 새소식 | | 스티커샵 > 무료탭 > 진행중이벤트 |
| 유저 타겟팅 | 타겟팅 불가 | | |
| 광고 집행 방법 | 밴드 파트너센터 > 소셜 광고 플랫폼에서 집행 대행사 위탁 운영 및 직접 운영 가능 | | |

▲ 소셜 광고 특징 정리

## 4 알림 광고

내가 운영 중인 밴드와 페이지의 멤버 / 구독자에게 특정 게시글을 선택하여 1일 최대 10회 '알림'을 보낼 수 있는 광고 상품

① 장점
- 밴드 멤버 및 페이지 구독자들에게 높은 도달율로 중요 정보 전달
- 재방문 유도와 활동 촉진
- 특정 성 / 연령 타겟하여 알림 발송 가능

② 과금 방식
- 충전금 발송 방식 : 발송 건당 과금(건당 5원 – VAT포함)
- 발송권 사용 방식 : 정액 상품을 구매하여 과금(4회권, 10회권, 20회권 구매 가능)

# 04 워밍업! O · X문제

**01** ☐O☐X 네이버 밴드 디스플레이 광고는 '성과형 디스플레이 광고' 플랫폼에서 관리한다.

**02** ☐O☐X 네이버 밴드 디스플레이 광고 중 풀스크린 앱 종료 광고는 나이대별 타겟팅이 가능하다.

**03** ☐O☐X 네이버 밴드 스마트 채널 광고의 CPC 최저가는 70원이다.

**04** ☐O☐X 네이버 밴드 알림 광고는 파트너 정보를 입력한 직후 알림을 발송할 수 있다.

**05** ☐O☐X 네이버 밴드 소셜 광고의 기본 입찰 단위는 주간 단위이다.

**06** ☐O☐X 네이버 밴드 네이티브 광고의 입찰 방식은 실시간 비딩(real time bidding) 방식이다.

---

정답

| | |
|---|---|
| **01** | O |
| **02** | X ▸ 성별 타겟팅만 가능하다. |
| **03** | X ▸ 10원이다. |
| **04** | X ▸ 정보 입력 익일부터 알림 발송이 가능하다. |
| **05** | O |
| **06** | O |

# 출제예상문제

**01** 네이버 밴드의 3대 광고 상품이 아닌 것은?

① 디스플레이 광고
② 소셜 광고
③ 동영상 광고
④ 네이티브 광고

밴드의 광고는 디스플레이 광고, 소셜 광고, 네이티브 광고 세 종류로 분류할 수 있다.

**02** 네이버 밴드의 풀스크린 앱 종료 광고는 어떤 광고로 분류되는가?

① 디스플레이 광고
② 소셜 광고
③ 반응형 디스플레이 광고
④ 네이티브 광고

풀스크린 앱 종료 광고는 '성과형 디스플레이 광고' 플랫폼에서 관리할 수 있다.

**03** 네이버 밴드의 풀스크린 앱 종료 광고에 대해 올바른 설명은?

① 아이폰에도 광고가 노출된다.
② 과금 방식은 CPC이다.
③ 성별 타겟팅은 불가능하다.
④ '성과형 디스플레이 광고' 플랫폼에서 관리한다.

① 안드로이드 전용 상품이다.
② 과금 방식은 고정가이다.
③ 성별 타켓팅만 가능하다.

**04** 스마트 채널 광고에 대한 설명 중 잘못된 것은?

① '성과형 디스플레이 광고' 플랫폼에서 관리한다.
② CPM 최소금액은 부가세 포함 2,200원이다.
③ 밴드 외의 매체에도 노출 가능하다.
④ 연령별 타겟팅은 불가능하다.

시간/요일, 연령/성별, 지역, 디바이스, 관심사 타겟팅 및 맞춤 타겟 설정이 가능하다.

**05** 다음 중 네이버 성과형 디스플레이 광고 플랫폼에서 관리하지 않는 광고 상품은?

① 풀스크린 앱 종료 광고
② 스마트 채널 광고
③ 네이티브 광고
④ 새소식 광고, 밴드홈 광고

새소식 광고, 밴드홈 광고는 소셜 광고에 속한다.

**06** 네이버 밴드 광고의 검수에 대해 잘못 설명한 것은?

① 마감 일시는 금요일 17시까지이다.
② 노출 중인 광고도 언제든지 수정 검수 요청을 할 수 있다.
③ 광고가 낙찰된 경우에만 소재 등록 및 검수가 가능하다.
④ 검수 결과는 최대 24시간 내에 통보된다.

영업일 기준 최대 약 3일 이내에 승인 또는 반려 처리한다.

**07** 네이버 밴드의 네이티브 피드 광고의 최소 CPC 입찰가(VAT 별도)는?

① 100원

② 200원

③ 500원

④ 1,000원

최소 입찰가는 CPM 100원, CPC 10원, CPV 10원이다(VAT 별도).

**08** 네이버 밴드의 네이티브 피드 광고의 타겟팅에 대한 설명 중 옳은 것은?

① 연령 타겟팅은 1년 단위로 가능하다.

② 특정 요일에 노출할 수 있다.

③ 안드로이드와 iOS를 별도로 타겟팅할 수 없다.

④ 광고 노출 지역은 사용자의 회원가입 시 주소지를 기준으로 한다.

① 연령은 5세 단위로 가능하다.
③ 안드로이드와 iOS 중 선택하여 타겟팅이 가능하다.
④ 현재 위치(IP 기준)를 기준으로 한다.

**09** 네이버 밴드의 네이티브 피드 광고의 소재 유형이 아닌 것은?

① 단일 이미지

② 단일 동영상

③ 이미지 슬라이드

④ 텍스트

이미지나 동영상 없는 순수 텍스트 광고는 불가능하다.

**10** 네이버 밴드의 알림 광고에 대해 틀린 설명은?

① 운영 중인 밴드의 멤버들에게 특정 게시글을 '새소식'과 '푸시' 알림으로 알릴 수 있다.

② 고객들이 놓치지 말아야 할 중요한 알림이나 이벤트를 저렴한 비용으로 보낼 수 있다.

③ 밴드 멤버 중 최근 밴드서비스를 사용한 멤버에게만 발송된다.

④ 알림 발송은 파트너 정보 입력과 동시에 가능하다.

알림 발송은 파트너 정보를 입력한 다음 날부터 가능하다.

# 기타 SNS 광고

---

## 제 1 절 ┃ X(구 Twitter) 광고  기출중요도 하 ★☆☆

X 광고는 사업자등록자로 등록된 법인에 한해서만 가능하다. X 광고는 직접 광고 계정을 개설할 수 없고, X코리아의 세일즈 팀을 통해서만 광고를 진행할 수 있으며, 광고 진행비용은 집행 후, 외화 송금 형태로 후불 지급하는 방식이다(세금계산서 발행 불가).

X의 광고는 실시간으로 노출되는 타임라인과 검색결과에 노출되는 트렌드탭에 실린다.

### 1 X App 광고

X의 앱 사용자에게 노출되는 광고이다.

### 2 비딩형 광고 – 프로모션 포스트

X의 대표적인 광고 상품이며, 기본형 광고와 클릭형 광고가 있다.

① **기본형 광고** : 텍스트, 이미지, 동영상 광고

② **클릭형 광고(클릭 유도 문구가 있음)**

- 참여형 : 투표 버튼, 대화형 버튼
- 전환형 : Web카드(다이나믹 프로덕트 광고, 콜렉션 광고), App카드

③ **예약형 광고 – 테이크 오버**

  ㉠ 타임라인(첫 번째 광고 지면 점유)

  ㉡ 트렌드 탭(최상단 24시간 고정)

## 1 스폰서 콘텐츠(Sponsored Content)

스폰서 콘텐츠는 회원의 LinkedIn 피드에 표시되는 프로모션성 게시물이다. 텍스트, 이미지, 비디오 또는 채용 공고 및 링크 등을 실을 수 있으며 스폰서 콘텐츠는 게시물 왼쪽 상단에 기업명과 함께 'Promoted' 또는 'Sponsored'라는 표시로 식별될 수 있다.

- 단일 이미지 광고
- 슬라이드형 광고
- 동영상 광고
- 단일 채용 광고
- 이벤트 광고
- 문서 광고
- 클릭투메시지 광고
- 글 및 뉴스레터 광고

## 2 스폰서 메시지(Sponsored Messaging)

스폰서 메시지는 메시지 광고(message ads)와 대화 광고(conversation ads)가 있다. 네이티브 광고의 일종 으로서 회원들의 LinkedIn 메시지 내에 표시된다. 타겟 오디언스는 광고주가 선택한 특정 개인에게 전송하 는 것이 아니라 광고주가 선택한 세그먼트를 기반으로 생성, 회원이 LinkedIn 내에서 활동 중일 때 데스크 톱 및 모바일 장치에 메시지 광고와 대화 광고가 표시되며, 제목 줄의 'Sponsored'라는 단어로 이 광고를 식별할 수 있다.

- 메시지 광고
- 대화 광고

## 3 다이내믹 광고

다이내믹 광고는 각각의 회원에 대해 동적으로 변화하는 개인화된 광고이다. 다이내믹 광고는 맞춤형 광고 를 만들기 위해 회원의 프로필 사진, 이름, 직무 등을 사용한다. 각 회원은 자신의 맞춤화된 정보를 볼 수 있으며, 회원 프로필 정보는 다른 회원에게 표시되지 않는다. 회원은 자신의 프로필 정보가 광고를 개인화 하는 데 사용되지 않도록 할 수 있다.

- 채용 공고 광고
- 스포트라이트 광고
- 팔로워 광고

## ① 탑뷰

앱을 열었을 때 가장 먼저 보이는 전면 영상 광고로, 시각적으로 임팩트 있는 방식을 통해 모든 Tiktok 유저들에게 노출되어 브랜드의 인지와 참여를 유도한다.
- 앱 실행 시 가장 첫 번째로 보이는 화면으로, 그 어떤 방해물도 없음
- 좋아요, 댓글, 공유, 팔로우와 같은 유저들의 참여도 지원
- 내외부 링크와 페이지 전환을 지원
- 동영상 길이 : 5초~60초(15초에 최적화)
- 과금 방식 : CPT
- 구매 방법 : 예약형

## ② 인피드 광고

'추천'피드에 노출되는 스토리텔링형 비디오 광고 형식으로, 유저들이 비즈니스 계정에 참여하도록 유도한다.
- 유저들은 비즈니스 계정에 좋아요, 댓글, 공유, 팔로우를 통해서 참여할 수 있으며, 브랜드 음원을 통해 영상 제작 가능
- 외부와 내부 랜딩 페이지로 연결 가능하며, 앱 다운로드 또한 지원
- CTA 버튼 지원
- 구매 방법 : 예약형/비딩형

## ③ 브랜드 테이크 오버

화면 전체 스크린에서 나타나는 전면 광고로 브랜드 인지도를 높이고 강력한 임팩트를 냄
- 앱 실행 시 가장 첫 번째로 보이는 화면으로, 그 어떤 방해물도 없음
- 외부 및 내부 랜딩 페이지 링크
- 길이 : 5초 이내 동영상 또는 3초 동안의 이미지 노출
- 과금 방식 : CPT
- 구매 방법 : 예약형

## ④ 브랜드 해시태그 챌린지

콘텐츠 광고의 일종으로서, TikTok 유저들을 초대하여 광고주의 브랜드에 참여하게 하는 상품이다. 브랜드 해시태그 챌린지 덕택에 브랜드가 오디언스와 소통하는 방식이 변화한다. 참여형 챌린지를 TikTok 커뮤니티에 부여하여 브랜드가 추세와 문화적 움직임을 촉발할 수 있다.

# 워밍업! O · X 문제

**01** ☐O☐X  X의 비즈니스 계정을 만들면 바로 광고를 집행할 수 있다.

**02** ☐O☐X  X 광고 중 네이티브 광고에 가장 가까운 형태는 텍스트 광고이다.

**03** ☐O☐X  링크드인의 메시지 광고는 광고주가 원하는 개개인들에게 보낼 수 있다.

**04** ☐O☐X  링크드인의 다이내믹 광고는 개개인 타겟팅이 가능하다.

**05** ☐O☐X  틱톡의 탑뷰는 사용자가 앱을 열 때 처음 보는 광고이다.

**06** ☐O☐X  틱톡의 인피드 광고는 '추천'피드에 노출되는 스토리텔링형 비디오 광고 형식으로, 유저들이 비즈니스 계정에 참여하도록 유도한다.

---

정답

**01** X ▸ 영업 담당자를 통해서만 광고를 진행할 수 있다.

**02** O

**03** X ▸ 타겟 오디언스는 광고주가 선택한 특정 개인에게 전송하는 것이 아니라 광고주가 선택한 세그먼트를 기반으로 생성된다.

**04** O

**05** O

**06** O

**01** 한국의 X 광고에 대해 잘못된 설명은?

① 사업자등록이 된 법인만 광고가 가능하다.
② 신용카드 결제가 가능하다.
③ 트위터의 세일즈팀을 통해 광고 집행이 가능하다.
④ 광고비는 후불제 방식이다.

광고비는 외화 입금방식으로 처리된다.

**02** X 광고의 소재 중 복수의 비디오/이미지를 통해 제품/브랜드/캠페인의 스토리 전달과 웹사이트 전환/앱 다운로드 목적을 동시에 달성할 수 있는 소재는 무엇인가?

① Promoted Tweet(프로모션 트윗)
② Promoted Video(프로모션 비디오)
③ Amplify Pre-roll(앰플리파이 프리롤 광고)
④ Carousel Card(캐러셀 카드 비디오/이미지)

**03** 다음 중 링크드인 광고 상품이 아닌 것은?

① 스폰서 콘텐츠
② 컬렉션 광고
③ 스폰서 메시지
④ 다이내믹 광고

링크드인 광고는 스폰서 콘텐츠(sponsored content), 텍스트 광고(text ads), 스폰서 메시지(sponsored messaging), 다이내믹 광고 등이 있다.

**04**   다음 중 틱톡의 탑뷰에 대한 올바른 설명은?

> _____는 LinkedIn 광고 상품 중 하나로서 피드에 표시되는 프로모션성 게시물을 말하며, 텍스트, 이미지, 비디오 또는 채용 공고 등의 형식을 띨 수 있다.

① For You 피드 내에 표시된다.
② 사용자가 앱을 열 때 처음 보는 광고이다.
③ TikTok 커뮤니티를 초대하여 광고주의 브랜드에 참여시킨다.
④ 브랜드에 맞게 커스텀 가능한 재미있는 게임, 스티커, 필터, 특수 효과로 참여를 독려한다.

---

① 인피드 광고
③ 브랜드 해시태그 챌린지
④ 브랜드 표시 효과

---

**05**   다음에서 설명하는 틱톡 광고 상품의 이름은?

> • 이 광고를 사용하면 브랜드가 풀퍼널(full-funnel) 마케팅 목표를 네이티브의 유연한 방식으로 달성할 수 있다.
> • For You 피드 내에 표시되는 이 광고는 전체 화면 및 사운드 온 환경에서 고객의 주의를 흩뜨리지 않고 사로잡도록 설계된다.
> • 광고주는 Spark Ads를 이용하여 자사가 제작한 오가닉 동영상 또는 인기 크리에이터 콘텐츠를 강화함으로써 더 많은 성과를 낼 수 있다.

① 탑뷰
② 인피드 광고
③ 브랜드 해시태그 챌린지
④ 브랜드 표시 효과

# PART 3

# 기출복원문제

## CONTENTS

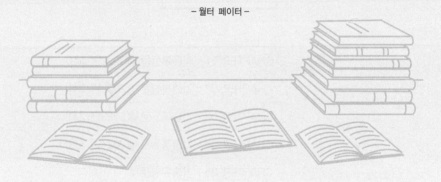

PART 2

기출복원문제

우리가 해야할 일은 끊임없이 호기심을 갖고
새로운 생각을 시험해보고 새로운 인상을 받는 것이다.

– 월터 페이터 –

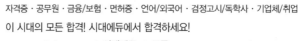

▶ 정답 및 해설 267p

**01** 다음 중 소셜미디어에 대한 설명으로 맞는 것은?

① 소셜미디어의 소통은 일반적으로 양방향이다.
② 소셜미디어의 플랫폼은 테크놀로지의 영향을 잘 받지 않는다.
③ 소셜미디어로 기업과 소비자의 직접 커뮤니케이션이 어렵다.
④ 소셜미디어는 웹 1.0 기술 기반으로 발전하였다.

**02** 다음 중 소셜미디어 마케팅의 특징은?

① 광고와 홍보의 경계가 확실하다.
② 좋아요, 댓글, 공유 등 상호작용이 용이하다.
③ 주로 일방적 소통에 적합하다.
④ 온라인 구전 효과의 역할이 적다.

**03** 다음 중 소셜미디어의 역사와 미래에 대한 설명으로 맞는 것은?

① Facebook은 세계 최다 사용자의 소셜네트워킹 서비스로 성장했다.
② 소셜미디어는 증강현실과 무관한 개념이다.
③ 싸이월드는 매스미디어로 분류한다.
④ VR을 소셜미디어에 적용하는 것은 기술적으로 불가능하다.

PART 3

**04** 다음 중 소셜미디어 마케팅에 대한 설명으로 틀린 것은?

① 소셜미디어 마케팅은 유료 광고도 포함된다.
② 소셜미디어 최적화는 SNS 광고를 통한 판매 증대를 목표로 한다.
③ 소셜미디어 마케팅은 SNS 마케팅과 밀접하다.
④ 소셜미디어 최적화와 검색엔진 최적화의 연관성은 높다.

**05** 다음 중 소셜미디어 마케팅에 대한 설명으로 옳은 것은?

① 소셜미디어 최적화는 유기적인 트래픽 최적화에 긍정적인 영향을 미친다.
② 소셜미디어 마케팅은 유료 광고를 배제한 개념이다.
③ 소셜미디어 마케팅은 고객의 반응을 직접적으로 확인하고 대응할 수 없다.
④ 소셜미디어 최적화는 SEO와 무관하다.

**06** 다음 중 초월(beyond), 가상을 의미하는 단어와 세계를 의미하는 합성어로 소셜미디어 플랫폼을 활용 가상 세계에서 정치, 경제, 사회, 문화 활동을 수행하는 것을 가리키는 알맞은 용어는 무엇인가?

① 인공지능
② 블록체인
③ 메타버스
④ 세컨드라이프

**07** 다음 소셜미디어 플랫폼 중 인스턴트 카메라(Instant Camera)와 정보를 보낸다는 의미의 텔레그램(Telegram)을 합쳐 만든 것은?

① YouTube
② WhatsApp
③ TikTok
④ Instagram

**08** 다음 중 커뮤니티나 모임에 특화된 소셜미디어 플랫폼으로서 네이버에서 운영하는 것은?

① 라인
② 싸이월드
③ 밴드
④ 카카오스토리

**09** 다음 중 Meta for Business 플랫폼에 대한 설명으로 옳은 것은?

① 광고 세트에서 광고 타겟과 입찰 방식을 결정한다.
② 캠페인에서 구매방식, 지출 한도, 타겟을 결정한다.
③ 캠페인에서 광고 형태 및 크리에이티브를 결정한다.
④ 광고 세트에서 타겟, 입찰 방식, 광고 노출위치, 광고 형태를 결정한다.

**10** 다음 중 Meta for Business의 광고 솔루션에 대한 설명으로 틀린 것은?

① 지역 비즈니스의 경우 매장에서 너무 먼 지역에는 광고 노출이 불가하다.
② Meta for Business 유료 광고의 기본은 Facebook 페이지이다.
③ 하나의 광고 세트에 최대 10개의 광고만 운영할 수 있다.
④ 웹과 앱, 오프라인에서 전환 성과를 추적할 수 있다.

**11** 다음 중 국내 타겟 고객에게 도달할 수 있는 Meta for Business 광고 구매 방식에 해당하는 것은?

> A. 경매 구매
> B. 도달 및 빈도 구매
> C. 타겟 시청률(TRP) 구매
> D. CPD(cost per day) 구매

① A, B            ② A, C
③ B, C            ④ B, D

**12** 다음 중 경매기반의 광고 구매 방식에 대한 설명으로 틀린 것은?

① 광고주의 입찰가는 광고주가 원하는 결과를 달성하기 위해 지불할 의향이 있는 금액이다.
② 추산행동률은 특정 사람이 특정 광고에 반응을 보이거나 특정 광고로부터 전환하는 행동의 추정치이다.
③ 경매에서 사용되는 총 가치를 결정하는 것은 크게 추산행동률과 광고품질 두 가지이다.
④ 낚시성 콘텐츠는 광고 품질을 떨어뜨릴 수 있다.

**13** 다음 중 Meta for Business의 슬라이드 상품에 대한 설명으로 옳지 않은 것은?

① 가장 성과가 좋은 슬라이드를 맨 앞에 표시하는 것이 좋다.
② 개별 링크가 포함된 이미지 또는 동영상 10개를 슬라이드 형태로 삽입할 수 있다.
③ 10개의 이미지나 동영상을 담은 슬라이드를 제작하더라도 링크는 동일해야 한다.
④ 분위기가 서로 비슷한 이미지나 동영상을 정사각형 화면 비율로 사용하는 것이 좋다.

**14** 다음 중 Facebook 광고 관리자에서 관심 유도 목표에 해당되는 것은?

① 도달
② 앱 설치
③ 전환
④ 매장 유입

**15** Meta의 광고 캠페인 목표에 가장 적합하지 않은 것은?

① 브랜드 인지도       ② 트래픽
③ 팔로워 수          ④ 매장 방문수

**16** 다음 중 Meta for Business의 캠페인 목표에 해당하지 않는 것은?

① 인지도 극대화       ② 관심 유도
③ 전환              ④ 최저 CPV

**17** 다음 중 Meta for Business의 특별 광고 카테고리에 해당하지 않는 것은?

① 주택
② 성인
③ 신용
④ 정치

**18** 다음 중 Meta 광고 시스템을 활용해서 맞춤 타겟팅을 만들 때 광고주가 제공 가능한 소스가 아닌 것은?

① 생년월일
② 오프라인 활동
③ 앱 활동
④ 타겟의 관심사

**19** Meta 광고 관리자에서 맞춤 타겟팅을 생성할 때, Meta가 제공하는 소스가 아닌 것은?

① 광고주의 고객 리스트에 포함된 휴대폰 번호
② Facebook 쇼핑을 통해 광고주의 제품을 구매한 사람들
③ Facebook에서 광고주의 동영상을 시청한 사람들
④ Facebook 이벤트에 반응하거나 참여한 사람들

**20** 다음 중 Meta for Business의 유사 타겟팅(Lookalike Audience) 설명으로 틀린 것은?

① 유사 타겟은 기존 타겟과 유사한 타겟을 말한다.
② 맞춤 타겟(Custom Audience)과 유사한 특성을 가진 사람들에게 광고를 노출할 수 있다.
③ 10에 가까울수록 유사성은 높지만 범위가 좁아지고, 1에 가까울수록 유사성은 떨어지지만 범위가 넓어진다.
④ 고객생애가치(LTV)가 타겟을 설정하면 가장 가치가 높은 고객과 가장 유사한 사람들로 구성된다.

**21** Facebook 동영상 광고 제작에 대한 설명으로 틀린 것은?

① 핵심 메시지는 동영상의 후반에 나타나야 한다.
② 광고 목표에 따라 360도 동영상을 활용할 수 있다.
③ 자막을 넣는 것이 좋다.
④ 세로 방향 동영상이 더 좋다.

**22** 다음 중 Meta for Business의 성과 측정 도구에 대한 설명으로 옳지 않은 것은?

① 오프라인 전환 API를 활용 광고주의 오프라인 이벤트 정보를 Facebook에 연결하여 성과 측정 가능
② 광고주의 Facebook 페이지에 Meta Pixel을 설치하여 광고성과를 측정 가능
③ 전환 API를 활용 광고주의 웹 및 오프라인에서 발생하는 고객 행동을 측정 가능
④ Meta SDK를 설치하여 광고주의 앱에서 소비자의 행동을 파악하고 측정 가능

**23** 다음 중 Meta 픽셀(Meta Pixel)에 대한 설명으로 틀린 것은?

① 웹사이트에 설치하여 광고성과를 측정하기 위한 코드 조각이다.
② 픽셀은 일반적으로 앱에도 설치한다.
③ 캠페인을 통해 유입된 사용자의 행동 분석이 가능하다.
④ 성과 분석을 통해 광고 전환 최적화 전략 수립이 가능하다.

**24** 다음 중 Meta Business Suite에 대한 설명으로 옳지 않은 것은?

① Facebook, Instagram, Messenger, WhatsApp, 오디언스 네트워크의 통합 관리가 가능하다.
② 광고주의 비즈니스와 관련된 활동을 통합적으로 관리해 주는 유료 도구이다.
③ 광고주 산하에 있는 다양한 브랜드의 Facebook과 Instagram 피드 게시물을 체계적으로 운영할 수 있다.
④ 게시물에 달린 댓글과 좋아요 등 커뮤니케이션을 한 곳에서 관리할 수 있다.

**25** Facebook에 대한 설명으로 옳지 않은 것은?

① 특정 지역 반경 내에 있는 타겟에게만 광고 노출이 가능하다.

② 음식점 템플릿을 활용하면 메뉴에 대한 리뷰 기능 설정이 가능하다.

③ Facebook Shop은 한국에서 결제 가능하다.

④ 서비스 비즈니스 템플릿을 통해 Facebook 예약기능으로 예약 관리가 가능하다.


**26** 다음 중 유튜브 시장 분석에 대한 설명으로 틀린 것은?

① 유튜브의 주 시청자는 10대~30대이다.

② 유튜브 동영상의 평균 길이는 약 12분 내외이다.

③ 코로나19 대유행으로 인해 전 세계 유튜브 광고 매출은 줄어들고 있다.

④ PC보다 모바일 시청이 많다.


**27** 다음 중 건너뛸 수 있는 인스트림 광고 노출에 대한 설명으로 틀린 것은?

① 5초간 광고가 강제로 노출된다.

② 광고 전, 광고 중간, 광고 후에 노출될 수 있다.

③ 영상 길이가 8분 이상 시에만 2개 이상의 광고가 가능하다.

④ 유튜브 내 영상 시청 페이지 내에만 게재된다.


**28** 다음 중 트루뷰포리치에 대한 설명이 아닌 것은?

① 범퍼 광고와 인스트림 광고를 결합시킨 광고이다.

② 과금 방식은 타겟 CPM이다.

③ 노출 목적의 광고로 도달률을 높이는데 유리하다.

④ 영상 길이는 6초 이내이다.

**29** 다음 중 건너뛸 수 없는 인스트림 광고에 대한 설명으로 틀린 것은?

① 건너뛸 수 없는 동영상 광고를 시청해야 다른 동영상을 볼 수 있다.
② 광고 영상은 15초 이내이다.
③ 과금 방식은 CPV로 유저의 시청시간 또는 클릭에 따라 비용이 발생한다.
④ 광고는 유튜브 내 영상 시청 페이지, 구글 동영상 파트너 사이트 등에 게재된다.

**30** 다음 중 인피드 동영상 광고에 대한 설명으로 틀린 것은?

① '영상 미리보기 이미지와 텍스트'로 표현된다.
② 유튜브 첫 화면, 검색결과 상단, 추천 영상 등에서 노출된다.
③ CPV 방식으로 과금된다.
④ 광고를 30초 이상 시청해야 과금된다.

**31** 다음 중 유튜브 마스트헤드 광고에 대한 설명으로 틀린 것은?

① CPM 과금 방식을 사용할 수 있다.
② 구글 애즈를 통해 광고를 구매, 집행할 수 있다.
③ 실시간 입찰 방식이 아니다.
④ 모바일에는 CTA를 추가할 수 있으나, TV화면에는 추가할 수 없다.

**32** 다음 중 범퍼 광고에 대한 설명으로 틀린 것은?

① 짧고 기억하기 쉬운 메시지의 광고이다.
② 광고를 건너뛸 수 없다.
③ 노출되는 시간은 10초 이하이다.
④ 과금 방식은 타겟 CPM이다.

**33** 다음 중 아웃스트림 광고에 대한 설명으로 적절하지 않은 것은?

① PC에서는 노출되지 않는다.

② 효과적인 브랜딩 광고를 할 수 있다.

③ 광고의 소리를 들을 수 있다.

④ 2초 이상 동영상을 본 경우에만 과금된다.

**34** 다음 중 유튜브 동영상 광고 상품 유형에 대한 설명으로 올바르지 않은 것은?

① 건너뛸 수 있는 인스트림 광고는 5초 후에 광고 영상을 건너뛸 수 있다.

② 건너뛸 수 없는 인스트림 광고의 과금 방식은 CPC이다.

③ 범퍼 광고는 6초를 초과하는 영상은 사용할 수 없다.

④ 인피드 동영상 광고에서 영상 미리보기 이미지와 텍스트로 광고가 노출된다.

**35** 다음 중 컴패니언 배너에 대한 설명으로 틀린 것은?

① 컴패니언 배너를 클릭해도 광고를 30초 이상 보지 않으면 과금되지 않는다.

② 컴패니언 배너는 광고 영상이 '공개' 상태인 경우에만 노출된다.

③ 동영상이 아닌 이미지로도 광고할 수 있다.

④ 영상이 재생되는 동안 사라지지 않고 남아있어 브랜드를 알리는 데에 효과적이다.

**36** 다음 중 유튜브 광고 예산 설정에 대한 설명으로 틀린 것은?

① 캠페인에서 예산을 설정할 수 있다.

② 일일예산은 광고 클릭에 대한 입찰가이다.

③ '캠페인 총 예산'을 선택할 수 있다.

④ 총예산은 광고 집행 기간 동안 집행할 전체 예산을 말한다.

**37** 다음 중 위치 타겟팅을 잘못 설명한 것은?

① 서울특별시 거주자들을 타겟팅할 수 있다.

② 사용자가 최근 검색한 위치 정보, 과거 물리적 위치 등을 사용해 타겟팅한다.

③ 타겟팅을 위해 구글 위치 데이터 등을 사용할 수 있다.

④ 미국과 프랑스 거주자들을 동시에 타겟팅할 수 없다.

**38** 유튜브와 구글의 동영상 파트너의 모든 동영상에 광고 게재가 가능한 인벤토리 유형의 이름은?

① 확장된 인벤토리                    ② 표준 인벤토리

③ 집약적 인벤토리                    ④ 제한된 인벤토리

**39** 다음 중 성인용 콘텐츠에 광고 노출을 배제하려면 어떤 디지털 콘텐츠 라벨을 제외해야 하는가?

① DL-X                              ② DL-ADLT

③ DL-19                             ④ DL-MA

**40** 다음 중 합성 세그먼트에 해당하지 않는 것은?

① 20대 여성이면서 여행을 좋아하는 잠재 고객

② 자동차를 구매하려는 아웃도어 애호가

③ 특정·광고 영상 조회자

④ 주택을 소유하고 있는 여성

**41** 다음 중 구글 애즈에 관련 키워드, URL 및 앱 등을 입력하여 이상적인 잠재 고객에게 도달하게 하는 것을 무엇이라고 하는가?

① 맞춤조합 세그먼트                   ② 맞춤 세그먼트

③ 유사 세그먼트                       ④ 합성 세그먼트

**42** 유튜브 광고 타겟팅 방법 중 잠재 고객 세그먼트에 대한 설명으로 틀린 것은?

① 결혼 여부 등 매우 세부적인 타겟팅이 가능하다.
② 합성 세그먼트를 사용할 수는 없다.
③ 구매의도와 경조사 정보를 기반으로 한 타겟팅이 가능하다.
④ 정치, 라이프스타일, 여행 등 주제로 나눠진 타겟팅이 가능하다.

**43** 유튜브에서 특정 브랜드에 대한 고려도 상승을 목표로 하는 타겟팅으로 적절하지 않은 것은?

① 주제 타겟팅
② 키워드 타겟팅
③ 인구통계 타겟팅
④ 게재 위치 타겟팅

**44** 다음 중 도달 범위를 좁히기 위해 사용하는 콘텐츠 기반 타겟팅이 아닌 것은?

① 게재 위치 타겟팅
② 언어 타겟팅
③ 주제 타겟팅
④ 키워드 타겟팅

**45** 강원도에 거주하면서, 골프를 좋아하는 40대 남성을 타겟팅 하려고 한다. 다음 중 선택하지 않아도 되는 타겟팅은?

① 위치 타겟팅
② 인구통계 타겟팅
③ 관심분야 및 습관정보 타겟팅
④ 주제 타겟팅

**46** 다음 중 유튜브 동영상 광고의 사용자 기반 타겟팅에 대한 설명으로 적절하지 않은 것은?

① 잠재 고객의 성향만을 근거로 광고를 노출시키는 것이다.
② 인구통계 타겟팅, 잠재 고객 세그먼트 등이 해당한다.
③ 스포츠를 좋아하는 사용자, 자동차를 구매하려는 사용자 등을 타겟팅할 수 있다.
④ 내 타겟 유저가 주로 시청하는 동영상의 카테고리를 타겟팅할 수 있다.

**47** 다음 중 유튜브 광고 소재 설정에 대한 설명으로 틀린 것은?

① 광고주 페이지의 영상이 아니어도 광고가 가능하다.
② 파일 업로드 방식으로 등록할 수 있다.
③ 영상의 유튜브 링크를 이용하여 세팅할 수 있다.
④ 키워드 검색을 하면 광고에 사용할 소재가 자동으로 노출된다.

**48** 다음 중 유튜브 광고의 콘텐츠 또는 도착 페이지가 Google Ads 정책을 위반하므로 광고가 게재될 수 없는 상태는?

① 검토 중
② 운영 가능(제한적)
③ 비승인
④ 운영 불가능

**49** 다음 중 구글 애즈 광고 보고서에 대한 설명으로 틀린 것은?

① 당일 성과지표는 당일에 확인할 수 없다.
② 광고기간을 설정할 수 있다.
③ 요일별, 시간별, 소재별 등 상세한 광고 보고서도 확인할 수 있다.
④ 개별 캠페인, 광고 그룹, 광고 단위로 데이터를 조회할 수 있다.

**50** 다음 중 유튜브 동영상 조회수에 대한 설명으로 틀린 것은?

① 동영상의 인기 척도를 알려준다.
② 약 30초 정도 시청하면 조회수가 인정되는 것으로 알려져 있다.
③ 내가 본 조회수는 인정되지 않는다.
④ 좋아요와 댓글을 남기는 것도 조회로 인정된다.


**51** 다음 중 유튜브 맞춤 동영상 추천에 영향을 주지 않는 요소는?

① 구독 중인 채널의 영상
② 과거에 시청 이력이 있는 관련 또는 유사 영상
③ 현재 보고 있는 영상과 관련된 영상
④ 사용자가 사용하는 시청 기기(PC, 모바일, TV)


**52** 다음 중 유튜브 인기 급상승 동영상 결정 요소가 아닌 것은?

① 크리에이터의 다양성을 보여주는 동영상
② 동영상의 길이가 긴 동영상
③ 다양한 시청자의 관심을 끄는 동영상
④ 유튜브와 전 세계에서 일어나고 있는 일들을 다루는 동영상


**53** 다음 중 유튜브 저작권에 대한 설명으로 틀린 것은?

① 내 유튜브 영상에 갑자기 광고가 게재되었다면, 이는 해당 영상이 제3자의 저작권을 침해했기 때문이다.
② 저작권을 침해한 영상은 강제적으로 동영상 앞에 광고가 붙는다.
③ 저작권을 침해한 영상에서 광고수익이 발생하면 해당 영상을 업로드 한 사람에게는 수익이 가지 않는다.
④ 저작권을 침해한 영상에서 광고수익이 발생하면 구글에게만 수익이 간다.

**54** 다음 중 유튜브 신고된 동영상에 대한 설명으로 틀린 것은?

① 신고된 콘텐츠는 자동으로 게시 중단된다.
② 유튜브 커뮤니티 가이드를 위반하는 콘텐츠는 유튜브에서 삭제된다.
③ 유튜브에서는 담당자가 신고된 동영상을 연중무휴 검토한다.
④ 검토팀에서 위반사항을 발견하지 못하면 신고된 횟수와 관계없이 동영상이 사이트에 계속 게시된다.


**55** 유튜브에서 과거에 상호작용을 했던 유저를 다시 한 번 타겟팅하여 마케팅하는 것을 무엇이라고 하는가?

① 리포지셔닝
② 리마케팅
③ 게재 위치 타겟팅
④ 관심분야 타겟팅


**56** 다음 중 도달 범위 플래너에 대한 설명으로 틀린 것은?

① 광고의 도달 범위, 게재 빈도, 지출을 계획해 준다.
② 광고주가 목표로 하는 타겟에 얼마나 도달할 수 있는지를 보여준다.
③ 구글 애즈 계정에서 유료로 활용할 수 있다.
④ 캠페인 유형의 다양한 조합을 만들어 효과를 비교할 수 있다.


**57** 다음 중 광고 효과(brand lift)의 측정항목이 아닌 것은?

① 광고 회상
② 브랜드 검색 빈도
③ 브랜드 구매 고려도
④ 브랜드 인지도

**58** 다음 중 카카오톡 채팅탭을 중심으로, 카카오의 다양한 매체에서 배너 형태로 노출되는 광고는?

① 카카오 비즈보드 광고
② 카카오 스마트채널
③ 카카오 비즈플러그인
④ 카카오 디스플레이 광고

**59** 다음 중 카카오 디스플레이 광고에 대한 설명으로 틀린 것은?

① 광고주 최적의 오디언스를 찾아줄 다양한 타겟 옵션을 통하여 광고의 효율을 높일 수 있다.
② 이미지 네이티브형과 이미지 카탈로그형이 있다.
③ 광고 목표는 전환과 상호작용이다.
④ 입찰 방식은 CPC, CPM, CPA이다.

**60** 다음 중 카카오 동영상 광고에 대한 설명으로 틀린 것은?

① 카카오스토리에도 노출된다.
② 카카오톡의 대량 노출기반으로 높은 타겟 커버리지를 확보한다.
③ 광고 목표는 조회이다.
④ 입찰 방식은 CPM이다.

**61** 카카오 비즈보드의 일 예산에 대한 설명 중 틀린 것은?

① 일 예산을 넘는 비용이 청구되는 경우도 있다.
② 광고 그룹의 일 예산은 5만원 이상부터 설정이 가능하다.
③ 광고 그룹 예산은 캠페인 예산을 초과할 수 없다.
④ 과금 비용이 일 예산을 초과하는 경우 자동으로 광고 집행이 중단된다.

**62** 다음 중 반원형, 원기둥형 썸네일 이미지를 사용하는 카카오톡 비즈보드의 광고 소재는 무엇인가?

① 오브젝트형

② 섬네일형

③ 마스킹형

④ 텍스트형

**63** 다음 중 '선물'의 의미와 목적에 맞는 특화된 경험과 서비스를 제공하는 Messenger 기반의 상거래 플랫폼은 무엇인가?

① 톡 비즈니스 폼

② 카카오 페이

③ 카카오 커머스

④ 풀뷰

**64** 다음 중 네이버 밴드 광고 종류가 아닌 것은?

① 디스플레이 광고

② 소셜 광고

③ 네이티브 광고

④ 검색 광고

**65** 다음 중 네이버 밴드의 스마트 채널 광고를 구매할 수 있는 플랫폼은 무엇인가?

① 밴드 비즈센터

② 네이버 클릭초이스

③ 네이버 보장형 디스플레이 광고 플랫폼

④ 네이버 성과형 디스플레이 광고 플랫폼

**66** 네이버 밴드 알림 광고 등록에 대한 설명으로 잘못된 것은?

① 알림 내용에 맞춰 특정 성/연령을 타겟하여 발송 가능하다.

② 파트너 정보를 입력한 후 3일 후부터 알림 발송이 가능하다.

③ 비즈센터의 알림보내기에서 등록할 수 있다.

④ 발송권을 사용하여 알림을 발송하려면 알림 정액상품을 구매해야 한다.

**67** 다음 중 새소식, 밴드홈 광고 등록 프로세스를 올바르게 설명한 것은?

① 광고 등록을 완료하여야 입찰에 참여할 수 있다.

② 입찰에 참여할 때 비즈센터 충전금이 없어도 가능하다.

③ 광고 등록 단계에서 '새소식 광고, 밴드홈 광고, 스티커 프로모션'의 광고 타입을 선택한다.

④ 입찰 참여는 월요일 0시부터 14시까지 가능하다.

**68** 다음 중 네이버 밴드의 광고 상품 중 새글 피드의 중간중간에 텍스트와 콘텐츠가 결합한 형태로 노출되는 네이티브 광고 상품은 무엇인가?

① 풀스크린 광고

② 새소식 광고

③ 알림 광고

④ 피드 광고

**69** SNS 및 해당 광고에 대한 설명 중 틀린 것은?

① LinkedIn은 Microsoft에서 운영하는 세계 최대의 비즈니스 전문 SNS이다.

② LinkedIn의 스폰서 메시지 광고는 네이티브 광고의 일종 형태이다.

③ TikTok은 중국의 바이트댄스가 만든 SNS이다.

④ TikTok의 탑뷰는 추천피드에 노출되는 비디오 광고이다.

▶ 정답 및 해설 278p

※ 본 시험은 문제은행 출제방식으로 매 회차 일부 문제가 반복 출제되고 있어 수험생분들의 출제경향 파악에 도움이 되고자 중복문제를 변경 없이 그대로 수록하였습니다. 중복문제는 회차와 번호를 표기하였으니 혼동 없으시기 바랍니다.

**01** 다음 중 웹 2.0 시대에 대한 설명으로 옳은 것은?

① 텍스트와 링크 위주의 웹사이트 중심
② 음악이나 동영상 등의 멀티미디어의 제한적 사용
③ 폐쇄적인 데이터의 독점 현상
④ 사용자가 콘텐츠의 소비자와 생산자의 역할 동시 수행 가능

**02** 다음 중 소셜미디어 마케팅에 대한 설명으로 틀린 것은?

① 양방향 커뮤니케이션이 가능하다.
② 고객들의 소셜미디어 콘텐츠에 대한 반응 관찰이 가능하다.
③ 매스미디어보다 대량의 정보 전달이 용이하다.
④ 네이티브 광고를 적극 활용 가능하다.

**03** 기업의 소셜미디어 담당자가 MZ세대를 겨냥한 콘텐츠 마케팅 전략을 기획하고 있다. 다음 중 가장 적합하지 않은 마케팅 전략은 무엇인가?

① 인스타그램의 브랜드 콘셉트를 보여주는 계정과 인플루언서 계정을 분리하여 운영
② 긍정적인 제품 리뷰 콘텐츠를 블로거들과 협력하여 제작 및 배포
③ 효율적인 인력 리소스 관리를 위해 네이버 밴드 광고만 집중하는 전략
④ 긍정적인 여론 형성을 위해 브랜드 커뮤니티와 협력하여 프로모션 진행

**04** 다음 중 소셜미디어 플랫폼별 강점 및 약점에 대한 설명으로 틀린 것은?

① 동영상 콘텐츠 배포 및 도달률에서 인스타그램보다 유튜브가 더 효율적이다.
② 할인 쿠폰 발행 및 배포는 페이스북보다 틱톡이 효율적이다.
③ 동일한 취향과 취미를 가진 사람들과 소통하기에는 네이버 밴드가 적합하다.
④ 크리에이터 광고 수익 극대화 목표에 유튜브가 적합하다.

**05** 다음 중 소셜미디어를 활용한 콘텐츠 마케팅에 대한 설명으로 틀린 것은?

① 매력적인 콘텐츠의 생산 및 배포를 통해 고객과 적극적으로 관계를 형성한다.
② 브랜디드 콘텐츠를 활용, 제품의 판매 촉진에만 집중하는 마케팅 전략이다.
③ 웹 2.0시대는 콘텐츠의 생산과 배포가 쉬워져 많은 기업들이 적극 활용하고 있다.
④ 양질의 콘텐츠 배포 효율성을 높이기 위해 네이티브 광고를 활용할 수 있다.

**06** 다음 중 성공적인 콘텐츠 마케팅을 위한 조건으로 옳지 않은 것은?

① 콘텐츠 마케팅은 일회성 이벤트가 아니라 일관성 있는 장기적 커뮤니케이션 활동이여야
한다.
② 콘텐츠 마케팅은 성과 측정을 위해 댓글, 좋아요를 포함하는 소비자 참여지수를 측정해
야 한다.
③ 콘텐츠 마케팅은 제품을 소비자에게 직접적으로 판매할 수 있는 수단이 최우선되어야
한다.
④ 경쟁기업들이 SNS로 수많은 콘텐츠를 배포하기 때문에 질적으로 우수한 콘텐츠를 생산
해야 한다.

**07** 다음 중 소셜미디어의 특징에 대한 설명으로 틀린 것은?

① 소셜미디어는 개방, 참여 공유의 가치로 요약되는 웹 2.0을 기반으로 발전했다.
② 소셜미디어는 불특정 대중에게 정보를 일방적으로 전달하는 비인적 커뮤니케이션 수단
이다.
③ 소셜미디어는 매스미디어 대비 양방향 커뮤니케이션, 상호작용이 뛰어나다.
④ 소셜미디어는 고객 인게이지먼트, 고객 관계 형성의 큰 기회를 기업에게 제공한다.

**08** 다음 중 소셜미디어에 대한 설명으로 틀린 것은?

① 초기 소셜미디어는 친구 찾기 기능 중심의 네트워크 서비스를 통해 발전했다.
② 소셜미디어 플랫폼 유형에 소셜네트워킹, 소셜협업, 소셜퍼블리싱이 포함된다.
③ 위키피디아는 소셜미디어의 플랫폼에 포함될 수 없다.
④ 소셜미디어 급성장에 스마트폰의 빠른 보급화가 큰 기여를 했다.

**09** 다음 중 Meta for Business에서 지원하는 광고 형식에 대한 설명으로 적합한 것은?

① 페이스북피드 또는 인스타그램 피드는 16:9 비율의 전체 화면 동영상이 적합하다.
② 스토리 노출을 위해 4:5 세로형 비율의 이미지 및 동영상이 적합하다.
③ 인스트림 동영상은 버티컬 영상이 적합하다.
④ 인스턴트 경험이 포함된 컬렉션 광고 형식은 모바일 전용이다.

**10** 다음에서 설명하는 브랜드의 광고 목표에 적합한 Meta for Business 입찰 방식으로 알맞은 것은?

> 브랜드는 광고에 대한 도달과 광고비용 지출의 예측을 중요하게 생각한다. 예산이 한정되어 있으므로 선택한 기간에 타깃 고객에게 빈도를 기준으로 광고를 집행하고 싶다.

① CPM      ② CPT
③ CPC      ④ CPD

**11** 다음 중 Meta for Business에서 사용하는 경매기반의 광고 구매 방식에 대한 설명으로 틀린 것은?

① 광고주 입찰가는 광고주가 원하는 결과를 달성하기 위해 지불할 의향이 있는 금액이다.
② 추산 행동률은 특정 사람이 특정 광고에 반응을 보이거나 특정 광고로부터 전환하는 행동의 추정치이다.
③ 경매에서 사용되는 총 가치는 입찰가, 추산행동률, 사용자 가치로 구성된다.
④ 경매에서 광고주 입찰가에 의해 낙찰이 되어 광고가 소비자에게 노출된다.

**12** 다음 중 Meta for Business 광고 시스템을 활용해서 맞춤 타기팅을 생성할 때 광고주가 제공하는 소스로 옳은 것은?

① 인스타그램 또는 페이스북 쇼핑을 통해 광고주의 제품을 구매한 사람들
② 인스타그램 또는 페이스북에서 광고주의 동영상을 시청한 사람들
③ 광고주의 페이스북 이벤트에 반응하거나 참여한 사람들
④ 광고주의 고객 리스트에 포함된 이메일 주소

**13** 다음 중 Meta for Business의 유사 타기팅(Lookalike Audience) 설명으로 틀린 것은?

① 유사 타깃을 추가하면 Meta 광고 시스템이 맞춤 타깃(Custom Audience)에 유사한 특성을 가진 사람들에게 광고를 노출한다.
② 맞춤 타깃(Custom Audience)과 유사한 특성을 가진 사람들에게 광고를 노출할 수 있다.
③ 유사 타깃의 규모를 1~10의 척도로 설정 가능하며, 1에 가까울수록 맞춤 타깃(Custom Audience)과 유사하다.
④ 유사 타깃을 설정할 때, 광고 노출 최적화를 위해 질보다 양을 선택하는 전략을 구사해야 한다.

**14** 다음 중 Meta for Business 플랫폼에서 도달 및 빈도 구매 옵션을 사용하는 상황과 가장 맞지 않는 것은?

① 광고 도달 범위의 예측 가능성이 가장 중요할 때
② 20만명을 초과하는 타깃에게 도달률 극대화를 광고 목표로 설정했을 때
③ 타깃에게 광고 노출 빈도를 통제해야 할 때
④ 전환율 극대화를 광고 목표로 설정했을 때

**15** 다음 중 페이스북 및 인스타그램의 컬렉션 광고에 대한 설명으로 옳지 않은 것은?

2023년 2회
12번 동일

① 모바일 전용으로 제공되는 광고 형식이다.
② 제품의 노출은 쉽지만 구매 연결은 불가능한 광고 형식이다.
③ 규모가 큰 제품 세트를 노출하기 위해 카탈로그와 연동이 가능하다.
④ 광고 클릭 후 페이스북이나 인스타그램을 이탈하지 않고 제품을 손쉽게 둘러볼 수 있다.

CHAPTER 02 기출복원문제(2022년 2회) **181**

**16** Meta for Business를 활용하여 새로운 이커머스 브랜드에 대한 런칭 광고를 집행할 예정이다. 신규 고객을 유치하는 것이 브랜드의 목적일 때, 광고 캠페인 타기팅 전략으로 가장 알맞은 것은 무엇인가?

① 위치 및 인구 통계기반의 폭 넓은 핵심 타깃
② 웹사이트 방문자, 구매 고객 대상 타기팅
③ 위치 및 인구 통계기반을 토대로 특별 광고 타기팅
④ 오프라인 매장을 방문한 고객 대상 맞춤 타기팅

**17**
<small>2023년 2회
16번 동일</small>
패션 브랜드에서 S/S 시즌 상품을 소개하려고 한다. 시즌 신상품 이미지 20개와 15초짜리 동영상을 동시에 소비자에게 노출하여 구매 고려도를 높이고자 한다. 다음 중 Meta for Business에서 가장 적절한 광고 형식은?

① 슬라이드쇼
② 컬렉션
③ 동영상
④ 단일이미지

**18**
<small>2023년 2회
18번 동일</small>
Meta for Business에서 캠페인을 운영 중인 광고주가 노출 지면 옵션인 Audience Network를 활용하지만 특정 퍼블리셔/웹사이트에서 광고가 노출되는 것은 원치 않는다. 어떤 캠페인 세팅 전략이 적절한가?

① Facebook과 Instagram만 캠페인을 진행한다.
② '제외해야 할 웹사이트'를 좋아하는 사용자를 제외 타기팅한다.
③ 노출위치 중 Audience Network 선택을 해제하고 광고 노출하지 않는다.
④ 특정 퍼블리셔/웹사이트 차단리스트와 함께 자동 노출 위치를 사용한다.

**19**

2023년 2회
19번 동일

다양한 상품을 판매하고 있는 광고주가 컬렉션 광고를 이용해서 매출을 효과적으로 증대하기에 가장 적합한 크리에이티브 전략으로 알맞은 것은?

① 15초 동영상 및 전 제품의 카달로그 연동
② 15초 커버 동영상 및 판매율이 높은 4개 상품으로 구성된 제품 세트
③ 가로 커버 이미지 및 전 제품의 카달로그 연동
④ 가로 커버 이미지 및 판매율이 높은 4개 상품으로 구성된 제품 세트

**20**

2023년 2회
22번 동일

다음 중 Meta for Business 광고 캠페인에 대한 설명으로 틀린 것은?

① 인스타그램 계정이 없으면 인스타그램에 피드 광고를 게재할 수 없다.
② 인스타그램의 공개 콘텐츠 중 '슬라이드형' 게시물을 이용해서 '브랜드 인지도 증대 목표'로 광고를 진행할 수 있다.
③ 매출을 위해 전환 캠페인을 세팅하기 위해서는 페이스북 전환 이벤트 준비가 필요하다.
④ 앱 설치 캠페인을 위해서는 페이스북 앱 등록 없이 진행할 수 없다.

**21**

2023년 2회
24번 동일

1st party data와 핵심타깃만 조합해서 타기팅하고 있는 온라인 소매업체가 있다. 거래량이 증가하지 않고 전환 비용만 상승하는 상황이라면 다음 중 어떤 전략이 적합한가?

① 전환 캠페인 선택/노출위치 확장/유사타기팅
② 전환 캠페인 선택/노출위치 확장/핵심타기팅
③ 트래픽 캠페인 선택/노출위치 확장/관심사 기준 타기팅
④ 트래픽 캠페인 선택/노출위치 확장/웹사이트 리타기팅

**22**

다음 중 지역, 인구통계에 대한 페이스북 사용자의 집계 정보를 포함하여 페이스북 페이지를 팔로워한 타깃에 대해 확인 가능한 Meta for Business 도구는?

① 타깃 인사이트
② 페이스북 IQ
③ 광고관리자
④ 캠페인 플래너

**23** 다음 중 Audience Network에서 브랜드 가치 보호를 위해 제한할 수 있는 인벤토리에서 제공하는 필터 항목이 아닌 것은?

① 참사 또는 분쟁
② 논란이 되는 사회 문제
③ 의료산업 및 금융
④ 불쾌한 활동

**24** 다음 중 크리에이티브의 유연성을 제공하기 위해 페이스북 비즈니스 솔루션의 기능 중 다이나믹 크리에이티브(DCO)와 다이나믹 언어 최적화(DLO)의 설명 중 틀린 것은?

① 다이나믹 크리에이티브 기능을 이용해 타깃에게 크리에이티브 성과를 비교할 수 있다.
② 여러 타깃을 대상으로 어떤 크리에이티브가 가장 효과적인지 테스트할 수 있다.
③ 글로벌 캠페인 시 고객의 기본 언어에 맞게 문구를 자동으로 번역한다.
④ DLO는 모든 노출위치에 자동번역을 지원한다.

**25**
2023년 2회
28번 동일
약 6개월 전에 전환 픽셀 스크립트 설치를 완료한 온라인 쇼핑몰이 있다. 이 쇼핑몰의 매출 상향을 위한 가장 적절한 캠페인 목표와 최적화 기준은 무엇인가?

① 전환 캠페인 목표 및 가치 최적화 기준
② 전환 캠페인 목표 및 일일 고유 도달 최적화 기준
③ 트래픽 캠페인 목표 및 랜딩페이지 조회 최적화 기준
④ 트래픽 캠페인 목표 및 링크클릭 최적화 기준

**26** Meta for Business Suite로 크리에이터와 퍼블리셔가 콘텐츠 수익을 획득할 수 있는 설명으로 옳지 않은 것은?

① 주문형 인스트림 광고로 수익을 얻기 위한 자격요건 중 하나는 팔로워 10,000명이다.
② 주문형 인스트림 광고로 수익을 얻기 위한 자격요건 중 하나는 최근 달성한 시청 시간이 600,000분이다.
③ 주문형 인스트림 광고인 프리롤 광고는 동영상이 시작하기 전에 재생된다.
④ 주문형 인스트림 광고인 미드롤 광고는 동영상의 마지막에 재생된다.

**27** 다음 중 Meta 광고 관리자의 앱 패밀리(광고 노출 지면)에 가장 낮은 비용으로 광고를 최적화하기 위한 자동 게재 위치 옵션에 대한 설명 중 틀린 것은?

① 동일한 예산으로 더 많은 전환결과를 얻을 수 있다.
② 캠페인의 광고가 페이스북 앱 패밀리 전반에 걸쳐 노출된다.
③ 동일한 예산으로 더 많은 타깃에게 도달할 수 있다.
④ 광고 게재 위치를 세밀하게 직접 제어할 수 있다.

**28** 다음 중 메타의 비즈니스 광고와 연관되어 비즈니스 성장을 위해 고객에게 노출할 수 있는 앱 중에서 설명이 틀린 것은?

① Facebook은 비즈니스 페이지를 통해 광고할 수 있다.
② Instagram은 사진과 동영상을 공유하며 영감을 얻고 새로운 관계를 만들어 나갈 수 있다.
③ Messenger를 통해 더 많은 충성고객 관리가 가능하다.
④ WhatsApp은 고객들과의 소통에서 별로 도움이 되지 못한다.

**29** 다음 중 페이스북 비즈니스 광고의 구매 방식에 대한 설명으로 가장 적합한 것은?

① CPC(Cost Per Click)로 과금되더라도 보장 노출은 가능하다.
② 실시간 경매 방식으로 구매하면 타기팅, 예산 일정 변경이 불가능하다.
③ oCPM은 광고 목적에 맞는 행동을 할 가능성이 높은 사람에게 광고를 노출하는 입찰 유형이다.
④ 도달 및 빈도 구매 옵션을 사용하기 위한 최소 모수는 50,000명이다.

**30** 다음 중 Meta for Business 광고의 타기팅 방식에 대한 설명으로 틀린 것은?

① 핵심 타기팅(Core Audience) : 위치/지역/관심사/연결 관계에 따라 타깃 설정 가능
② 맞춤 타기팅(Custom Audience) : Meta 사용자 중에서 광고주의 기존 고객들을 찾을
  수 있는 타깃 옵션
③ 유사 타기팅(Lookalike Audience) : 맞춤 타깃과 유사한 특성을 가진 사용자를 타깃으로
  생성
④ 특별 광고 타깃 : 고객 데이터를 기반으로 모든 카테고리에서 적용 가능한 타깃

**31** 다음 중 Meta for Business의 특별 광고 카테고리에 해당되는 것은?

① 패션
② 게임 앱
③ 교육
④ 고용

**32** 다음 중 페이스북 페이지 인사이트의 구성 항목에 대한 설명으로 옳지 않은 것은?

2023년 2회
33번 동일

① 페이지 행동은 사람들이 페이지의 연락처 정보 및 행동 유도 버튼을 클릭한 횟수이다.
② 페이지 조회는 로그인 또는 로그아웃한 사람들이 페이지의 프로필을 조회한 횟수이다.
③ 추천은 사람들이 페이지를 추천한 횟수이다.
④ 응답시간은 가장 빠른 응답시간의 80%를 기준으로 페이지에서 응답 완료까지 걸린 평균
  시간이다.

**33** 다음 중 TV CF 영상을 페이스북으로 이용한 모바일 광고 캠페인에서 효과적으로 활용하기
위한 가장 적절한 방법은 무엇인가?

① 브랜드 TV CF 영상의 스토리 전체를 보여주기 위해 편집하지 않고 사용
② 기존 영상에 자막을 추가
③ 최초 3초 이내에 제품 모습 및 핵심 메시지를 노출하여 15초 영상으로 재편집하여 사용
④ 기존 영상을 1.91:1 포맷으로 변경하여 사용

**34** 다음 중 Meta for Business의 광고가 오프라인에서 발생하는 매출에 대한 영향력을 측정하고 싶다면 페이스북 비즈니스 솔루션에서 어떠한 기능 활용을 고려해야 하는가?

① Meta Pixel
② Meta SDK
③ 프리미엄 로그 서비스
④ Meta 오프라인 전환 API 기능

**35** 다음 중 Meta Business Solution에서 다양한 광고 세트를 시나리오별로 구성하고 캠페인 성과를 극대화 하고자 한다면 이에 가장 적합한 예산 전략 방안으로 알맞은 것은?

2023년 2회 26번 동일

① 캠페인 예산 최적화를 이용해 광고 세트들이 캠페인 목표에 맞게 예산 분배가 되도록 최적화한다.
② 캠페인의 각 광고 세트에 동등하게 예산 분배한다.
③ 성과가 가장 좋을 것 같은 광고 세트에 예산을 가장 높게 할당한다.
④ 광고 기간동안 수동으로 광고 세트를 ON/OFF 한다.

PART 3

**36** Meta for Business에서 지원하는 광고 형식에 대한 설명으로 적합하지 않은 것은?

① 뉴스피드 또는 인스타그램 피드는 정사각형 이미지와 4:5비율의 동영상이 적합하다.
② 스토리는 인터랙티브 요소나 스티커들을 활용하여 참여를 유도할 수 있다.
③ 인스트림 동영상은 버티컬 영상이 적합하다.
④ Messenger의 홍보 메시지는 모바일 전용이며 1.91:1의 이미지 및 동영상이 효과적이다.

**37** 다음 중 유튜브 검색 결과에 영향을 주지 않는 것은?

① 동영상 제목, 설명문구, 태그
② 동영상 유저 참여도(조회수, 댓글, 공유, 좋아요 등)
③ 동영상 시청시간
④ 동영상 업로드 주기

**38** 다음 중 유튜브를 통해 '광고 수익을 창출할 수 있는' 조건이 아닌 것은?

① 채널 소유자(창작자)가 만 18세 이상이거나, 만 18세 이상의 법적 보호자가 있어야 한다.

② 유튜브 프리미엄 구독자용 콘텐츠를 제작해야 한다.

③ 광고주 친화적인 콘텐츠 가이드라인을 준수하는 콘텐츠를 제작해야 한다.

④ 구독자 1,000명 이상 등의 조건을 갖추면 심사를 통해 승인받아야 한다.


**39** 다음 중 '구글 애즈'에 대한 설명으로 틀린 것은?

① 구글 애즈는 구글의 온라인 광고 프로그램이다.

② 유튜브 동영상 광고도 구글 애즈에서 관리한다.

③ 이메일로 구글 애즈 계정을 만들 수 있다.

④ 구글 애즈는 '캠페인 > 광고세트 > 광고' 구조로 이루어져 있다.


**40** 다음 중 '건너뛸 수 있는 인스트림 광고'의 과금 방식에 대한 설명으로 틀린 것은?

① 과금 방식은 CPV(Cost Per View)이다.

② 광고 영상이 30초 이상일 경우에는 시청을 완료해야 광고 비용이 발생한다.

③ 제목, 랜딩URL 등을 클릭하여도 과금된다.

④ 5초 후 시청자가 광고를 건너뛸 수 있다.


**41** 다음 중 광고 지표 중 하나인 조회율(VTR)에 대한 설명으로 잘못된 것은?

① 동영상 광고에 대한 시청자 반응을 알 수 있는 지표 중 하나이다.

② 조회율은 광고 노출수 대비 클릭된 비율을 말한다.

③ VTR View Through Rate의 약자이다.

④ 조회율 20%는 광고 노출수 1,000회 중 200회가 조회된 경우이다.

**42** 다음 중 CPM마스트헤드 광고의 노출 방식에 대한 설명으로 적절하지 않은 것은?

① 타기팅이 불가하고 최대한 많은 사람들에게 알리는 것을 광고 목표로 설정한다.

② 원하는 비용만 집행하여 노출수를 확보할 수 있다.

③ 사전에 구매한 노출량에 따라 유튜브 홈 지면에 광고가 롤링되는 방식이다.

④ 동영상 광고가 소리 없이 자동으로 재생되고, 음소거 아이콘 클릭 시 소리가 재생된다.

**43** 다음 중 브랜드 인지도를 높이기 위한 유튜브 광고 전략으로 가장 알맞은 것은?

① CPM마스트헤드 광고를 통해 다른 노출형 광고들보다 저렴한 단가로 유저에게 도달할 수 있게 한다.

② 범퍼애드를 통해 거부감 없이 유저에게 핵심적인 메시지를 전달한다.

③ '브랜드 인지도 상승' 목적은 마케팅 퍼널 중 '충성'에 해당하므로, 좁은 타깃에게만 도달할 수 있는 광고를 권장한다.

④ 내 브랜드 관심 유저들이 위치해 있을 법한 지면만 선별하여 노출시키는 전략이 중요하다.

**44** 다음 중 브랜드 고려도를 높이기 위한 전략으로 적절하지 않은 것은?

① CPV 광고를 활용하여 유저들이 자발적으로 영상을 조회하고 반응하도록 유도한다.

② 최대한 많은 노출을 통해 유저들에게 브랜드를 알리는 형태의 광고 상품을 활용한다.

③ 건너뛰기가 가능한 인스트림 광고를 진행한다.

④ 인피드 동영상 광고로 구독하기, 좋아요 등에 대한 다양한 참여를 유도한다.

**45** 다음 중 전환 가능성이 높은 시청자를 찾아다니며 유튜브 내 모든 페이지에서 노출되는 광고는 무엇인가?

① 비디오 액션 캠페인

② 유튜브 디스커버리

③ 트루뷰 비디오 디스커버리

④ 트루뷰 인스트림

**46** 다음 중 이미지와 텍스트로 표현되고 최종 URL을 필수로 입력해야 하는 유튜브 광고 상품은 무엇인가?

① 유튜브 디스커버리
② 비디오 액션 캠페인
③ 트루뷰 비디오 디스커버리
④ 유튜브 동영상 디스커버리

**47** 다음 중 비디오 액션 캠페인에서 설정할 수 있는 입찰 방식은 무엇인가?

① CPV
② CPM
③ 타깃CPA
④ CPC

**48** 다음 중 유튜브 광고의 노출 기기 설정에 대한 설명으로 적절하지 않은 것은?

① 광고가 게재될 수 있는 기기 유형을 타기팅할 수 있다.
② '모든 기기'를 선택할 경우 PC/모바일/태블릿/TV에 노출된다.
③ '모든 기기'를 선택할 경우 설정한 목표에 맞춰 효율이 좋은 기기 위주로 광고가 노출된다.
④ 특정 운영체제 및 기기모델 등은 타기팅이 불가하다.

**49** 다음 중 광고 소재로 사용할 수 없는 영상은 무엇인가?

① 유튜브에 '공개'로 업로드된 영상
② 유튜브에 '일부공개'로 업로드된 영상
③ 유튜브에 업로드 '예약' 시간이 지난 영상
④ '공개/미등록/비공개/예약' 상태의 모든 영상

**50** 다음 중 특정 유튜브 동영상 광고를 5명이 15번 보았을 때 해당 광고의 도달수는?

① 1
② 2
③ 5
④ 10

**51** 다음 중 기기 타기팅과 관련이 없는 내용은?

① 아이폰 사용자만 타기팅 하여 광고를 노출할 수 있다.
② PC를 제외하고 모바일로만 광고를 노출할 수 있다.
③ SKT 통신사 사용자만을 타기팅할 수 있다.
④ 최근 3개월 이내 휴대폰 구매자를 타기팅할 수 있다.

**52** 다음 중 게재 위치 타기팅에 대한 설명으로 적절하지 않은 것은?

① 유튜브에서 특정 채널/동영상만을 골라서 해당 영상에 광고를 노출시키는 기법이다.
② 특정 영상에만 광고를 노출하여 노출 점유율을 높일 수 있다.
③ BTS, 블랙핑크, 트와이스 등 원하는 K-POP 아티스트 채널만을 선택해 광고가 가능하다.
④ 게재 위치 타기팅은 다른 타기팅 방식보다 광고 과금 비용이 할증된다.

**53** 다음 중 유튜브 동영상 광고의 인구통계 타기팅에 대한 설명으로 틀린 것은?

① 연령대, 자녀유무, 가계 소득 등을 선택하여 잠재고객을 타기팅할 수 있다.
② 연령대는 최소 14세부터 타기팅할 수 있다.
③ 사용자 기반 타기팅에 해당한다.
④ 여성 전용 피트니스를 운영할 경우 남성 고객에게 광고가 게재되지 않도록 할 수 있다.

**54** 다음 중 구글 애즈 광고 보고서의 지표가 아닌 것은?

① 기본
② 시간
③ 전환
④ 비용

**55** 다음 중 도달 범위 플래너의 장점이 아닌 것은?

① 동영상 캠페인의 성과가 목표에 얼마나 근접했는지 검증할 수 있다.
② 체계적으로 마케팅 예산을 수립하고 진행해 나갈 수 있다.
③ 광고 기간을 조정하며 도달률을 파악할 수 있다.
④ 도달률을 높이기 위한 최적의 광고 상품과 예산 비중을 알 수 있다.

**56** 다음 구글 애즈 광고 보고서에서 확인이 불가한 지표는?

① 요일별 성과
② 광고 소재별 성과
③ 광고 상품별 성과
④ 계정 내 반영된 예산 중 특정 시점의 광고비 잔액

**57** 다음 중 유튜브 저작권 침해 해결 방법으로 적절하지 않은 것은?

① 저작권 위반 경고를 처음 받으면 저작권 학교를 수료해야 한다.
② 저작권 위반 경고를 받았다면 이는 저작권 소유자가 삭제 요청을 제출했음을 의미한다.
③ 저작권 위반 경고 3회 시 계정에 업로드된 모든 동영상이 삭제될 수 있다.
④ 저작권 위반 경고 3회를 받은 후 새 계정을 만들어 활동을 지속할 수 있다.

**58** 다음 중 개인정보보호, 상표권침해, 명예훼손 등으로 유튜브 동영상을 신고할 때 선택하는 사유는 무엇인가?

① 폭력적 또는 혐오스러운 콘텐츠
② 증오 또는 악의적인 콘텐츠
③ 스팸 또는 오해의 소지가 있는 콘텐츠
④ 권리 침해

**59** 다음 중 유튜브 광고 제외 설정에 대한 설명으로 틀린 것은?

① 인벤토리 유형의 기본 설정 옵션은 '확장된 인벤토리'이다.
② 유튜브 외부의 웹사이트에 삽입된 동영상에 광고 노출을 제외할 수 있다.
③ 실시간 스트리밍 동영상에 광고 노출을 제외할 수 있다.
④ 아직 등급이 지정되지 않은 콘텐츠에도 광고 노출을 제외할 수 있다.

**60** 다음 중 타깃 맞춤형 메시지를 담아 많은 수의 동영상을 빠르게 제작할 수 있는 구글 크리에이티브 솔루션은 무엇인가?

2023년 2회
62번 동일

① 비디오 빌더
② 비디오 애드 시퀀싱
③ 디렉터 믹스
④ 비디오 리마케팅

**61** 다음 중 인피드 동영상 광고 특징에 대한 설명으로 적절하지 않은 것은?

① 광고 클릭 시 영상 시청 페이지로 넘어간다.
② 광고 영상의 길이는 제한이 없다.
③ 3분 이상의 영상은 과금 비용이 할증된다.
④ 텍스트 문구는 제목, 설명1, 설명2로 구성되어 있다.

**62** 다음 중 동영상 액션 캠페인의 특징이 아닌 것은?

① 건너뛸 수 있는 인스트림 광고 형식 및 인피드 동영상 광고 형식을 사용한다.

② 광고 소재에 클릭 유도 문구(CTA)를 사용할 수 있다.

③ CPM을 기준으로 최적화한다.

④ 클릭 후 도달할 최종 URL을 반드시 입력해야 한다.


**63** 다음 중 제외 타기팅에 대한 설명으로 잘못 된 것은?

① 특정 키워드가 포함되어 있는 광고 게재지면을 제외하고 광고를 노출할 수 있다.

② 광고 게재를 원치 않은 유튜브 특정 채널에 광고 노출을 제외할 수 있다.

③ 비디오 리마케팅을 활용하여 자사 유튜브 채널 구독자를 제외하고 광고를 노출할 수 있다.

④ 13세 미만의 어린이를 제외하고 광고를 노출시킬 수 있다.


**64** 다음 중 유튜브 비디오 리마케팅에 대한 설명으로 틀린 것은?

① 초기 목록 크기는 과거 30일이 기본값이다.

② 최대 시청자 데이터 보관 가능 기간은 540일이다.

③ 채널 구독자 및 방문자, 영상 시청자 등으로 다양한 그룹을 만들 수 있다.

④ 시리즈 영상 1편 조회자에게 2편 광고를 노출하는 캠페인 설계는 불가하다.


**65** 다음 중 브랜드 인지도 구축을 위한 광고 타기팅으로 적절하지 않은 것은?

① 인구통계 타기팅

② 관심분야 타기팅

③ 키워드 타기팅

④ 결혼여부 타기팅

**66** 다음 중 유튜브 검색결과에 노출될 수 있는 광고 유형은 무엇인가?

① 인피드 동영상 광고
② 인스트림 광고
③ 범퍼 애드
④ 모든 광고

**67** 다음 중 유튜브의 민감한 콘텐츠에는 광고가 노출되지 않도록 광고 노출 게재지면을 필터링할 수 있는 기능은 무엇인가?

① 노출 기기 설정
② 인벤토리 유형 설정
③ 게재 빈도 설정
④ 네트워크 설정

**68** 다음 중 유튜브 동영상 광고에서 노출수 100,000회, 조회수 20,000회일 때 조회율은?

① 2%
② 20%
③ 5%
④ 50%

**69** 다음 중 카카오톡 비즈보드의 특징이 아닌 것은?

① 카카오톡의 메가트래픽을 활용하여 노출수가 높다.
② 랜딩페이지는 광고주 사이트 URL로만 가능하다.
③ 톡 비즈솔루션을 활용한 마케팅 액션이 가능하다.
④ 빅데이터 기반의 다양한 최적화된 맞춤형 광고를 노출한다.

**70** 다음 중 카카오톡 광고 등록에 대한 설명으로 틀린 것은?

① 비즈보드 광고는 카카오 비즈니스에서 '캠페인 → 광고그룹 → 키워드 → 소재' 구조로 등록한다.
② 광고 유형과 목표는 캠페인에서 선택한다.
③ 캠페인 일 예산은 최소 5만원 이상부터 10원 단위로 입력할 수 있다.
④ 오디언스 타깃은 광고 그룹에서 설정한다.

**71** 다음 중 카카오 비즈보드의 디바이스 및 게재지면 설정에 대한 설명으로 틀린 것은?

① 광고를 노출할 디바이스는 PC와 모바일을 선택할 수 있다.
② 모바일 중에서 안드로이드와 iOS를 선택할 수 있다.
③ 지면은 카카오톡에 게재된다.
④ 채팅탭에만 노출하도록 옵션 설정이 가능하다.

**72** 다음 중 일찍 광고 결과를 얻을 수 있도록 일 예산을 최대한 사용하여 광고 노출을 유도하는 방식은 무엇인가?

① 일반 게재
② 빠른 게재
③ 자동 입찰
④ 수동 입찰

**73** 다음 중 카카오 비즈보드 오디언스 타깃 설정에 대한 설명으로 틀린 것은?

① 도달 목적 캠페인은 맞춤 타깃을 사용할 수 없다.
② 도달 목적 캠페인은 데모그래픽에서 성별과 나이를 설정할 수 있다.
③ 주류 등 20세 이상에게만 노출되어야 하는 콘텐츠가 있는 광고는 반드시 사전심사를 따로 신청 후 승인 받고 등록해야 한다.
④ 방문 또는 전환 목적 캠페인은 데모그래픽에서 성별, 나이, 지역을 설정할 수 있다.

**74** 다음 중 카카오 비즈보드 집행기간 설정에 대한 설명으로 틀린 것은?

① 캠페인에서 설정한다.
② 광고 시작일을 미래 일자 중에 선택할 수 있으며, 종료일도 선택 가능하다.
③ 종료일이 미정인 경우, '종료일 미설정'에 체크한다.
④ 고도수 주류 등 심야 시간대에만 광고 가능한 소재를 사용할 경우, '심야 타게팅'을 필수로 선택한다.

**75** 다음 중 네이버 밴드의 풀스크린 광고 특징이 아닌 것은?

① 기본 3회 노출이 되고, 최대 5회까지 노출될 수 있다.
② 광고 집행 전 20일부터 취소 시 위약금이 10% 이상 발생한다.
③ Real Time Bidding 상품이며 최소입찰가는 CPM 2,000원, CPC 10원으로 판매된다.
④ 광고 클릭 시 웹페이지 또는 앱 다운로드 페이지로 연결된다.

**76** 다음에서 설명하는 광고 상품은 무엇인가?

- 본인의 밴드 페이지를 사용자들에게 알릴 수 있는 기간제 노출형 상품이다.
- 최저 30만원부터 광고 집행이 가능하다.
- 밴드의 리더 및 운영자가 직접 광고를 등록할 수 있다.
- 소재는 일반형과 모두 노출형 2가지가 있다.
- 광고비는 낙찰된 CPM과 노출수에 따라 결정된다.

① 알림 광고
② 피드 광고
③ 새소식, 밴드홈 광고
④ 스마트 채널 광고

**77** 다음 중 네이버 밴드 알림 광고의 발송권 사용 방식으로 틀린 것은?

① 발송 수 × 건당 비용만큼 충전금에서 바로 차감하여 발송하는 방식이다.
② 타기팅 사용 여부와 관계없이 1회 발송당 발송권 1개가 차감된다.
③ 유효기간 내에 사용하지 않으면 환불이 불가하다.
④ 일 최대 10회까지 발송 가능하다.

**78** 다음 중 네이버 밴드 피드 광고의 캠페인 목적 설정에 대한 설명으로 틀린 것은?

① 웹사이트 트래픽은 광고주 사이트의 방문을 목적으로 한다.
② 앱설치는 앱 설치 또는 실행을 목적으로 한다.
③ 앱 설치는 CPM과 CPC 과금 방식으로 운영이 가능하다.
④ 동영상 조회는 CPC 과금 방식으로만 운영한다.

**79** 다음 중 트위터 광고에 대한 설명으로 틀린 것은?

① 타임라인 테이크오버는 24시간 동안 홈타임라인의 첫 광고 지면을 독점하는 동영상 광고이다.
② 캐러셀 광고는 하나의 트윗에서 2~6개의 미디어를 좌우로 스와이핑하는 형식의 광고이다.
③ 텍스트 광고는 트위터에서 가장 네이티브 광고에 가까운 상품이다.
④ 팔로워 광고는 CPV 방식으로만 과금된다.

**80** 다음 중 틱톡 광고에 대한 설명으로 틀린 것은?

① 브랜드 테이크 오버는 앱을 열었을 때 가장 먼저 보이는 예약형 광고로 최대 60초까지 지원한다.
② 브랜드 테이크 오버는 이미지 광고도 가능하다.
③ 인피드 광고는 광고종료 후 계정 내 영상 유지가 가능하다.
④ 브랜드 해시태그 챌린지는 규모있는 UGC를 만들어 내며 브랜드를 팔로우하는 데 도움이 된다.

▶ 정답 및 해설 291p

※ 본 시험은 문제은행 출제방식으로 매 회차 일부 문제가 반복 출제되고 있어 수험생분들의 출제경향 파악에 도움이 되고자 중복문제를 변경 없이 그대로 수록하였습니다. 중복문제는 회차와 번호를 표기하였으니 혼동 없으시기 바랍니다.

**01** 다음 중 소셜미디어에 대한 설명으로 옳은 것은?

① 소셜미디어는 웹 1.0 기술 기반으로 발전하였다.
② 소셜미디어를 활용한 소통의 특징은 양방향성이다.
③ 소셜미디어 플랫폼은 다양하지만 그 개별 플랫폼의 특징은 차별적이지 않다.
④ 소셜미디어를 통한 기업과 소비자의 소통은 일방향성이다.

**02** 다음 중 소셜미디어 마케팅의 특징으로 옳은 것은?

① 광고와 홍보의 뚜렷한 역할 구분
② 고객 참여, 상호작용의 약화
③ 브랜디드 콘텐츠의 역할 강화
④ 온라인 구전 효과의 역할 감소

**03** 다음 중 성공적인 콘텐츠 마케팅을 위한 조건으로 가장 적절하지 않은 것은?

① 일회성 이벤트가 아니라 일관성 있는 장기적 커뮤니케이션 활동이어야 한다.
② 단기간에 제품 판매를 극대화할 수단을 최우선으로 고려해야 한다.
③ 성과 측정을 위해 '댓글', '좋아요'를 포함하는 소비자 참여지수를 측정해야 한다.
④ 경쟁기업들도 수많은 콘텐츠를 생산·배포하기 때문에 질적으로 우수한 콘텐츠를 생산해야 한다.

**04** 다음 중 소셜미디어 마케팅에 대한 설명으로 가장 적절하지 않은 것은?

① 타깃 고객의 반응을 직접적으로 확인하고 대응하는 것이 가능하다.
② 소셜미디어 플랫폼에서 제공하는 유료 광고를 적절하게 사용할 수 있다.
③ 소셜미디어 최적화는 오가닉 트래픽 최적화를 위한 다양한 마케팅 기법을 의미한다.
④ 소셜미디어 최적화는 검색엔진 최적화와 직접적 관련성이 낮다.

PART 3

**05** 다음 중 소셜미디어에 대한 설명으로 가장 적절하지 않은 건은?

① 초기 소셜미디어는 친구 찾기에 초점을 맞춘 네트워크 서비스를 통해 성장했다.
② 소셜미디어 플랫폼 유형에 소셜네트워킹, 소셜협업, 소셜퍼블리싱이 포함된다.
③ 지식 공유 플랫폼인 위키피디아는 소셜미디어로 분류될 수 없다.
④ 소셜미디어의 급성장에 스마트폰의 빠른 보급화가 큰 기여를 했다.


**06** 다음 중 소셜미디어의 역사와 미래에 대한 설명으로 가장 적절하지 않은 것은?

① 미래의 소셜미디어는 메타버스와 결합되어 발전할 것이다.
② 싸이월드의 일촌맺기는 소셜네트워킹의 한 형태이다.
③ 전 세계 최초의 소셜네트워킹 서비스는 싸이월드이다.
④ 가상현실을 활용한 소셜미디어 플랫폼은 앞으로 증가할 것이다.


**07** 다음 중 TV 광고 동영상을 페이스북을 이용한 모바일 광고 캠페인에서 효과적으로 활용하기 위해 가장 적절한 방법은 무엇인가?

① TV 광고 동영상을 동일하게 전달하기 위해 편집하지 않고 사용
② TV 광고 동영상에 자막만 추가
③ TV 광고 동영상을 편집하여 최초 3초 내 제품 및 핵심 메시지를 노출
④ TV 광고 동영상을 3:5 포맷으로 변경하여 사용


**08** 다음 중 Meta for Business에서 지원하는 광고 형식에 대한 설명으로 가장 적절한 것은?

① 인스타그램 피드를 통해 노출되는 이미지 광고의 비율은 1:1이 적합하다.
② 스토리 노출을 위해 1:1 비율의 이미지 및 동영상이 적합하다.
③ 인스트림 동영상은 버티컬 영상이 적합하다.
④ 인스타그램 스토리 광고는 단일 이미지, 단일 동영상만 노출 가능하다.

**09** 다음 중 Meta for Business에서 사용하는 경매기반의 광고 구매 방식에 대한 설명으로 틀린 것은?

① 광고주 입찰가는 광고주가 원하는 결과를 달성하기 위해 지불할 의향이 있는 금액이다.
② 추산행동률은 특정 사람이 특정 광고에 반응을 보이거나 특정 광고로부터 전환하는 행동의 추정치이다.
③ 경매에서 사용되는 총 가치는 입찰가, 추산행동률, 광고 품질로 구성된다.
④ 가장 높은 광고 입찰가를 제시한 광고주의 광고가 소비자에게 노출된다.

**10** 다음 중 Meta for Business의 유사 타기팅(Lookalike Audience) 설명으로 가장 적절하지 않은 것은?

① 유사 타깃을 추가하면 Meta 광고 시스템이 맞춤 타깃(Custom Audience)에 유사한 특성을 가진 사람들에게 광고를 노출한다.
② 유사 타깃의 규모를 1~10의 척도로 설정 가능하며, 1에 가까울수록 맞춤 타깃(Custom Audience)과 유사하다.
③ 맞춤 타깃과 유사한 특성을 가진 소비자에게 광고를 노출할 수 있다.
④ 유사 타깃을 설정하여, 광고 노출 지표인 빈도의 최대화에 초점을 맞춘 전략을 구사해야 한다.

**11** 다음 중 Meta for Business의 유료 광고 캠페인 목표에 가장 적합하지 않은 것은?

① 인스타그램 팔로우 획득 최대화
② 브랜드 인지도 증대
③ 광고주 웹사이트 트래픽(Traffic) 극대화
④ 오프라인 매장 방문 극대화

## 12

2022년 2회
15번 동일

다음 중 페이스북 및 인스타그램의 컬렉션 광고에 대한 설명으로 옳지 않은 것은?

① 모바일 전용으로 제공되는 광고 형식이다.
② 제품의 노출은 쉽지만 구매 연결은 불가능한 광고 형식이다.
③ 규모가 큰 제품 세트를 노출하기 위해 카탈로그와 연동이 가능하다.
④ 광고 클릭 후 페이스북이나 인스타그램을 이탈하지 않고 제품을 손쉽게 둘러볼 수 있다.

## 13

Meta for Business의 성과 측정 도구에 대한 설명 중에서 옳지 않은 것은?

① 오프라인 전환 도구를 활용 광고주의 오프라인 이벤트 정보를 페이스북에 연결하여 성과 측정 가능
② 전환 API를 활용 광고주의 웹 및 오프라인에서 발생하는 고객 행동을 페이스북과 연계하여 광고 성과개선 가능
③ Meta SDK를 설치하여 광고주의 앱에서 소비자의 행동을 파악하고 측정 가능
④ 광고주의 페이스북 페이지에 Meta Pixel을 설치하여 광고 도달률과 빈도를 측정 가능

## 14

Meta for Business를 활용 새 이커머스 브랜드에 대한 런칭 광고를 집행할 예정이다. 신규 고객을 유치하는 것이 브랜드의 목적일 때, 광고 캠페인 타기팅 전략으로 가장 알맞은 것은?

① 위치 및 인구 통계기반의 폭 넓은 핵심 타깃
② 웹사이트 방문자, 구매 고객 대상 타기팅
③ 위치 및 문맥을 혼합한 구매 잠재 고객 타기팅
④ 오프라인 매장을 방문한 고객 대상 맞춤 타기팅

## 15

Meta for Business에서 지원하는 광고 형식에 대한 설명으로 적합하지 않은 것은?

① 뉴스피드 또는 인스타그램 피드는 1:1 비율과 4:5 비율의 동영상이 적합하다.
② 스토리는 인터랙티브 요소나 스티커들을 활용하여 참여를 유도할 수 있다.
③ 인스트림 동영상은 9:16의 버티컬 영상이 적합하다.
④ Messenger의 홍보 메시지는 모바일 전용이며 1.91:1의 이미지 및 동영상이 효과적이다.

**16**

2022년 2회
17번 동일

패션 브랜드에서 봄/여름 시즌 상품을 소개하려고 한다. 시즌 신상품 이미지 20개와 15초짜리 동영상을 소비자에게 동시에 노출하여 구매 고려도를 높이고자 한다. 다음 중 Meta for Business에서 가장 적절한 광고 형식은 무엇인가?

① 슬라이드쇼
② 컬렉션
③ 동영상
④ 단일이미지

**17**

다음 중 Meta for Business에서 실행하고 있는 '다이나믹 캠페인'을 위한 Meta 픽셀/SDK의 이벤트 값 중 필수 이벤트 값이 아닌 것은?

① ViewContent
② AddToCart
③ Purchase
④ CheckOut

**18**

2022년 2회
18번 동일

Meta for Business에서 캠페인을 운영 중인 광고주가 노출 지면 옵션인 Audience Network를 활용하지만 특정 퍼블리셔/웹사이트에서 광고가 노출되는 것은 원치 않는다. 다음 중 가장 적절한 캠페인 세팅 전략은 무엇인가?

① '제외해야 할 웹사이트'를 좋아하는 사용자를 제외 타기팅한다.
② Facebook과 Instagram만 캠페인을 진행한다.
③ 노출 위치 중 Audience Network 선택을 해제하고 광고를 노출하지 않는다.
④ 특정 퍼블리셔/웹사이트의 차단 리스트를 생성/선택하고 동시에 자동 노출 위치를 사용한다.

**19**

2022년 2회
19번 동일

다양한 상품을 판매하고 있는 광고주가 컬렉션 광고를 이용해서 매출을 효과적으로 증대하기에 적합한 크리에이티브 전략으로 가장 적절한 것은?

① 15초로 제작된 동영상 및 전 제품의 카달로그 연동
② 15초로 제작된 커버 동영상 및 판매율이 높은 4개 상품으로 구성된 제품 세트
③ 가로 커버 이미지 및 전 제품의 카달로그 연동
④ 가로 커버 이미지 및 판매율이 높은 4개 상품으로 구성된 제품 세트

**20** 다음 중 Meta for Business 마케팅 플랫폼에 대한 설명으로 옳은 것은?

① 페이스북, 인스타그램, 오디언스 네트워크 통합 관리가 가능하지만, 왓츠앱은 별도의 계정이 필요하다.
② 광고주의 비즈니스와 관련된 활동을 일원화해서 운영하게 도와주는 유료도구이다.
③ 페이스북과 인스타그램 피드 게시물을 운영하기 위해 브랜드마다 계정을 만들어야 한다.
④ 받은 메시지함 관리 기능을 활용, 자주 묻는 질문에 자동화된 답변을 생성, 응답 시간을 절약할 수 있다.

**21** 다음 중 Meta for Business의 슬라이드 상품에 대한 설명으로 옳지 않은 것은?

① 개별 링크가 포함된 이미지 또는 동영상 10개를 슬라이드 형태로 삽입할 수 있다.
② 분위기가 서로 비슷한 이미지나 동영상을 정사각형 화면 비율로 사용하는 것이 좋다.
③ 가장 성과가 좋은 슬라이드를 맨 뒤에 표시하면 소비자의 클릭을 최대한 유도할 수 있다.
④ 10개의 이미지나 동영상을 담은 슬라이드를 제작하더라도 링크는 항상 동일해야 한다.

**22**

2022년 2회
20번 동일

다음 중 Meta for Business 광고 캠페인에 대한 설명으로 틀린 것은?

① 인스타그램 계정이 없으면 인스타그램에 피드 광고를 게재할 수 없다.
② 인스타그램의 공개 콘텐츠 중 '슬라이드형' 게시물을 이용해서 '브랜드 인지도 증대 목표'로 광고를 진행할 수 있다.
③ 매출을 위한 전환 캠페인을 세팅하기 위해서는 페이스북 전환 이벤트 준비가 필요하다.
④ 페이스북 앱 등록 없이 앱 설치 캠페인은 진행할 수 없다.

**23** 다음 중 메타 픽셀(Meta Pixel)에 대한 설명으로 옳지 않은 것은?

① 광고주의 웹사이트에 설치하여 광고성과를 측정하고 최적화하기 위한 코드 조각이다.
② 소비자들이 앱에서 하는 행동을 파악하고 측정할 수 있는 분석 도구이다.
③ 광고 캠페인을 통해 유입된 사용자의 행동 분석이 가능하다.
④ 성과 분석을 통해 광고 전환 최적화 전략 수립이 가능하다.

**24** 1st party data와 핵심 타깃만 조합해서 타기팅하고 있는 온라인 소매업체가 있다. 거래량
〔2022년 2회 21번 동일〕 이 증가하지 않고 전환 비용만 상승하는 상황이라면 다음 중 어떤 전략이 적합한가?

① 전환 캠페인 선택/노출위치 확장/유사 타기팅
② 전환 캠페인 선택/노출위치 확장/핵심 타기팅
③ 트래픽 캠페인 선택/노출위치 확장/관심사 기준 타기팅
④ 트래픽 캠페인 선택/노출위치 확장/웹사이트 리타기팅

**25** Meta Business Suite 기능 중 하나로서, 내 페이지를 팔로우하는 사람들의 인구통계학적
특성, 관심사, 라이프스타일 등을 알 수 있게 해 주는 도구는 무엇인가?

① 광고관리자
② 페이스북 IQ
③ 타겟 인사이트
④ 캠페인 플래너

**26** 다음 중 Meta Business Solution에서 다양한 광고 세트를 시나리오별로 구성하고 캠페인
〔2022년 2회 35번 동일〕 성과를 극대화 하고자 한다면 이에 가장 적합한 예산 전략방안으로 알맞은 것은?

① 캠페인 예산 최적화를 이용해 캠페인 목표에 맞게 각 광고 세트의 예산 분배를 최적화한다.
② 캠페인의 각 광고 세트에 동등하게 예산을 분배한다.
③ 성과가 가장 좋을 것 같은 광고 세트에 예산을 가장 높게 할당한다.
④ 광고 기간동안 수동으로 광고 세트를 ON/OFF 한다.

**27** 다음 중 페이스북 동영상 광고 제작에 대한 설명으로 알맞지 않은 것은?

① 기승전결의 구조를 활용 제품 또는 브랜드의 핵심 메시지는 동영상의 후반에 노출되어야 한다.
② 소리가 없더라도 소비자가 이해할 수 있는 동영상을 제작해야 한다.
③ 세로형 동영상을 만들어서 모바일 지면을 최대한 활용해야 한다.
④ 일부 광고 목표에 한해 360도 동영상을 활용할 수 있다.

**28**
2022년 2회
25번 동일
약 6개월 전에 전환 픽셀 스크립트 설치를 완료한 온라인 쇼핑몰이 있다. 이 쇼핑몰의 매출 상향을 위해 가장 적절한 캠페인 목표와 최적화 기준은 무엇인가?

① 트래픽 캠페인 목표 및 랜딩페이지 조회 최적화 기준
② 전환 캠페인 목표 및 일일 고유 도달 최적화 기준
③ 전환 캠페인 목표 및 가치 최적화 기준
④ 트래픽 캠페인 목표 및 링크클릭 최적화 기준

**29** 다음 중 페이스북 비즈니스 광고의 구매 방식에 대한 설명으로 가장 적절한 것은?

① Optimized CPM은 광고 목표에 부합하는 행동을 할 가능성이 높은 타깃 소비자에게 광고를 노출하는 입찰 유형이다.
② 실시간 경매 방식으로 구매하면 타기팅, 예산 일정 변경이 불가능하다.
③ CPC(Cost Per Click)로 과금되더라도 보장 노출은 가능하다.
④ 도달 및 빈도 구매 옵션을 사용하기 위한 최소 모수는 50,000명이다.

**30** 최근 쿠키 지원을 중단하는 브라우저가 증가하면서 웹사이트 전환 추적이 어려워지고, 성과 저하 현상이 발생할 수 있다. 이와 같은 상황에서 캠페인 최적화를 위해 반드시 필요한 기능은 무엇인가?

① 자동 고급매칭
② Facebook 성과 기여
③ 전환 API
④ 수동 고급매칭

**31** 다음 중 Meta for Business 광고의 타기팅 방식에 대한 설명으로 옳은 것은?

① 핵심 타기팅(Core Audience) : 광고주의 고객 리스트를 활용한 타깃 설정 옵션
② 맞춤 타기팅(Custom Audience) : Meta 사용자 중에서 광고주의 기존 고객들을 활용한 타기팅 옵션
③ 유사 타기팅(Lookalike Audience) : 핵심 타깃과 동일한 특성을 가진 사용자를 타깃으로 생성
④ 특별 광고 타기팅 : 고객 리스트를 기반으로 모든 광고 카테고리에서 적용 가능한 타깃

**32** 다음 중 Meta for Business의 특별 광고 카테고리에 해당되는 것은?

① 패션
② 주택
③ 교육
④ 게임 앱

**33** 다음 중 페이스북 페이지 인사이트의 구성 항목에 대한 설명으로 틀린 것은?

2022년 2회
32번 동일

① 페이지 행동은 사람들이 페이지의 연락처 정보 및 행동 유도 버튼을 클릭한 횟수이다.
② 페이지 조회는 로그인 또는 로그아웃한 사람들이 페이지의 프로필을 조회한 횟수이다.
③ 추천은 사람들이 페이지를 추천한 횟수이다.
④ 응답시간은 가장 빠른 응답시간의 80%를 기준으로 페이지에서 응답 완료까지 걸린 평균 시간이다.

**34** 다음 중 유튜브 추천 영상에 대한 설명이 아닌 것은?

① 구독자 1,000명 이상의 채널을 기준으로 조회수 증가율 등의 여러 지표를 고려하여 추천된다.
② 현재 시청자가 보고 있는 유사한 주제의 영상 목록을 바탕으로 추천된다.
③ 구독 중인 채널의 영상도 추천 영상에 영향을 주는 요소이다.
④ 추천 영상 목록에서 클릭을 받을 수 있도록 흥미를 유발하는 제목을 작성하는 것이 좋다.

**35** 다음 중 YPP 참여 시 필요한 자격요건이 아닌 것은?

① 유튜브 채널 수익 창출 정책 준수
② 유튜브 파트너 프로그램이 제공되는 국가, 지역에 거주
③ 최근 12개월간 신규 구독자 수 100명 이상
④ 연결된 애드센스 계정 보유


**36** 다음 중 조회수 좋아요 수, 댓글 수와 같은 참여도 측정항목이나 그 외 다른 유튜브 측정항목
을 판매하는 콘텐츠를 무엇이라고 하는가?

① 동영상 스팸
② 인센티브 스팸
③ 댓글 스팸
④ 측정 스팸


**37** 다음 중 구글 광고의 '품질평가점수'에 대한 설명으로 잘못된 것은?

① 품질 평가 점수는 1~7의 값으로 측정된다.
② 품질 평가 점수는 키워드 수준에서 확인할 수 있다.
③ 품질 평가 점수는 키워드 검색 유형을 변경해도 품질 평가 점수에는 영향을 주지 않는다.
④ '−' 표시는 점수를 판단할 만큼 키워드와 정확히 일치하는 검색어가 충분하지 않음을
의미한다.


**38** 다음 중 유튜브 동영상 광고의 입찰 전략에 대한 설명으로 틀린 것은?

① 조회당비용 : 시청자가 동영상을 30초 지점까지 시청하거나 동영상과 상호작용할 때 비
용을 지불한다.
② 타깃 전환당비용 : 전환 1회당 지불하고자 하는 평균 비용을 설정한다.
③ 전환수 최대화 : 캠페인에서 가장 많은 클릭이 발생하는 방향으로 예산이 지출되도록
일예산이 자동으로 설정된다.
④ 타깃 CPM : 광고가 1,000회 게재될 때마다 지불하려는 평균 금액을 설정할 수 있다.

**39** 다음 중 유튜브 동영상 광고 형식이 아닌 것은?

① 건너뛸 수 있는 인스트림 광고
② 인피드 동영상 광고
③ 프로모션 비디오 광고
④ 범퍼 광고

**40** 다음 중 유튜브와 구글 동영상 파트너에서 시청자가 동영상 광고 전체를 보도록 하고자 할 때 적합한 광고 상품은 무엇인가?

① 건너뛸 수 있는 인스트림 광고
② 건너뛸 수 없는 인스트림 광고
③ 인피드 동영상 광고
④ 아웃스트림 광고

**41** 다음 중 '인피드 동영상 광고'에 대한 설명으로 틀린 것은?

① 동영상의 썸네일 이미지와 텍스트로 구성된다.
② 광고의 정확한 크기와 모양은 게재 위치에 따라 달라질 수 있다.
③ 사용자가 동영상을 클릭하여 시청하도록 유도한다.
④ 유튜브 앱 또는 모바일 유튜브 홈피드 상단에서 전체 동영상이 소리없이 자동 재생된다.

**42** 다음 중 짧고 기억하기 쉬운 메시지로 광범위한 고객에게 도달하고자 할 때 사용하면 좋은 유튜브 광고는 무엇인가?

① 트위터 광고
② 범퍼 광고
③ 링크드인 광고
④ 텍스트 광고

**43** 다음 중 '건너뛸 수 없는 인스트림 광고'를 집행할 수 있는 캠페인 목표는 무엇인가?

① 판매
② 리드
③ 제품 및 브랜드 구매 고려도
④ 브랜드 인지도 및 도달 범위

**44** 다음 중 아웃스트림 광고에 대한 설명으로 틀린 것은?

① 음소거 상태로 재생된다.
② 유튜브에서 사용할 수 없다.
③ CPM을 기준으로 시청자가 동영상을 30초 지점까지 시청할 경우에만 비용을 지불한다.
④ 앱에서 세로모드 및 전체 화면 모드를 모두 지원한다.

**45** 다음 중 '인피드 동영상 광고'의 장점이 아닌 것은?

① 브랜드 구매 고려도를 높일 수 있다.
② 적극적으로 관련 콘텐츠를 소비하는 시청자에게 정보를 제공한다.
③ 시청자가 브랜드의 동영상을 구독/공유/시청할 가능성이 더 높아진다.
④ 구매를 사전에 계획하므로 입찰에 의존할 필요가 없다.

**46** 다음 중 유튜브의 동영상 도달 범위 캠페인에 대한 설명으로 틀린 것은?

① 트루뷰 포리치(Trueview for Reach)라고도 불린다.
② 건너뛸 수 있는 인스트림과 범퍼 광고를 조합하여 더 낮은 비용으로 사용자 도달 범위를 극대화할 수 있다.
③ 건너뛸 수 있는 인스트림의 경우 영상길이의 제한은 없지만 15~20초(30초 이하) 영상을 권장한다.
④ 캠페인 목표는 '제품 및 브랜드 구매 고려도'를 선택한다.

**47** 다음 중 유튜브 광고 예산 설정에 대한 설명으로 적절하지 않은 것은?

① 캠페인 총 예산은 캠페인 기간에 발생하는 총 지출이므로 종료일을 입력해야 한다.

② 일일예산은 횟수에 관계없이 언제든지 변경할 수 있다.

③ 클릭과 전환이 발생할 가능성이 높은 날에도 일일예산 금액만 청구된다.

④ 예산을 사용할 캠페인의 시작일과 종료일 설정이 가능하다.

**48** 다음 중 구글 동영상 광고의 콘텐츠 제외 타기팅 설정에 대한 설명으로 적절하지 않은 것은?

① 내 브랜드 또는 제품에 적합하지 않을 수 있는 콘텐츠에는 광고가 노출되지 않는 기능이다.

② 인벤토리 유형을 사용하면 민감한 콘텐츠 그룹을 제외할 수 있다.

③ 디지털 라벨이 지정되지 않은 콘텐츠는 제외할 수 없다.

④ 제외된 유형 및 라벨에서 실시간 스트리밍 동영상에 광고를 제외할 수 있다.

**49** 다음 중 구글의 품질평가점수에 영향을 주는 요소가 아닌 것은?

① 예상 CTR

② 광고 관련성

③ 광고 확장의 요소

④ 방문 페이지 만족도

**50** 다음 중 구글에서 제공하는 유튜브 캠페인의 성과 예측을 도와주는 계획 도구는 무엇인가?

① 도달 범위 플래너

② 브랜드 리프트 서베이

③ 비디오 빌더

④ 디렉터 믹스

**51** 다음 중 유튜브 광고에서 '관심위치' 타기팅 방법이 아닌 것은?

① 검색에 위치를 나타내는 용어가 사용된 경우
② 사용자의 이전 물리적 위치
③ 구글 지도 및 구글 모바일 지도에서 검색하는 경우
④ 구글의 셀 ID 위치 데이터 베이스

**52** 다음 중 유튜브 광고의 '언어 타기팅'에 대한 설명으로 잘못된 것은?

① 고객이 사용하는 언어를 선택할 수 있다.
② 한 가지 언어, 여러 언어, 모든 언어를 타기팅할 수 있다.
③ 둘 이상의 언어를 사용하고 여러 언어로 검색을 수행하는 사용자에게 광고를 게재할 수 있다.
④ 언어 타기팅을 사용하면 해당 언어를 사용하는 잠재 고객의 국가 위치도 자동 타기팅 된다.

**53** 다음 중 유튜브 광고의 '콘텐츠 기반 타기팅'에 대한 설명으로 적절하지 않은 것은?

① 관련 키워드, URL 및 앱 등을 입력하여 이상적인 잠재 고객에게 광고를 노출할 수 있다.
② 제품/서비스와 관련한 검색어를 선택하여 관련 콘텐츠를 타기팅할 수 있다.
③ 건강, 게임 등 특정 주제에 관한 콘텐츠에 광고를 타기팅할 수 있다.
④ 유튜브 채널 및 동영상, 동영상 라인업 등 광고 게재 위치를 직접 선택할 수 있다.

**54** 다음 중 구글 동영상 캠페인에서 타기팅 최적화를 사용해야 하는 경우로 적절하지 않은 것은?

① 캠페인을 통해 전환 가능성이 큰 잠재 고객 세그먼트에 광고를 게재하려는 경우
② 기존 세그먼트 외의 신규 고객을 획득하면서 계속해서 목표를 달성하려는 경우
③ 캠페인 실적을 높일 수 있는 신규 사용자를 파악하려는 경우
④ 수동으로 선택한 잠재 고객에게서 전환수를 늘리려는 경우

**55** 다음 중 구글의 '도달 범위 플래너' 데이터에 대한 설명으로 틀린 것은?

① 구글의 순사용자 도달 범위 산출 방식에 기반한 것이다.
② 제 3자가 유효성을 검증했다.
③ 실제 도달 범위 및 입찰가와 일치한다.
④ 매일 업데이트 된다.

**56** 다음 중 구글 광고의 '주제 타기팅'에 대한 설명으로 적절하지 않은 것은?

① 관련성 높은 주제에 이미 관심이 많은 사용자를 대상으로 광고를 게재하는 사용자 기반 타기팅 유형이다.
② 선택한 주제와 관련된 콘텐츠가 있는 디스플레이 네트워크나 유튜브 페이지에 광고를 게재할 수 있다.
③ 최상위 주제를 타기팅 하면 관련된 하위 주제도 모두 타기팅하게 된다.
④ 특정 주제에 관한 페이지에 광고가 게재되지 않도록 제외 탭에서 해당 주제를 제외할 수 있다.

**57** 다음 중 구글 광고의 게재 위치 타기팅에서 설정 가능한 항목이 아닌 것은?

① 유튜브 채널
② 유튜브 동영상
③ 디스플레이 네트워크에 속한 웹사이트
④ 디지털 콘텐츠 라벨

**58** 다음 중 구글 광고의 '잠재 고객 세그먼트' 유형에 대한 설명으로 잘못된 것은?

① 관심 분야 세그먼트 : 사용자의 라이프스타일, 관심사, 습관 등을 기반으로 사용자에게 도달한다.
② 맞춤 세그먼트 : 관련 키워드, URL 및 앱을 입력하여 이상적인 잠재 고객에게 도달한다.
③ 상세 인구통계 : 연령, 성별, 자녀 유무 등의 인구통계를 기반으로 사용자에게 도달한다.
④ 구매 의도 : 사용자의 최근 구매 의도를 기반으로 사용자에게 도달한다.

**59** 다음 중 사용자가 유튜브 동영상 광고를 시청하거나 광고에 참여한 횟수를 나타내는 지 무엇인가?

① 조회수
② 조회율
③ 참여수
④ 참여율

**60** 동영상 캠페인을 조정하고 개선하는 것을 목적으로 광고의 효과를 측정할 수 있게 해 주는 무료 도구의 이름은 무엇인가?

① 브랜드 광고 효과(Brand Lift)
② 프리미엄 로그분석
③ 유튜브 스튜디오 분석
④ 도달 범위 플래너

**61** 다음 중 유튜브 광고 캠페인이 일시중지, 삭제, 종료 또는 대기 중이거나 광고 그룹이 일시중지, 삭제 또는 설정이 미완료되어 광고가 게재되지 않을 때 상태로 알맞은 것은?

① 운영 가능(제한적)
② 승인됨(제한적)
③ 운영 불가능
④ 비승인

**62**
2022년 2회
60번 동일

다음 중 타깃고객별 맞춤형 메시지를 담아 많은 양의 동영상을 빠르게 제작할 수 있는 구글 솔루션은 무엇인가?

① 비디오 빌더
② 디렉터 믹스
③ 비디오 애드 시퀀싱
④ 비디오 액션

**63** 다음 중 유튜브 광고의 '키워드 타기팅'에 대한 설명으로 적절하지 않은 것은?

① 유튜브와 구글 디스플레이 네트워크에서 동영상 광고를 특정 주제로 타기팅하는 기능이다.

② 방문 페이지, 관련 웹사이트나 제품/서비스를 설명하는 단어 등을 입력하여 키워드 아이디어를 얻을 수 있다.

③ 유튜브 검색결과에서는 사용자가 유튜브에서 검색할 때 사용하는 단어 또는 문구를 타기팅한다.

④ 유튜브 동영상 및 구글 동영상 파트너에서는 웹페이지 콘텐츠를 타기팅하는 키워드 타기팅이 적용된다.

**64** 다음 중 구글 광고 보고서에 대한 설명으로 잘못된 것은?

① 대시보드를 통하여 캠페인의 예산, 상태, 캠페인 유형, 노출수, 조회수, 조회율 등을 확인할 수 있다.

② 대시보드는 시간 및 위치 통계와 같은 유용한 데이터를 보여주는 미리 만들어진 보고서이다.

③ 동영상 조회 가능성 보고서를 다운로드할 수 있다.

④ 저장된 보고서 중 18개월 이상 액세스 하지 않은 보고서는 계정에서 자동으로 삭제된다.

**65** 다음 중 구글의 '도달 범위 플래너'가 수행할 수 없는 활동은?

① 광고 형식 예산 할당을 선택하거나 맞춤 미디어 계획을 만들 수 있다.

② 광고를 클릭하여 사이트를 방문한 잠재고객들이 무엇을 하는지 알 수 있다.

③ 캠페인 유형의 다양한 조합을 만들어 효과를 비교한다.

④ 도달, 노출수, 조회수, 노출당 비용, 조회당 비용 등을 예측한다.

PART 3

**66** 다음 중 구글의 동영상 캠페인에서 제외 가능한 디지털 콘텐츠 라벨이 잘못 기재된 것은?

① DL-G : 전체 시청가
② DL-PG : 보호자 동반 시청가
③ DL-MA : 아동용 콘텐츠
④ 가족용 콘텐츠

**67** 다음 중 구글의 '비디오 빌더(Video Builder)'에 대한 설명으로 틀린 것은?

① 메시지와 목표에 따라 다양한 레이아웃 중에서 선택할 수 있다.
② 색상과 글꼴을 사용자가 지정할 수 있다.
③ 6초 또는 15초의 짧은 유튜브 동영상을 빠르게 제작할 수 있다.
④ 광고주가 원하는 광고 순서로 스토리텔링 광고를 진행할 수 있다.

**68** 다음 중 카카오 비즈보드의 장점이 아닌 것은?

① 노출수가 매우 높다.
② 다양한 프리미엄 랜딩페이지와 연결이 가능하다.
③ 톡 비즈 솔루션을 활용한 마케팅 액션을 완결한다.
④ 고정된 단가의 노출 보장형 상품으로 안정적인 광고 집행이 가능하다.

**69** 다음 중 카카오 동영상 광고, 디스플레이 광고 등을 집행할 수 있는 카카오의 대표 광고 플랫폼은 무엇인가?

① 카카오 모먼트
② 카카오 비즈보드
③ 카카오 비즈니스
④ 카카오 검색광고

**70** 다음 중 카카오 영상 광고의 노출에 대한 설명으로 틀린 것은?

① 광고가 PC에서는 노출되지 않고 모바일에서만 노출되는 상품이다.

② 디바이스 상세 설정을 통해 Android/iOS 노출여부를 선택할 수 있다.

③ 상세한 게재지면 노출여부를 선택할 수 있다.

④ 맞춤 타깃과 데모그래픽 설정을 할 수 있다.

**71** 다음 중 카카오 디스플레이 광고의 과금 기준이 아닌 것은?

① CPC

② CPM

③ CPMS

④ CPA

**72** 다음 중 카카오 비즈보드가 제공하는 광고 목표가 아닌 것은?

① 조회

② 도달

③ 방문

④ 전환

**73** 다음 중 '이미지 박스' 소재를 노출할 수 있는 카카오 광고 상품은 무엇인가?

① 카카오 비즈보드

② (다음)쇼핑광고

③ 디스플레이 광고

④ 스폰서드 보드

**74** 다음 중 카카오 커머스 플랫폼 랜딩으로 연결되지 않는 마케팅 액션은 무엇인가?

① 선물하기
② 주문하기
③ 톡에서 예약하기
④ 상품구독

**75** 다음 중 '네이버 밴드 스마트 채널 광고'를 진행할 수 있는 플랫폼은 무엇인가?

① 네이버 성과형 디스플레이 광고 플랫폼
② 네이버 보장형 디스플레이 광고 플랫폼
③ 네이버 검색광고 시스템
④ 네이버 밴드 비즈센터

**76** 다음 중 네이버 밴드 풀스크린 광고에 대한 설명으로 틀린 것은?

① Click to Web/App 또는 Click to Play 방식으로 집행할 수 있다.
② Click to Web/App은 PC 웹페이지 또는 좌우 스크롤이 없는 웹페이지로 이동한다.
③ Click to Play는 자동재생에서 3초 이상 Play 또는 재생 버튼 클릭 시 1View로 측정된다.
④ Click to Play에서 영상 재생 버튼 클릭은 클릭수에 미집계 된다.

**77** 다음 중 네이버 밴드 알림 보내기 광고 결제에 대한 설명으로 틀린 것은?

① 결제방법은 발송권과 충전금 중에 선택하여 사용할 수 있다.
② 결제 방법에 관계없이 알림은 1일 최대 10회까지 발송 가능하다.
③ 알림 정액상품은 알림 4회권, 10회권, 20회권이 있다.
④ 충전금은 멤버/구독자 수에 상관없이 알림 1회 발송 시 충전금 5원이 소진된다.

**78** 다음 중 네이버 밴드 소셜 광고 게재 위치에 대한 설명으로 틀린 것은?

① 캠페인 목적에 따라 광고 게재 위치를 선택할 수 있다.
② '새소식'은 새소식 목록에 피드 형태로 노출된다.
③ '밴드홈'은 밴드홈 목록 화면에 커버 형태로 노출된다.
④ '밴드 스티커를 활용한 보상형 광고'는 새소식, 밴드홈 영역 중 선택할 수 있다.

**79** 다음 중 '본인의 경력, 특허, 학교, 논문 등 다양한 스펙을 표기할 수 있는 세계 최대의 비즈니스 전문 SNS'는 무엇인가?

① 링크드인
② 틱톡
③ 페이스북
④ 트위터

**80** 다음 중 트위터 광고 상품이 아닌 것은?

① 테이크오버 광고
② 프로모션 광고
③ 프리롤 광고
④ 쇼핑 라이브

▶ 정답 및 해설 305p

**01** 다음 중 소셜미디어와 전통적 매스미디어에 대한 설명으로 틀린 것은?

① 소셜미디어 관련 기술이 발전할수록 다양한 플랫폼이 출현하고 있다.

② 매스미디어의 소통은 일방향이지만 소셜미디어의 소통은 양방향이다.

③ 소셜미디어를 활용한 커뮤니케이션의 도달 범위는 매스미디어보다 작다.

④ 소셜미디어를 통한 기업과 소비자의 상호작용이 크게 향상되었다.

**02** 다음 중 소셜미디어 플랫폼의 강점과 약점에 대한 설명으로 가장 부적합한 것은?

① 인스타그램은 다양한 필터 기능을 가지고 있다.

② 다양한 할인 프로모션 정보의 전달은 인스타그램보다 카카오톡이 더 뛰어나다.

③ 네이버 밴드는 동일한 취향과 취미를 가진 사람들과 소통하기에 적합하다.

④ 일반인도 유튜브를 통해 크리에이터가 되어 수익을 창출할 수 있다.

**03** 다음 중 소셜미디어의 특징에 대한 설명으로 가장 부적합 한 것은?

① 소셜미디어는 개방, 참여 공유의 가치로 요약되는 웹2.0 기술을 기반으로 성장했다.

② 소셜미디어 광고는 텍스트 기반의 태도 및 행동을 유발하는 설득 커뮤니케이션 수단이다.

③ 소셜미디어는 TV, 신문 등 레거시 미디어 대비 양방향 상호작용이 뛰어나다.

④ 소셜미디어를 활용하면 기업은 고객과 적극적인 관계 형성이 가능하다.

**04** 다음 중 초월, 가상을 의미하는 단어와 우주를 의미하는 단어의 합성어로 현실의 정치, 경제, 사회, 문화 영역에서의 상호작용을 가상공간에 구현한 콘텐츠와 플랫폼을 폭넓게 칭하는 용어는 무엇인가?

① 인스타그램
② 링크드인
③ 세컨드라이프
④ 메타버스

**05** 다음 설명에 부합하는 콘텐츠 유형은?

- 동영상과 기록을 뜻하는 영어 단어를 조합한 신조어이다.
- 유튜브 등 동영상 플랫폼에서 유행하는 영상 콘텐츠 형태의 하나이다.
- 창작자의 일상생활을 동영상으로 기록하여 소셜미디어에 공개한 일련의 게시물을 의미한다.

① 숏폼 콘텐츠
② 기획 콘텐츠
③ 브이로그
④ 브랜디드 콘텐츠

**06** 디지털 미디어는 기업의 통제 권한과 비용 발생 유무에 따라 분류할 수 있다. 다음 설명에 해당하는 미디어를 칭하는 용어는 무엇인가?

- 일반 사용자들이 제품의 구매 후기, 사용 후기 등을 소셜미디어를 통해 공유하는 것을 의미한다.
- 브랜드 정보가 고객 사이에 구전되도록 유도하는 서포터즈, 체험단, 소비자 기자단 등을 활용해 이 미디어의 영향력을 극대화할 수 있다.
- 다른 미디어에 비해 기업의 통제력은 상대적으로 약하다.

① 매스미디어(Mass Media)
② 온드미디어(Owned Media)
③ 페이드미디어(Paid Media)
④ 언드미디어(Earned Media)

**07**  다음 중 소셜미디어 플랫폼의 특징에 대한 설명으로 가장 올바르지 않은 것은?

① 네이버 밴드는 동일한 취향과 취미를 가진 사람들과 소통에 적합하다.

② 인스타그램 스토리는 12시간 동안 콘텐츠를 노출하고 사라진다.

③ 링크드인은 구인 및 구직, 동종업계 정보의 공유에 특화된 플랫폼이다.

④ 틱톡은 15초에서 10분 길이의 숏폼 비디오 형식으로 영상을 게재하고 공유하는 서비스이다.


**08**  다음 중 소셜미디어 마케팅에 대한 설명으로 가장 올바르지 않은 것은?

① 소셜미디어 광고솔루션은 세분화된 고객의 반응을 직접 확인하고 대응하는 것이 가능하다.

② 도달률과 빈도수를 측정하기 어렵다는 점이 소셜미디어를 활용한 유료 광고의 단점이다.

③ 소셜미디어 최적화는 브랜드의 존재감과 커뮤니케이션 효과의 극대화에 초점을 맞춘다.

④ 효과적인 소셜미디어 최적화 캠페인은 긍정적 온라인 구전의 양산을 극대화한다.


**09**  인스타그램에서 사용 가능한 동영상 광고 형식에 대한 설명으로 올바르지 않은 것은?

① 인스타그램 피드에 노출되는 동영상 광고로 9:16 화면 비율을 사용할 수 있다.

② 인스타그램 탐색탭에 노출되는 동영상 광고로 9:16 화면 비율은 사용할 수 없다.

③ 인스타그램 아티클에 노출되는 동영상 광고로 9:16 화면 비율을 사용할 수 있다.

④ 인스타그램 스토리에 노출되는 동영상 광고로 9:16 화면 비율을 사용할 수 있다.

**10** 다음 중 Meta 비즈니스 광고 캠페인 준비 사항에 대한 설명으로 올바르지 않은 것은?

① 인스타그램 지면에만 광고 노출을 원하는 광고주도 반드시 페이스북 페이지를 만들어야 한다.

② 인스타그램의 '슬라이드형' 게시물을 이용해서 '브랜드 인지도 증대' 목표로 광고를 진행할 수 있다.

③ 매출을 위한 전환 캠페인을 세팅하려면 메타 픽셀 전환 이벤트 준비가 필요하다.

④ 페이스북 앱 등록 없이도 앱 설치 캠페인을 실행할 수 있다.

**11** 다음에서 설명하는 기업의 광고 목표에 적합한 Meta for Business의 입찰 방식으로 알맞은 것은?

> 이 기업은 광고에 대한 도달과 광고비용 지출의 예측을 중요하게 생각한다. 한정된 예산으로 선택한 기간에 타깃 고객에게 도달률과 빈도를 기준으로 광고를 집행해야 한다.

① CPV

② oCPM

③ CPS

④ CPC

**12** 다음 중 Meta for Business에서 설정할 수 있는 비즈니스 목표 유형에 해당되지 않는 것은?

① 잠재고객

② 트래픽

③ 앱 홍보

④ 최저 CPC

**13**    새로 출시한 브랜드의 광고 및 홍보가 목적일 때, 다음 중 Meta for Business 캠페인 목표로 적합한 것은?

① 트래픽
② 인지도
③ 참여
④ 판매

**14**    Meta의 광고 플랫폼 내의 광고 만들기는 세 단계로 구성되어 있다. 다음 중 각 단계에 대한 설명으로 가장 적절하지 않은 것은?

① 1단계 캠페인 설정에서 경매 또는 예약의 구매 유형을 결정한다.
② 1단계 캠페인 설정에서 캠페인 목표를 설정해야 한다.
③ 2단계 광고 세트에서 타깃, 입찰 방식, 추적을 설정할 수 있다.
④ 3단계 광고에서 크리에이티브 소스와 형식을 선택하여 광고 만들기를 설정할 수 있다.

**15**    Meta의 광고 경매에서 타깃에 대해 선택된 광고순위를 지정하고 캠페인 목표와 가치에 적합한 광고를 노출한다. 다음 중 경매 광고 순위 낙찰에 영향을 미치는 요소에 해당하지 않는 것은?

① 광고주 입찰가
② 추산행동률
③ 광고주의 고객 리스트 규모
④ 광고 품질

**16** 다음 중 Meta for Business 광고 구매에 대한 설명으로 올바르지 않은 것은?

① 일반적으로 경매 방식을 통해 광고를 구매할 수 있다.

② 구매 유형으로 예약을 선택하면 지정된 CPM으로 광고를 구매할 수 있다.

③ 지정된 CPM으로 광고를 구매하기 위해 선택 가능한 캠페인 목표는 인지도와 참여이다.

④ 메타의 경매는 oCPM(optimized Cost Per Mille) 방식으로 부르기도 한다.

**17** 다음 중 Meta의 광고 시스템을 활용해서 맞춤 타기팅을 생성할 때 Meta가 제공하는 소스가 아닌 것은?

① 인스타그램 또는 페이스북 쇼핑을 통해 광고주의 제품을 구매한 사람들

② 인스타그램 또는 페이스북에서 광고주의 동영상을 시청한 사람들

③ 광고주의 페이스북 이벤트에 반응하거나 참여한 사람들

④ 광고주의 고객리스트에 포함된 이메일 정보

**18** 다음 중 Meta의 유사 타기팅(Lookalike Audience)에 대한 설명으로 가장 올바른 것은?

① 맞춤 타깃을 사용할 때보다 동일한 수의 타깃 소비자에게 광고를 노출할 수 있다.

② 유사 타깃의 규모를 1~10%까지 설정할 수 있으며, 10에 가까울수록 맞춤 타깃과 유사하다.

③ 맞춤 타깃과 유사한 특성을 가진 잠재 고객에게 광고를 노출할 수 있다.

④ 비슷한 유형의 타깃을 최대 10개까지 만들 수 있다.

**19**  다음 페이스북 광고 형식의 유형 중 카탈로그 세팅이 필요한 광고 형식은?

① 이미지 광고
② 슬라이드 광고
③ 스토리 광고
④ 컬렉션 광고

**20**  Meta의 이미지 광고를 효율적으로 운영하기 위한 크리에이티브 제작 원칙으로 옳은 것은?

① 스마트폰 사용자를 위해 9:16의 광고 화면 비율을 반드시 사용해야 한다.
② 이미지 광고에서 허용되는 최대 파일 크기는 30MB이다.
③ 광고에 많은 정보를 노출하기 위해 텍스트 중심으로 제작해야 한다.
④ 최대 픽셀 크기의 허용 사항을 확인해서 광고 크리에이티브의 파일 크기를 최소화 한다.

**21**  Meta에서 노출 지면 옵션으로 Audience Network를 선택해 광고를 집행할 때 특정 퍼블리셔/웹사이트에서 광고가 노출되지 않도록 제어할 수 있는 세팅 방법으로 가장 적절한 것은?

① 노출을 원하지 않는 차단 리스트에 포함된 웹 사이트를 좋아하는 사용자를 제외 타기팅 한다.
② 노출을 원하지 않는 차단 리스트를 생성, 선택하고 동시에 자동노출 위치를 사용한다.
③ 노출 위치 중 Audience Network 선택을 해제하고 광고 노출하지 않는다.
④ Facebook과 Instagram만 캠페인을 진행한다.

**22** 다음 중 Meta에서 활용할 수 있는 광고 캠페인에 대한 설명으로 틀린 것은?

① 인스타그램 계정이 없더라도 인스타그램에 피드 광고를 게재할 수 있다.

② 슬라이드 광고는 최대 15개의 이미지나 동영상을 사용할 수 있다.

③ 매출을 위해 전환 캠페인을 세팅하기 위해서는 메타 전환 이벤트 준비가 필요하다.

④ 컬렉션 광고는 모바일 전용으로 제공되는 광고 상품이다.


**23** 다음 중 Meta의 페이스북에 대한 설명으로 옳지 않은 것은?

① 페이스북 페이지 대신 인스타그램 채널만 운영하는 것이 유리하다.

② 페이스북 광고의 오프라인 매장 방문 성과를 측정할 수 있다.

③ 음식점 템플릿을 활용하면 고객들의 메뉴에 대한 반응을 살펴볼 수 있는 리뷰 기능 설정 가능하다.

④ 서비스 비즈니스 템플릿을 통해 페이스북 예약 기능으로 예약 관리가 가능하다.


**24** 다음 중 Meta에서 활용할 수 있는 동영상 광고 제작에 대한 설명으로 옳지 않은 것은?

① 특정 광고 목표를 선택하면 360도 동영상을 활용할 수 있다.

② 소리가 없더라도 소비자가 이해할 수 있는 동영상을 제작해야 한다.

③ 세로형 동영상을 제작해서 모바일 지면을 최대한 활용해야 한다.

④ 전달하고자 하는 광고의 핵심 메시지는 동영상의 마지막에 노출해야 한다.


**25** 다음 중 인스트림 동영상, 인스턴트 아티클, Audience Network에서 광고주가 차단할 수 있는 콘텐츠 카테고리가 아닌 것은?

① 참사 및 분쟁 콘텐츠

② 성인용 콘텐츠

③ 구인·구직 콘텐츠

④ 혐오 콘텐츠

**26** Meta를 활용해 크리에이터와 퍼블리셔가 콘텐츠로 수익을 획득할 수 있는 방법에 대한 설명이다. 다음 중 설명으로 적절하지 않은 것은?

① 주문형 인스트림 광고로 수익을 얻기 위한 자격요건 중 하나는 팔로워 수 최소 5,000명 이다.

② 주문형 인스트림 광고로 수익을 얻기 위한 자격요건 중 하나는 최근 60일 동안 달성한 시청 시간이 50,000분이다.

③ 팬 구독을 사용하면 충성도 높은 팬이 특별 혜택을 받기 위해 매달 일정 금액을 지불해야 한다.

④ 주문형 인스트림 광고인 프리롤 광고는 동영상이 시작되기 전에 재생된다.

**27** 다음 중 Meta의 앱 패밀리 커뮤니티 규정의 목표와 가치가 아닌 것은?

① 콘텐츠의 진실성 보장을 위한 허위 계정 생성 차단

② 사람의 존엄성과 권리 보장을 위해 괴롭힘과 모욕적인 콘텐츠 차단

③ 개인정보와 사생활 보호를 위한 개인정보 보호 기능 제공

④ 표현의 자유를 위해서 개인 뉴스는 제한 없는 자유 보장

**28** 다음 중 Meta의 비즈니스 광고의 구매 방식에 대한 설명으로 가장 적절한 것은?

① oCPM은 구매 발생 가능성이 높은 타깃 소비자에게 광고 노출을 최적화하는 형태의 입찰 유형이다.

② 실시간 경매 방식으로 구매하면 타기팅, 광고 집행 일정 변경이 불가능하다.

③ CPC(Cost Per Click)로 구매하더라도 보장 노출은 가능하다.

④ 예약 구매 옵션을 사용하기 위한 최소 모수는 500,000명이다.

**29** 다음 중 Meta의 비즈니스 광고와 연관되어 비즈니스 성장을 위해 고객에게 노출할 수 있는 앱에 대한 설명으로 틀린 것은?

① Facebook은 비즈니스 페이지를 통해 타기팅된 광고를 노출할 수 있다.
② Instagram은 사진과 동영상을 공유하며 영감을 얻고 새로운 관계를 만들어 나갈 수 있다.
③ Messenger를 통해 더 많은 신규 고객 확보가 가능하다.
④ WhatsApp을 통해 고객과 친밀한 소통은 기대하기 어렵다.

**30** 다음 중 Meta for Business의 특별 광고 카테고리에 해당하지 않는 것은?

① 주택
② 신용
③ 고용
④ 교육

**31** 약 3개월 전에 전환 픽셀 스크립트 설치를 완료한 온라인 쇼핑몰이 있다. 이 쇼핑몰의 매출 향상을 위해 가장 적절한 캠페인 목표와 최적화 기준은?

① 트래픽 캠페인 목표 및 랜딩페이지 조회 최적화 기준
② 트래픽 캠페인 목표 및 링크 클릭 최적화 기준
③ 판매 캠페인 목표 및 가치 최적화 기준
④ 판매 캠페인 목표 및 일일 예산 도달 최적화 기준

**32** 다음 중 Meta for Business 광고의 타기팅 방식에 대한 설명으로 틀린 것은?

① 핵심 타기팅(Core Audience) : 위치/지역/관심사/연결 관계에 따라 타깃 설정
② 맞춤 타기팅(Custom Audience) : 광고주에게 관심을 표현한 Meta 사용자를 대상으로 타깃 설정
③ 유사 타기팅(Lookalike Audience) : 맞춤 타깃과 유사한 특성을 가진 Meta 사용자를 대상으로 타깃 설정
④ 리타기팅(Retargeting) : 고객 데이터를 기반으로 모든 카테고리에서 최적화된 광고 노출 타깃 설정

**33** 최근 쿠키 지원을 중단하는 브라우저가 증가하면서 웹사이트 전환 추적이 어려워지고, 성과 저하 현상이 발생하고 있다. 이러한 상황에서 캠페인 최적화를 위해 필요한 기능은?

① 메타 픽셀
② 메타 성과 기여
③ 전환 API
④ 고객 리스트 맞춤 타깃 만들기

**34** 다음 중 메타 픽셀(Meta Pixel)에 대한 설명으로 옳지 않은 것은?

① 광고주의 웹사이트와 앱에 설치하여 광고 성과를 측정하고 최적화하기 위한 코드 조각이다.
② 광고주의 진행한 캠페인의 도달 효과를 측정하기 위한 분석 도구이다.
③ 광고 캠페인을 통해 유입된 사용자의 행동 분석이 가능하다.
④ 성과 분석을 통해 광고 전환 최적화 전략 수립이 가능하다.

**35** 다음 중 Meta for Business의 슬라이드 상품에 대한 설명으로 옳지 않은 것은?

① 개별 링크가 포함된 이미지 또는 동영상 10개를 슬라이드 형태로 삽입할 수 있다.

② 분위기가 서로 비슷한 이미지나 동영상을 정사각형 화면 비율로 사용하는 것이 좋다.

③ 가장 성과가 좋은 슬라이드를 맨 뒤에 표시하면 소비자의 클릭을 최대한 유도할 수 있다.

④ 슬라이드 포함된 이미지와 동영상은 동일한 링크를 사용해야 한다.

**36** 다음 중 유튜브 스튜디오의 메뉴에 대한 설명으로 옳지 않은 것은?

① 댓글 : 최근 등록된 댓글을 한꺼번에 관리할 수 있는 메뉴이다.

② 콘텐츠 : 콘텐츠 자막 설정 상태를 제공한다.

③ 수익 창출 : 유튜브에서 수익을 창출할 수 있는 기능을 신청할 수 있다.

④ 저작권 : 내가 올린 영상과 동일한 영상이 업로드된 경우 삭제 요청을 보낼 수 있다.

**37** 다음 중 유튜브에 대한 설명으로 옳지 않은 것은?

① 동영상 조회수로 검색 결과 동영상 순위가 결정된다.

② 전 세계에서 가장 많은 사용자를 보유한 동영상 플랫폼이다.

③ 최근 쇼츠(Shorts) 서비스가 인기를 끌면서 동영상 트래픽이 더욱 늘었다.

④ 동영상을 업로드하기 위해서는 전화번호로 계정 인증을 받아야 한다.

**38** 다음 중 유튜브의 맞춤 동영상 선정에 영향을 미치는 요인이 아닌 것은?

① 유튜브와 전 세계에서 일어나고 있는 일들을 다루는 동영상

② 동영상을 클릭한 사용자들이 해당 영상을 시청한 시간

③ 동영상 공유, 좋아요, 싫어요, 설문조사 등의 시청자 피드백

④ 사용자가 구독 중인 채널과 관련된 영상

**39** 다음 중 구글 애즈에 대한 설명으로 옳지 않은 것은?

① 광고 성과를 확인하고 수정할 수 있다.

② 일반적으로 최대 10개의 계정을 하나의 이메일 주소에 연결할 수 있다.

③ 광고주가 달성하고자 하는 주요 목표를 중심으로 캠페인 목표를 선택할 수 있다.

④ 광고 계정 구조는 '캠페인〉광고그룹〉광고'로 되어있다.

**40** 다음 중 유튜브 인기 급상승 동영상에 영향을 미치는 신호로 가장 적절하지 않은 것은?

① 동영상 조회수 증가 속도

② 동영상 업로드 기간

③ 구독수

④ 조회수

**41** 다음 중 유튜브 파트너 프로그램에 가입하기 위한 조건으로 옳지 않은 것은?

① 모든 유튜브 채널 수익 창출 정책을 준수해야 한다.

② YPP가 제공되는 국가/지역에 거주해야 한다.

③ 구글 계정에 2단계 인증을 사용 설정해 놓아야 한다.

④ 구글 애즈에 가입해야 한다.

**42** 다음 중 유튜브 스튜디오의 '대시보드' 메뉴에서 확인할 수 있는 내용으로 가장 적절하지 않은 것은?

① 유튜브 채널 전반의 수익 창출을 위한 승인 여부를 알 수 있다.

② 저작권 침해 여부를 알 수 있다.

③ 내가 올린 영상과 동일한 영상이 업로드된 채널을 알려준다.

④ 커뮤니티 가이드에 따른 주의, 경고 또는 이의신청 결과를 알 수 있다.

**43** 다음 중 유튜브 스튜디오의 '맞춤 설정' 메뉴 기능으로 가장 적절하지 않은 것은?

① 등록한 동영상, 쇼츠, 라이브, 게시물 등을 관리할 수 있다.

② 유튜브 채널의 프로필과 배경화면 등을 설정할 수 있다.

③ 기업의 상업적인 내용이 들어간 홈페이지에 링크할 수 있다.

④ 재생목록과 추천 영상 등을 설정할 수 있다.

**44** 다음 중 유튜브에서 측정항목이 정확한지 확인하는 방법으로 옳지 않은 것은?

① 측정항목 집계를 변경한다.

② 측정항목 집계를 정지한다.

③ 여러 기기를 사용하여 같은 동영상을 시청하는 경우의 재생 횟수는 제외하기도 한다.

④ 측정항목 집계 속도를 일시적으로 빠르게 한다.

**45** 다음 중 유튜브 인기 급상승 동영상에 대한 설명으로 옳지 않은 것은?

① 인기 급상승 동영상 목록은 약 15분마다 업데이트된다.

② 업데이트될 때마다 목록의 동영상 순위가 오르거나 내려가거나 그대로 유지될 수 있다.

③ 인기 급상승 동영상은 맞춤 설정되기 때문에, 동일한 국가의 모든 시청자에게 동일한 목록으로 표시되지 않는다.

④ 유튜브는 인기 급상승 동영상을 선택할 때 광고 조회수를 포함하지 않는다.

**46** 다음 중 유튜브 '조회수'에 대한 설명으로 옳지 않은 것은?

① 동영상을 정상적으로 조회한 횟수이다.

② 동영상이나 채널의 전반적인 인기도를 측정하는 중요한 기준이다.

③ 공식적인 집계 기준은 콘텐츠를 10초 이상 시청 시 조회수가 인정되는 것으로 공개되어 있다.

④ 동영상을 게시한 후 처음 몇 시간은 조회수가 시스템에 표시되는 데 시간이 걸릴 수 있다.

**47** 다음 중 '이벤트 신청 등을 통해 연락처 정보를 기재하여 제품/서비스에 관심을 남기도록 유도'하는 구글 애즈의 캠페인 목표는 무엇인가?

① 리드

② 판매

③ 앱 프로모션

④ 인지도 및 구매 고려도

**48** 다음 중 사용자가 광고를 시청한 경우에만 비용이 청구되는 캠페인 하위 유형은 무엇인가?

① 동영상 조회수
② 효율적 잠재고객 도달
③ 전환 유도
④ 타깃 게재 빈도

**49** 다음 중 유튜브 광고 용어에 대한 설명으로 옳지 않은 것은?

① 도달 : 광고가 노출된 사람이 얼마인지 보여주는 수치로, 한 유저에게 중복으로 노출된 수치까지 모두 카운팅된다.
② 노출 : 실제 광고 집행 시 유저들에게 광고가 노출된 횟수이다.
③ RPM : 동영상 조회수 1,000회당 발생한 수익을 나타내는 측정항목이다.
④ CPM : 광고 노출이 1,000회 발생할 때마다 광고주가 지불하는 비용이다.

**50** 다음 중 '동영상 도달 범위' 캠페인 하위 유형에 대한 설명으로 가장 적절하지 않은 것은?

① 정해진 예산으로 도달 범위를 극대화한다.
② 개별 시청자에게 정해 놓은 순서대로 광고를 보여준다.
③ 전달하고자 하는 메시지를 모두 사용자에게 전달한다.
④ 동일한 사용자에게 여러 번 도달한다.

**51** 다음 중 동영상 광고 시퀀스에서 선택하는 상호작용 유형에 대한 설명으로 옳지 않은 것은?

① 조회 : 건너뛸 수 있는 인스트림 광고를 광고 형식으로 사용하는 캠페인에만 사용할 수 있다.

② 조회 : 광고를 보는 사용자가 광고에 참여했거나 광고를 30초 이상 시청했다(30초 미만 광고는 광고 전체를 시청함).

③ 건너뛰기 : 시청자가 광고를 건너뛰었다.

④ 노출 : 건너뛸 수 있는 인스트림 광고를 광고 형식으로 사용하는 캠페인에만 사용할 수 있다.

**52** 다음 중 유튜브 광고를 등록하는 과정에서 광고그룹의 콘텐츠 기반 설정에 대한 설명으로 옳지 않은 것은?

① 키워드 : 관련된 검색어를 선택하여 콘텐츠를 타기팅 하는 기능이다.

② 잠재고객 세그먼트 : 엔터테인먼트, 여행, 음악 애호가 등 구글 애널리틱스(GA)를 바탕으로 관련 사용자를 선정한다.

③ 주제 : 표시하고 싶은 콘텐츠의 주제를 선택하여 타기팅 한다.

④ 게재 위치 : 유튜브 채널, 유튜브 영상, 동영상 라인업, 웹사이트, 앱 카테고리 등을 직접 지정할 수 있다.

**53** 다음 중 유튜브 광고의 '건너뛸 수 있는 인스트림 광고'에 대한 설명으로 옳지 않은 것은?

① 동영상 전후 또는 중간에 홍보하고자 하는 동영상 콘텐츠가 있을 때 사용할 수 있는 광고이다.

② 시청자가 모바일 앱 내에서 다음 동영상으로 넘어가기 전에 전체 화면 전면 광고로 재생된다.

③ 시청자는 5초가 지나면 광고를 건너뛸 수 있다.

④ 유튜브 검색 결과 및 관련 유튜브 동영상 옆, 유튜브 모바일 홈페이지에 광고가 게재된다.

**54** 다음 중 유튜브 카테고리 중심 동영상 광고에 대한 설명으로 옳지 않은 것은?

① 세로 영상 형식의 전체화면 환경은 모바일 영상 뷰어의 캠페인 참여도를 높이는 데 도움이 된다.

② 유튜브 검색을 제외한 인피드, 인스트림, 쇼츠에 세로 영상이 지원된다.

③ 유튜브 외부에서는 구글 동영상 파트너에도 광고가 게재되어 더 많은 사용자에게 도달한다.

④ 세로 방향 영상은 데스크톱 사용자에게 인피드로 게재될 수 있다.

**55** 다음 중 범퍼 광고에 대한 설명으로 옳지 않은 것은?

① 짧고 기억하기 쉬운 메시지로 광범위한 고객에게 도달하고자 할 때 사용하는 광고이다.

② 광고 길이는 6초 이하이다.

③ 시청자는 건너뛰기 버튼을 클릭하여 광고를 건너뛸 수 있다.

④ 다른 동영상 전후 또는 중간에 재생된다.

**56** 다음 중 구글의 아웃스트림 광고에 대한 설명으로 옳지 않은 것은?

① 제목, 배너, 링크 등을 클릭하면 과금되는 CPV 방식이다.

② 음소거 상태로 재생되며, 시청자가 광고를 탭하여 음소거를 해제할 수 있다.

③ 구글 동영상 파트너의 다양한 게재위치에 게재되는 모바일 전용 광고이다.

④ 모바일 웹에서 배너 게재위치에 광고가 노출된다.

**57** 다음 중 유튜브 컴패니언 동영상에 대한 설명으로 옳지 않은 것은?

① 주요 광고 우측이나 하단에 함께 노출되는 광고를 말한다.

② 데스크톱에서 마스트헤드 광고 옆에 표시되는 동영상이다.

③ 별도로 2개의 유튜브 동영상을 추가해야 하며 동일한 채널의 동영상이어야 한다.

④ 마스트헤드와 함께 판매한다.

**58** 다음 유튜브 광고 타기팅 전략 중 사용자 행동 타기팅인 것은 무엇인가?

① 언어 타기팅

② 인구통계 타기팅

③ 제외 타기팅

④ 관심분야 및 습관 정보

**59** 다음 중 구글 애즈의 게재위치 타기팅의 특징으로 옳지 않은 것은?

① 선택한 특정 게재위치에 광고를 게재할 수 있다.

② 내 고객이 시간을 보내는 게재위치에 광고를 게재할 수 있다.

③ 브랜드의 타깃이 매우 넓고 명확하지 않은 경우 유용한 타기팅 전략이다.

④ 개별 게재위치 입찰가를 설정하여 게재위치에서 발생하는 트래픽 양을 조절할 수 있다.

**60** 다음 중 구글 애즈의 주제 타기팅의 특징으로 옳지 않은 것은?

① 특정 주제와 관련된 다양한 게재위치에 광고를 게재할 수 있다.

② 넓은 브랜드 아이덴티티를 구축하고 비즈니스와 특정 라이프 스타일을 연관 지을 때 효과적인 타기팅이다.

③ 캠페인 예산을 유연하게 또는 제한 없이 책정한 경우 적절한 타기팅이다.

④ 하위 주제를 모두 추가하는 것과 최상위 주제 하나를 추가하는 것은 같다.


**61** 다음 중 구글 애즈의 인구통계 타기팅에 대한 설명으로 옳지 않은 것은?

① 특정 연령대, 성별, 자녀 유무, 가계 소득 범위에 속할 가능성이 큰 잠재고객에게 도달할 수 있다.

② 연령 구분은 '만 1~24세', '만 25~34세', '만 35~44세', '만 45~54세', '만 55~64세', '만 65세 이상', '알 수 없음'으로 되어 있다.

③ 주택 소유, 교육 수준 등 상세한 인구통계를 잠재고객 유형으로 사용할 수 있다.

④ 상세한 인구통계를 광고그룹 또는 캠페인에 추가할 수 있다.


**62** 다음 중 잠재고객 세그먼트 및 소스, 통계를 이용하여 새 잠재고객 세그먼트와 소스를 관리할 수 있는 구글 애즈 도구는 무엇인가?

① 구글 애널리틱스

② 구글 플레이

③ 스튜디오 콘텐츠 관리자

④ 잠재고객 관리자

**63** 다음 중 유튜브의 내 데이터 세그먼트(리마케팅)에 대한 설명으로 옳지 않은 것은?

① 유튜브에서 과거에 상호작용을 했던 유저를 대상으로 다시 마케팅하는 것을 의미한다.

② 1개 유튜브 채널에 최대 1개의 구글 애즈 계정을 연동할 수 있다.

③ 내 웹사이트 또는 모바일 앱을 이용한 사용자에게 광고를 게재할 수 있다.

④ '초기 목록 크기'에서는 최근 30일 사이에 내 채널에서 활동한 적이 있는 사용자의 목록을 만들 수 있다.

**64** 다음 중 유튜브 채널을 구글 애즈 계정에 연결하는 것을 통해 도달할 수 있는 사용자 목록으로 옳지 않은 것은?

① 채널의 동영상을 조회한 사용자

② 특정 동영상을 광고로 조회한 사용자

③ 채널을 구독한 사용자

④ 채널의 동영상을 공유한 사용자

**65** 다음 중 구글 애즈의 도달범위 플래너에 대한 설명으로 옳지 않은 것은?

① 순 사용자 도달범위, 조회수, 전환수를 중심으로 미디어 계획을 정확하게 만들 수 있다.

② 데이터는 제3자가 유효성을 검증했다.

③ 가능한 한 최신 데이터를 제공하기 위해 매일 업데이트된다.

④ 데이터는 실제 도달범위 및 입찰가와 일치한다.

**66** 다음 중 도달범위 플래너 사용 시 선택할 수 있는 가격 옵션에 대한 설명으로 옳지 않은 것은?

① 입찰 : CPV가 있는 광고에만 입찰이 가능하다.
② 빠른 예약 : 고정 CPM으로 목표 노출수를 구매할 수 있다.
③ 빠른 예약 : 범퍼 광고, 건너뛸 수 있는 인스트림 광고 또는 건너뛸 수 없는 인스트림 광고를 CPM 방식으로 사용하는 유튜브 캠페인에서만 사용할 수 있다.
④ 요율표 : 특별 광고 형식 또는 유튜브 Select 게재위치에 미리 설정된 가격이 적용된다.

**67** 다음 중 의도적인 사기 트래픽 및 의도하지 않은 클릭 또는 중복 클릭 등 실제 사용자의 관심과는 무관하게 발생한 유튜브 광고 클릭 및 노출을 의미하는 용어로 가장 옳은 것은?

① 무효 클릭
② 부정 클릭
③ 무효 트래픽
④ 부정 노출

**68** 다음 중 구글 애즈 보고서를 활용하는 방법으로 옳지 않은 것은?

① '저장된 보고서' 중 12개월 이상 액세스하지 않은 보고서는 계정에서 자동으로 삭제된다.
② 시간 절약을 위해 데이터 분석 목적에 따라 언제든지 편리하게 이용할 수 있는 '사전 정의 보고서'가 제공된다.
③ '표준 보고서'를 작성할 때는 보고서 편집기 도구를 사용하여 보고서에 포함할 열, 행 및 값 등을 선택해야 한다.
④ '통계 및 보고서'를 사용하면 저장된 보고서에 쉽게 액세스할 수 있다.

**69** 다음 중 카카오비즈니스에 대한 설명으로 옳지 않은 것은?

① 한 번의 약관 동의/가입으로 카카오의 여러 비즈니스 서비스를 추가 약관 동의 없이 바로 사용할 수 있도록 하는 통합 서비스 개념이다.

② 카카오비즈니스 회원 전환으로 카카오의 주요 비즈니스 서비스 및 개발 예정인 신규 서비스를 모두 사용할 수 있다.

③ 카카오에서 제공하는 비즈니스 서비스를 한곳에서 볼 수 있는 통합 비즈니스 플랫폼이다.

④ 카카오톡 채널, 카카오디벨로퍼스, 챗봇 관리자센터 등을 서비스하고 있다.


**70** 다음 중 카카오모먼트에 대한 설명으로 옳지 않은 것은?

① 카카오의 대표 광고 플랫폼이다.

② 사업자등록번호가 없는 광고주는 본인인증 후 신규 광고계정 생성이 가능하다.

③ 카카오의 빅데이터를 바탕으로 고도화된 타기팅을 지원한다.

④ 카카오커머스, 카카오톡 예약하기 등을 이용할 수 있다.


**71** 다음 중 카카오모먼트 광고계정에 대한 설명으로 옳지 않은 것은?

① 개인 광고계정은 세금계산서 발행이 불가하다.

② 개인 광고계정 생성 후 사업자등록번호를 추가 등록할 수 있다.

③ 개인 광고계정은 멤버에게 마스터 권한 위임이 불가하다.

④ 광고계정은 1개의 카카오 계정당 1,500개까지 생성할 수 있다.

**72** 다음 중 카카오 비즈보드 상품에 대한 특징을 옳지 않은 것은?

① 카카오톡 채팅탭의 메가트래픽을 활용하여 최적의 광고 효율을 이끌어낼 수 있는 상품이다.

② '카카오모먼트 관리자센터'에서 광고 등록부터 맞춤 타기팅, 보고서 확인까지 직접 운영할 수 있어 효율 관리에 용이하다.

③ 카카오톡 PC 지면을 선점할 수 있는 보장형 디스플레이 광고이다.

④ 챗봇 등 다양한 카카오 비즈솔루션으로 최종적인 마케팅 액션까지 막힘없이 연결할 수 있다.


**73** 다음 중 카카오 비즈보드 유형에서 선택할 수 있는 광고 목표가 아닌 것은?

① 조회

② 전환

③ 방문

④ 도달


**74** 다음 중 내 카카오톡 채널 사용자에게 광고/이벤트/소식 메시지를 발송할 수 있는 광고 유형은 무엇인가?

① 카카오 비즈보드 CPT

② 디스플레이 광고

③ 카카오톡 채널

④ 브랜딩 메시지 디스플레이

**75** 다음 중 밴드 파트너센터에서 집행할 수 있는 네이버 밴드 광고 상품은 무엇인가?

① 알림 광고
② 디스플레이 광고
③ 소셜 광고
④ 네이티브 광고

**76** 다음 중 네이버 밴드 소셜미디어의 특징으로 옳지 않은 것은?

① 타 SNS 대비 20대 미만의 사용자 비중이 높다.
② 지인 기반 소셜미디어로 최근에는 소모임 밴드 기능을 바탕으로 인기를 끌고 있다.
③ 밴드 월간 이용자 수는 1,800만 이상으로 탄탄한 유저층을 보유하고 있다.
④ 게시판 서비스로 채팅, 사진첩, 주소록, 투표 등 다양한 기능을 제공한다.

**77** 다음 중 네이버 밴드 알림 광고 발송에 대한 설명으로 옳지 않은 것은?

① 발송권을 사용하여 알림을 발송하려면 알림 정액상품을 구매해야 한다.
② 세금계산서는 충전금으로 충전한 금액에 대해 당월 말에 발행된다.
③ 알림은 파트너 정보 입력 익일부터 발송 가능하다.
④ 파트너 정보를 개인으로 입력한 경우, 세금계산서 발행을 신청했을 경우에만 발행된다.

**78** 다음 중 밴드 소셜 광고의 캠페인 유형이 아닌 것은?

① 밴드 알리기
② 밴드 게시글 홍보하기
③ 밴드 스티커를 활용한 보상형 광고
④ 밴드 알림 보내기

**79** 다음 중 틱톡에 대한 설명으로 옳지 않은 것은?

① 정해진 음악을 베이스로 설정 후 영상을 찍을 수 있다.
② 스티커 및 다양한 이펙트 효과를 줄 수 있다.
③ 짧은 길이의 비디오 영상을 제작/공유할 수 있는 미국의 숏폼 동영상 플랫폼이다.
④ 한국에서는 2017년에 정식으로 서비스를 시작했다.

**80** 다음 중 온라인상에서 실시간으로 소통하며 쇼핑하는 서비스를 의미하는 용어는 무엇인가?

① 온라인 쇼핑
② 커뮤니케이션 쇼핑
③ 라이브 커머스
④ 홈 커머스

▶ 정답 및 해설 322p

**01** 다음 중 소셜미디어의 특징이 아닌 것은?

① 웹 3.0 기술 기반으로 발전
② 광고와 홍보의 경계가 약화
③ 고객의 반응을 직접적으로 확인하고 대응 가능
④ 무료 또는 적은 예산으로 운영할 수 있다.

**02** 소셜미디어 광고가 매스미디어 광고에 대해 우위를 보이고 있는 분야는?

① 메시지의 대량 전달
② 중장년층에게 메시지 전달
③ 전파 매체의 활용
④ 정교한 타겟팅

**03** 컴퓨터를 이용하여, 사용자가 마치 어떤 실제의 세계에 놓여 있는 것처럼 느낄 수 있게 만든 가상의 세계를 뜻하는 말로서, 안경처럼 머리에 착용하는 화면 장치와 몸이나 손의 움직임을 감지하는 입력 장치가 사용되는 환경을 무엇이라고 하는가?

① 가상현실                    ② 증강현실
③ 메타버스                    ④ 인공지능

**04** 2006년 7월 15일 본격적으로 서비스 시작된 서비스로서, 140자의 짧은 포스팅으로 소통하는 것이 특징인 SNS는 무엇인가?

① 트위터                     ② 페이스북
③ 메신저                     ④ 틱톡

**05** 다음 설명과 가장 관련이 깊은 SNS는 무엇인가?

> • 2002년에 리드 호프먼이 주도하여 시작된 세계 최대의 비즈니스 전문 소셜네트워크 플랫폼
> • 2016년 기준으로 약 262억 달러(31조원)에 Microsoft에 인수
> • 2021년 기준 약 7억명의 회원을 보유

① 트위터
② 틱톡
③ 링크드인
④ 유튜브

**06** 소셜미디어 마케팅에 대한 설명으로 틀린 것은?

① 기업의 제품과 서비스, 브랜드를 알리기 위해 소셜미디어 플랫폼(또는 SNS)을 사용하는 마케팅을 말한다.
② 유료 광고는 사용하지 않는다.
③ 소셜미디어 최적화는 소셜미디어 마케팅의 일부이다.
④ 소셜미디어 최적화의 초점은 소셜미디어 콘텐츠에 대한 유기적인 연결을 확보하는 것이다.

**07** 소셜미디어 최적화에 대한 설명 중 잘못된 것은?

① 소셜미디어 최적화는 소셜미디어 마케팅 방법 중 하나이다.
② 비즈니스의 입장에서 볼 때, 소셜미디어 최적화는 유기적인(Organic) 방법을 사용하여 기업의 브랜드, 제품, 서비스 등에 대해 최대한의 노출을 달성함으로써 인지도와 트래픽을 높이는 작업이다.
③ 웹 트래픽을 생성하고 웹 사이트에 대한 인지도를 높이는 것이 목표라는 점에서 검색엔진 최적화(SEO)와 유사하다.
④ 소셜미디어 최적화의 초점은 소셜미디어 콘텐츠를 효과적인 광고를 통해 널리 알리는 것이다.

**08** SNS에 대한 설명 중 틀린 것은?

① SNS는 Social Network System의 약자이다.

② 소셜미디어는 SNS의 발전에 힘입어 함께 발전했다.

③ 최근 인기를 끈 클럽하우스(Clubhouse)는 음성을 매개로 한 SNS이다.

④ 초기의 SNS는 온라인 커뮤니티 형식이었다.

**09** Meta 광고의 노출 위치별 권장 이미지 비율로서 틀린 것은?

① 피드 : 이미지는 1:1, 동영상은 세로 4:5 비율

② 스토리 : 세로 9:16 비율(전체 화면 활용)

③ 동영상 슬라이드 : 1:1 비율(모든 동영상 동일하게)

④ 인스트림 동영상 : 세로 9:16 비율

**10** Meta 광고의 입찰에 대해 잘못 설명한 것은?

① Meta의 광고를 구성하는 3단계 중 입찰가를 설정하는 단계는 광고 세트이다.

② Meta 광고 경매에 영향을 미치는 요소는 입찰가, 추산 행동률, 광고 품질이다.

③ 입찰가를 높게 설정한 광고주와 낮게 설정한 광고주가 입찰 경쟁을 하면 높게 설정한 광고주가 항상 낙찰된다.

④ 도달 및 빈도구매의 광고비는 CPM 방식으로 지불된다.

**11** Meta 광고의 단계별로 생성 가능한 수량에 대해 틀린 것은?

① 최대 5,000개의 캠페인을 보유할 수 있다.

② 최대 5,000개의 광고 세트를 보유할 수 있다.

③ 최대 총 5,000개의 광고를 보유할 수 있다.

④ 광고 세트당 최대 100개의 광고를 포함할 수 있다.

**12** Meta 광고의 광고 게재 최적화 기준 중 일일고유도달이 뜻하는 것은?

① 최대한 많은 사람에게 광고를 게재한다.

② 타겟에게 최대 하루 한 번 광고를 표시한다.

③ 정해진 타겟에 대해 하루 예산을 고려하여 최대한 빈도를 높여 노출한다.

④ 일일 광고 비용에 맞게 '페이지 좋아요'를 더 많이 받을 가능성이 높은 적절한 사람들에게 광고를 게재한다.


**13** Meta 광고의 맞춤 타겟을 얻기 위한 소스 중 내 소스(광고주의 소스)에 속하는 것은?

① 동영상

② 이벤트

③ 웹사이트

④ Facebook 페이지


**14** Meta 광고 중 내 소스에 관련된 내용이 아닌 것은?

① 내 소스로부터 얻는 맞춤 타겟은 Meta가 자체적으로 수집한 맞춤 타겟이 아니다.

② API를 사용하여 광고주의 웹사이트에서 얻은 타겟이거나, SDK를 사용하여 광고주의 모바일 웹으로부터 얻은 타겟이다.

③ 마케팅 API를 사용하면 고객 정보를 활용해 맞춤 타겟을 만들 수 있다.

④ 내 소스를 활용한 맞춤 타겟에는 이메일 주소, 전화번호, 이름, 생년월일, 성별, 위치, 앱 사용자 ID, 페이지 범위 사용자 ID, Apple 광고 ID(IDFA) 또는 Android 광고 ID가 포함된다.


**15** 다음 중 Meta 광고의 유사 타겟에 대해 잘못 설명한 것은?

① 유사 타겟은 기존 타겟과 유사한 타겟을 말한다.

② 광고에 반응을 보일 가능성이 있는 사람들에게 빠르고 효과적으로 도달 가능하다.

③ 1%에 가까울수록 유사성은 높지만 범위가 좁아지고, 10%에 가까울수록 유사성은 떨어지지만 범위가 넓어진다.

④ 지역 또는 국가를 선택할 수 없다.

**16** 도달 및 빈도 구매에 대해여 잘못 설명한 것은?

① 누구에게 얼마나 자주 노출할 것인가를 관리하고자 할 때 사용한다.

② 최소 10만명의 타겟이 필요하다.

③ 모든 광고주가 사용할 수 있는 구매 방식은 아니다.

④ 경매 방식보다 광고 게재량 예측이 용이하다.


**17** 컬렉션 광고를 만들기 위한 인스턴트 경험 템플릿의 종류가 아닌 것은?

① 스토어

② 룩북

③ 신규 고객 확보

④ 기존 고객 유지


**18** Meta 광고에서 자동 노출 위치와 관련되어 잘못된 설명은?

① 예산을 극대화하고 더 많은 사람에게 광고를 게재하는 데 도움이 된다.

② 광고 세트의 성과가 가장 좋을 것으로 예상되는 노출 위치에 광고 세트의 예산을 할당한다.

③ 광고를 표시할 위치를 직접 선택한다.

④ Facebook, Instagram, Audience Network, Messenger에서 구성한 설정에 맞게 광고를 사용 가능한 모든 노출 위치에 게재한다.


**19** 웹사이트 내에서 발생하는 행동(이벤트)을 파악하여 Meta에 보고할 수 있도록 만든 코드를 무엇이라고 하는가?

① SDK

② API

③ 픽셀

④ 쿠키

**20** 다음 중 광고 지출 대비 수익률(ROAS)을 옳게 설명한 것은?

① 구매 또는 장바구니에 담기 같은 특정 행동이 실행된 횟수

② 전체 노출 중 클릭수의 비율

③ 매출을 광고비용으로 나눈 것

④ 전체 방문 횟수 중 전환이 발생한 비율

**21** 이미지와 제목 같은 크리에이티브 요소를 이용하여 타겟별 버전을 자동으로 생성할 수 있는 기능을 무엇이라고 하는가?

① 다이내믹 광고

② 다이내믹 크리에이티브

③ 맞춤형 광고

④ 자동 게재 위치

**22** Facebook과 Instagram 광고에 대한 정보를 알아보고, 모의 광고를 만들 수 있는 공간을 무엇이라고 하는가?

① 크리에이티브 스튜디오

② 크리에이티브 허브

③ Meta 광고 관리자

④ Meta 크리에이티브 센터

**23** Facebook Shop에 대한 설명 중 잘못된 것은?

① Shop을 만들기 위해서는 비즈니스 페이지와 카탈로그가 있어야 한다.

② 비즈니스 페이지와 카탈로그가 없다면 shop을 만들 때 함께 만들 수도 있다.

③ Instagram에 shop을 만들기 위해 Instagram 비즈니스 계정도 있어야 한다.

④ Instagram에만 shop을 만들 때에도 Facebook 비즈니스 페이지가 필요하다.

PART 3

**24** Meta에서 카탈로그를 관리하는 곳은?

① 광고 관리자
② 커머스 관리자
③ 제품 관리자
④ 컬렉션 관리자

**25** Meta 광고를 위해 카탈로그에 상품을 추가하는 방법 중 하나가 아닌 것은?

① 수동
② 데이터 피드
③ 픽셀
④ SDK

**26** Meta 픽셀의 활용에 대한 설명 중 잘못된 것은?

① 적합한 사람들에게 광고를 노출할 수 있다.
② 매출을 늘리는 데 도움이 된다.
③ 광고 성과를 측정하는 데 사용된다.
④ 쿠키 지원을 중단하는 브라우저가 늘어나도 픽셀 활용에는 문제가 없다.

**27** 클릭수, 노출수, 조회수 같은 전통적인 측정항목 대신 광고 회상, 브랜드 인지도, 고려도 같은 측정항목에 중점을 두는 구글의 광고 효과 측정도구는 무엇인가?

① 브랜드 광고 효과(Brand Lift)
② 브랜드 서베이
③ 픽셀 및 SDK
④ A/B 테스트

**28**    Meta 광고에 대해 잘못 설명한 것은?

① Meta에서 광고를 집행하기 위해서는 반드시 최소 하나의 Facebook 페이지가 있어야 한다.

② Facebook 페이지가 없으면 계정 생성을 완료할 수 없기 때문에 광고를 집행할 수 없다.

③ Instagram에만 광고하려고 해도 Facebook 페이지가 있어야 한다.

④ 비즈니스 관리자 대신 개인 계정을 사용하면 광고를 집행할 수 없다.


**29**    Meta의 효과적인 모바일 동영상 광고를 위한 권장사항 중 잘못된 것은?

① 동영상 길이가 15초 이하이면 사람들이 동영상을 끝까지 시청할 확률이 높아짐

② 제품 또는 브랜드가 첫 15초 이내에 나타나도록 편집할 것

③ 가장 흥미로운 부분을 동영상 초반에 배치할 것

④ 가로 방향 또는 정사각형 동영상을 사용할 것


**30**    인스타그램 커뮤니티 가이드라인 내용과 거리가 먼 것은?

① 직접 촬영했거나 공유할 권한이 있는 사진과 동영상만 공유해야 한다.

② 다양한 사람들이 즐길 수 있는 사진과 동영상을 게시해야 한다.

③ Instagram을 함께 사용하는 커뮤니티 멤버를 존중해야 한다.

④ 큰 사건은 최대한 빨리 게시해야 한다.


**31**    Meta 광고의 성과 측정과 관련하여 다음 중 틀린 설명은?

① 광고의 목표가 트래픽 확보일 때 '클릭수'가 높을수록 좋다.

② 광고 지출 대비 수익률이 높을수록 광고 효율이 좋은 것이다.

③ 전환 API를 픽셀과 함께 사용하면 Facebook 광고 캠페인의 성과 및 측정을 개선하는 데 도움이 된다.

④ 오프라인 전환을 측정하기 위해 매장 컴퓨터에 픽셀을 설치한다.

**32** 사람들이 비즈니스의 웹사이트, 모바일 앱 또는 매장에서 취하는 행동(조회, 장바구니에 담기, 구매)을 추적한 것을 무엇이라고 하는가?

① 이벤트 데이터 소스
② 전환 추적 데이터
③ 픽셀 분석
④ Meta 소스

**33** 다음 중 특별광고 카테고리에 속하지 않는 것은?

① 어린이 대상 광고
② 신용
③ 고용
④ 정치

**34** Meta 광고 캠페인의 '관심유도' 목표 중 '참여'에 해당하는 행동은 무엇인가?

① 조회 또는 클릭
② 클릭 또는 구매
③ 좋아요, 댓글 또는 공유
④ 메시지를 통한 소통

**35** Meta 광고에 대해 잘못 설명한 것은?

① Meta 광고 경매에 영향을 미치는 요소는 입찰가, 추산 행동률, 광고 품질이다.
② 앱 설치라는 캠페인 목표로 동영상 광고를 집행할 수 있다.
③ 슬라이드 광고를 10장의 이미지로 만들 때, 가로 세로 비율을 다양하게 하는 게 좋다.
④ 인스턴트 경험은 모바일 환경에서만 열린다.

**36** 다음 글이 설명하는 것은 무엇인가?

> • 다양한 관점의 전문 지식과 업무 방식을 가진 전 세계의 비즈니스 전략가, 최신 트렌드 전문가, 미래학자, 기획자, 문화기술자, 기자, 데이터 분석가로 구성된 팀을 말한다.
> • 여기서 나온 글로벌 분석 정보, 대담한 관점, 인터랙티브 보고서, 데이터 도구를 통해 전략의 효과를 극대화할 수 있다.

① Meta Foresight(Facebook IQ)
② Meta Business Suite
③ Meta Analytics
④ Meta Blueprints

**37** 다음 중 유튜브에 대해 잘못 설명한 것은?

① 유튜브 동영상의 평균 길이는 약 12분 내외이다.
② PC보다 모바일 시청이 많다.
③ 뉴스, 연예, 스포츠 등 일반적인 주제를 벗어나 세분화된 콘텐츠 주제로 시청하는 사람들이 늘어나고 있다.
④ 사용자 수 기준으로 세계 최대의 소셜미디어 플랫폼이다.

**38** 유튜브 및 디스플레이 네트워크에서 동영상 캠페인의 가치를 추적할 수 있는 지표는?

① CPC
② 조회율
③ 도달 및 빈도
④ 노출수

**39** 유튜브 광고 품질에 대한 설명 중 잘못된 것은?

① 광고 품질이 높으면 CPC가 낮다.
② 광고 품질이 높으면 광고 게재순위가 상승한다.
③ 광고 품질 통계는 광고의 순위 기준을 설정한다.
④ 키워드 검색에 사용된 기기에 따라 품질 평가 점수가 달라질 수 있다.

**40** 다음 중 유튜브 동영상 광고 캠페인을 최적화하는 방법이 아닌 것은?

① 다양한 광고 소재를 만든다.

② 조회율을 높인다.

③ 타겟팅 범위를 좁힌다.

④ 입찰가를 낮춘다.

**41** 유튜브 광고 캠페인의 목표로 적당하지 않은 것은?

① 판매

② 리드

③ 트래픽

④ 메시지

**42** 건너뛸 수 없는 인스트림 광고에 대해 틀린 설명은?

① 광고의 길이는 20초 이하이다.

② 다른 동영상 전후 또는 중간에 재생된다.

③ 광고가 완전히 끝날 때까지 건너뛸 수 없다.

④ 자격 요건에 따라 YouTube TV에도 게재될 수 있다.

**43** 다음 중 컴패니언 배너에 대해 잘못 설명한 것은?

① 데스크탑(PC) 전용 상품이다.

② 배너 클릭만 하면 동영상을 제대로 보지 않아도 과금된다.

③ 시청자가 컴패니언 배너를 클릭하면 캠페인을 만들 때 제공한 웹사이트 URL로 이동
   한다.

④ 건너뛸 수 없는 인스트림 광고로 이동할 수 없다.

**44** 건너뛸 수 있는 인스트림 광고에 대한 설명 중 틀린 것은?

① 유튜브와 Google 동영상 파트너에서 운영하는 웹사이트 및 앱에서 다른 동영상 전후 또는 중간에 홍보하고자 하는 동영상 콘텐츠가 있을 때 사용하면 좋다.

② 유튜브 보기 페이지와 Google 동영상 파트너에서 운영하는 웹사이트 및 앱에 게재된다.

③ CPV 입찰을 사용하는 경우 시청자가 동영상을 15초 지점까지 보았을 때 과금된다.

④ 타겟 CPM, 타겟 CPA, 전환수 최대화 입찰을 사용하는 경우 노출수를 기준으로 비용을 지불한다.

**45** 다음 중 인피드 동영상 광고에 대해 잘못 설명한 것은?

① 동영상의 썸네일 이미지와 텍스트로 구성된다.

② 시청자가 썸네일을 클릭하여 광고를 실제로 시청한 경우에만 비용이 청구된다.

③ 자동재생도 광고의 동영상 조회수에 포함된다.

④ 제품 및 브랜드 구매 고려도 증대를 목표로 한다.

**46** 범퍼 광고에 대한 설명으로 옳은 것은?

① 10초짜리 광고가 가능하다.

② 광고를 건너뛸 수 있다.

③ CPV 방식으로 과금된다.

④ 짧고 기억하기 쉬운 메시지로 광범위한 고객에게 도달하고자 할 때 사용한다.

**47** 다음에서 설명하는 유튜브 동영상 광고의 종류는 무엇인가?

> • 동영상의 썸네일 이미지와 텍스트로 구성된다.
> • 광고의 정확한 크기와 모양은 게재 위치에 따라 달라질 수 있다.
> • 동영상 썸네일 이미지나 텍스트를 클릭하면 YouTube 보기 페이지 또는 채널 홈페이지에서 동영상이 재생된다.
> • CPV 방식으로 과금된다.
> • 자동재생은 광고의 동영상 조회수에 포함되지 않는다.

① 인피드 동영상 광고
② 건너뛸 수 없는 인스트림 광고
③ 범퍼 광고
④ 아웃스트림 광고

**48** 다음 중 유튜브 마스트헤드 광고에 대해 잘못 설명한 것은?

① 새로운 제품이나 서비스에 대한 인지도를 높이거나, 할인 행사와 같이 단기간 내에 방대한 잠재 고객에게 도달하고자 할 때 사용한다.
② 기본적으로 소리는 나지 않는다.
③ Google Ads에서 광고주가 직접 관리할 수 있다.
④ CPM 과금 방식을 사용할 수 있다.

**49** CPV 입찰 방식으로 건너뛸 수 있는 인스트림 광고를 집행할 때 과금 기준에 해당하지 않는 것은?

① 40초 광고 중 30초 시청
② 20초짜리 광고 중 18초 시청
③ 동영상 광고를 클릭
④ 동영상 광고를 공유

**50** 동영상 광고 시퀀스 캠페인에서 사용할 수 있는 템플릿 중 하나가 아닌 것은?

① 스토리 보드 및 순서
② 메시지 전달 및 액션 유도
③ 관심 유도 및 안내
④ 참여 유도 및 차별화

**51** 유튜브 광고를 위해 리마케팅 목록을 생성하고자 한다. Google Ads의 어떤 메뉴를 사용해야 하는가?

① 도달 범위 플래너
② 잠재 고객 관리자
③ 애셋 라이브러리
④ 비즈니스 데이터

**52** 유튜브 광고 순위 계산에 반영되는 요소가 아닌 것은?

① 입찰가
② 입찰 시점의 CTR 측정치
③ 관련성
④ 동영상 길이

**53** 다음 중 유튜브 광고에 대해 잘못된 설명은?

① 유튜브 품질 평가 점수는 1보다 10이 좋은 것이다.
② 건너뛸 수 있는 인스트림 광고는 6초 후에 건너뛸 수 있다.
③ 건너뛸 수 없는 인스트림 광고의 영상은 15초를 넘길 수 없다.
④ 범퍼 광고는 건너뛸 수 없다.

**54** 유튜브의 일부 공개 상태에서 할 수 없는 기능은?

① URL 공유
② 채널 섹션에 추가
③ 검색에 노출
④ 댓글 작성


**55** 다음 중 동영상 액션 캠페인에 대해 잘못된 설명은?

① 캠페인을 확장하여 유튜브 안팎의 더 많은 위치에 광고를 게재하고, 최소 CPA를 기준으로 최적화하면서 더 많은 전환을 유도할 수 있다.
② 동영상을 사용하여 내 비즈니스, 서비스 또는 제품에 대한 액션을 유도하려는 경우에 적합하다.
③ 동영상 광고를 확장하거나 CPA 실적 및 효율성을 높이려는 경우에 적합하다.
④ 캠페인에서 이미 전환 추적을 사용하고 있는 경우는 사용할 필요 없다.


**56** 다음 중 사용자 타겟팅의 세부항목으로 적당하지 않은 것은?

① 성별
② 구매 의도
③ 합성 세그먼트
④ 키워드 타겟팅


**57** 유튜브와 디스플레이 네트워크에 속한 웹사이트, 동영상, 채널, 앱, 앱 카테고리 등 광고를 게재할 위치를 구체적으로 선택할 수 있는 타겟팅 방법을 무엇이라고 하는가?

① 합성 세그먼트 타겟팅
② 콘텐츠 타겟팅
③ 맞춤 조합 세그먼트 타겟팅
④ 사용자 타겟팅

**58** Meta 광고의 타겟에 대해 잘못 설명한 것은?

① 나이는 1년씩 끊어서 타겟을 만들 수 있다.

② 요가에 관심 있는 사람을 타겟으로 만들 수 있다.

③ 광고주의 앱을 사용하는 사람을 포함할 수 있다.

④ 내 이벤트에 응답하지 않은 사람을 제외할 수 없다.


**59** 유튜브의 타겟팅 방법을 크게 둘로 나누면 무엇과 무엇인가?

① 인구통계 타겟팅, 관심사 타겟팅

② 사용자 타겟팅, 콘텐츠 타겟팅

③ 노출 타겟팅, 전환 타겟팅

④ 유사 세그먼트, 합성 세그먼트


**60** 유튜브 동영상 광고와 관련하여 잘못된 설명은?

① Google Ads의 광고 목표 중 앱 프로모션은 동영상 광고가 불가능하다.

② 동영상 광고 시퀀스 캠페인을 집행할 때 권장되는 과금 방식은 최대 CPV이다.

③ 유튜브 동영상 광고를 위해 타겟팅할 때, 특정 위치를 제외하는 타겟팅도 가능하다.

④ 자동차 구매 의향이 있으면서 아웃도어 애호가인 타겟을 만들 때, 이것을 합성 세그먼트 타겟이라고 한다.


**61** 관련 키워드, URL 및 앱 등을 입력하여 이상적인 잠재 고객에게 도달하고자 하는 방법으로 서, 캠페인의 요건에 가장 적합한 잠재 고객을 자동으로 선택하는 방식은 무엇인가?

① 유사 세그먼트

② 합성 세그먼트

③ 교차 세그먼트

④ 맞춤 세그먼트

**62** 동영상 시청 중에 다음에 볼만한 동영상을 추천하는 기능을 무엇이라고 하는가?

① 추천 동영상
② 맞춤 동영상
③ 인기 급상승 동영상
④ 알고리즘 동영상

**63** Google Ads의 도달 범위 플래너를 사용하여 수행할 수 있는 일이 아닌 것은?

① YouTube 및 Google 동영상 파트너 사이트에서 광고의 도달 범위, 게재 빈도, 지출을 계획한다.
② 광고 형식 및 예산 할당을 선택하거나 맞춤 미디어 계획을 만들 수 있다.
③ 캠페인 유형의 다양한 조합을 만들어 효과를 비교할 수 있다.
④ 캠페인이 사용자들의 제품 및 브랜드 인식에 어떻게 영향을 주는지 자세히 알아보는 데 매우 효과적이다.

**64** 다음 중 브랜드 광고 효과(Brand Lift)를 측정할 수 없는 광고는?

① 아웃스트림 광고
② 건너뛸 수 있는 인스트림 광고
③ 건너뛸 수 없는 인스트림 광고
④ 범퍼 광고

**65** 유튜브 파트너 프로그램(YPP)에 가입하지 않았는데 내 동영상에서 광고가 노출되었다면, 그 이유는 무엇인가?

① 그 동영상이 내가 올린 동영상 중 특별히 조회수가 높기 때문
② 타인 소유 저작권이 있는 음악이 포함된 동영상을 올렸기 때문
③ YPP 약관에 서명했기 때문
④ 내 구독자가 1,000명이 넘었기 때문

**66** 유튜브 동영상 신고와 관련하여 잘못된 설명은?

① 콘텐츠 신고는 익명으로 진행되므로 다른 사용자는 누가 신고했는지 알 수 없다.
② 콘텐츠가 신고되어도 자동으로 게시 중단되는 것은 아니다.
③ 유튜브 커뮤니티 가이드를 위반하는 콘텐츠는 유튜브에서 삭제된다.
④ 휴일에는 신고된 동영상을 검토하지 않는다.


**67** 내 동영상 광고 아래에 게재되며 몰입도 높은 동영상 경험을 제공하여 내 광고가 전달하는 메시지를 강화하고 확장하는 역할을 하는 동영상을 가리키는 말은?

① 추천 동영상
② 관련 동영상
③ 확장된 인벤토리
④ 파트너 동영상


**68** 다음 디지털 콘텐츠 라벨 중 전체 시청이 가능한 영상을 뜻하는 것은 무엇인가?

① DL-G
② DL-PG
③ DL-T
④ DL-MA


**69** 카카오톡에 대해 잘못 설명한 것은?

① 2010년 서비스를 시작한 우리나라의 대표적인 모바일 메신저이다.
② 국내 카카오톡 월간 이용자 수는 4,700만명 이상이다.
③ 친구탭, 채팅탭, 뷰탭, 더보기탭의 모바일 지면과 PC 로그인 시 팝업 그리고 채팅창 하단에 광고 노출이 가능하다.
④ 카카오톡 채팅탭에 노출되는 대표적인 광고 상품은 비즈플러그인이다.

**70** 카카오가 보유하고 있는 다양한 매체와 연결된 타겟 고객들에게 광고를 설정하고 운영하고 관리하기 위한 플랫폼 이름은?

① 카카오 애즈

② 카카오 모먼트

③ 카카오 비즈보드

④ 카카오 광고 관리자

**71** 카카오 비즈보드의 광고 목표가 될 수 없는 것은?

① 전환

② 방문

③ 도달

④ 조회

**72** 다음 중 카카오 커머스가 제공하는 서비스가 아닌 것은?

① 쇼핑하우

② 카카오 메이커스

③ 카카오 쇼핑라이브

④ 카카오 이모티콘 샵

**73** 카카오 비즈보드의 배너 유형 중 하나가 아닌 것은?

① 오브젝트형

② 동영상형

③ 썸네일형

④ 마스킹형

**74** 카카오 비즈보드 광고를 위해 오디언스를 설정하고자 한다. 이때 고려할 수 없는 요소는?

① 성별
② 소득
③ 관심 분야
④ 해외 거주 여부

**75** 네이버 밴드의 풀스크린 앱 종료 광고에 대해 올바른 설명은?

① 아이폰 고객에게도 집행 가능하다.
② 과금 방식은 CPC이다.
③ 나이 타겟팅이 가능하다.
④ 보장형 광고이다.

**76** 네이버 밴드의 스마트 채널 광고에 대해 올바른 설명은?

① 밴드 비즈센터에서 관리한다.
② 노출 보장형이다.
③ 과금은 CPM만 가능하다.
④ 밴드 홈, 새소식, 채팅 최상단에 노출된다.

**77** 네이버 밴드 광고에 대한 설명 중 옳은 것은?

① 네이버 밴드 디스플레이 광고는 나이대별 타겟팅이 가능하다.
② 네이버 밴드 스마트 채널 광고의 CPC 최저가는 70원이다.
③ 네이버 밴드 알림 광고는 파트너 정보를 입력한 직후 알림을 발송할 수 있다.
④ 네이버 밴드 소셜 광고의 기본 입찰 단위는 주간 단위이다.

**78** 네이버 밴드의 네이티브 광고에서 사용 가능한 타겟팅 방식이 아닌 것은?

① 1년 단위 나이 타겟팅
② 1시간 단위 시간 타겟팅
③ 안드로이드 및 iOS 별도 타겟팅
④ 유사 타겟을 활용한 맞춤 타겟

**79** 네이버 밴드 알림 광고에 대해 잘못된 설명은?

① 운영 중인 밴드의 멤버들에게 특정 게시글을 '새소식'과 '푸시' 알림으로 알릴 수 있다.
② 고객들이 놓치지 말아야 할 중요한 알림이나 이벤트를 저렴한 비용으로 보낼 수 있다.
③ 알림은 밴드 멤버 중 최근 밴드서비스를 사용한 멤버에게만 발송되며, 알림 내용에 맞춰 특정 성/연령을 타겟하여 발송 가능하다.
④ 성과형 디스플레이 광고 플랫폼에서 관리한다.

**80** 링크드인 회원의 프로필 사진, 이름, 직무 등을 사용하여 만드는 맞춤형 광고를 무엇이라고 하는가?

① 스폰서 콘텐츠
② 텍스트 광고
③ 스폰서 메시지
④ 다이내믹 광고

**01** 해설

② 소셜미디어의 플랫폼은 테크놀로지에 따라 계속 진화하고 있다.

③ 소셜미디어는 기업과 고객 간의 직접 커뮤니케이션 채널로 활용 가능하다.

④ 소셜미디어는 웹 2.0 기술 기반으로 발전하였다.

정답 ①

**02** 해설

① 소셜미디어는 광고와 홍보의 경계가 모호하다.

③ 소셜미디어는 주로 상호작용적, 양방향 소통에 적합하다.

④ 소셜미디어에서는 온라인 구전 효과의 역할이 중요하다.

정답 ②

**03** 해설

② 소셜미디어는 가상현실과 증강현실 등의 기술과 함께 성장할 것이다.

③ 싸이월드는 일촌맺기를 통해 사용자를 네트워크로 연결해 주었던 국내 SNS 중 하나였다.

정답 ①

**04** 해설

소셜미디어 최적화(SMO)는 주로 유기적인(비광고적인) 방법을 통해 소셜미디어에서의 브랜드 인지도와 참여도를 높이는 데 중점을 두며, 판매 증대를 직접적으로 목표로 하지 않는다. 판매 증대는 주로 SNS 광고나 전환 최적화의 목표와 더 관련이 있다.

정답 ②

**05** 해설

② 소셜미디어 마케팅은 유료 광고를 포함한 개념이다.

③ 소셜미디어 마케팅은 고객의 반응을 직접 확인하고 대응 가능하다.

④ SEO(검색엔진최적화)와 밀접한 관계를 갖는다.

정답 ①

**06** 해설

문제의 설명은 메타버스에 대한 것이다.

정답 ③


**07** 해설

Instagram 이름은 인스턴트 카메라와 Telegram을 합성하여 만든 것이다.

정답 ④


**08** 해설

밴드는 주제별 모임, 취미 모임, 커뮤니티에 특화된 SNS이다.

정답 ③


**09** 해설

캠페인에서는 광고의 목표를 설정한다. 광고 세트에서는 광고 타겟, 예산, 일정, 입찰가 등을 설정한다. 광고 형태를 설정하는 곳은 광고세트가 아니라 광고이다.

정답 ④


**10** 해설

하나의 광고 세트에 최대 50개의 광고를 포함할 수 있다.

정답 ③


**11** 해설

Meta의 주된 광고 구매 방식은 크게 경매 구매와 도달 및 빈도 구매로 나뉜다. 타겟 시청률 구매도 있지만, 우리나라에서는 사용할 수 없는 옵션이다. TRP 구매로 구입한 광고는 미국, 영국, 프랑스, 이탈리아, 독일, 호주, 브라질, 캐나다, 말레이시아, 인도네시아, 필리핀, 태국, 멕시코의 사람들에게만 도달 가능하다.

정답 ①


**12** 해설

총 가치는 입찰가, 추산 행동률, 광고 품질의 3가지 주요 요인을 조합하여 결정된다.

정답 ③

**13** 해설

슬라이드를 구성하는 각각의 이미지의 링크가 다를 수 있다.

정답 ③


**14** 해설

관심 유도에 속하는 목표는 트래픽, 참여, 앱 설치, 동영상 조회, 잠재 고객 확보, 메시지 등이다.

정답 ②


**15** 해설

팔로워 수 늘리기는 광고 캠페인 목표에 속하지 않는다.

정답 ③


**16** 해설

Meta의 캠페인에서 설정할 수 있는 캠페인 목표를 크게 분류하면 인지도, 관심 유도, 전환으로 분류할 수 있다.

정답 ④


**17** 해설

특별 광고 카테고리는 신용, 고용, 주택, 사회문제, 선거, 정치에 관련된 것이다.

정답 ②


**18** 해설

타겟의 관심사는 맞춤 타겟팅이 아니라 상세 타겟팅에 포함되는 개념이다.

정답 ④


**19** 해설

광고주의 고객 리스트에 포함된 휴대폰 번호는 말 그대로 광고주의 소스(내 소스)이다.

정답 ①

**20** 해설

1에 가까울수록 유사성은 높지만 범위가 좁아지고, 10에 가까울수록 유사성은 떨어지지만 범위가 넓어진다.

정답 ③


**21** 해설

핵심적이고 흥미로운 부분을 초기 3초 내에 배치한다.

정답 ①


**22** 해설

픽셀은 광고주의 Facebook 페이지가 아니라 광고주의 웹사이트에 설치하는 것이다.

정답 ②


**23** 해설

픽셀은 웹에 SDK는 앱에 설치하는 것이 일반적이다.

정답 ②


**24** 해설

Meta Business Suite는 무료 도구이다.

정답 ②


**25** 해설

Facebook Shop의 국내 결제는 불가능하다.

정답 ③


**26** 해설

코로나에도 불구하고 유튜브 광고 매출은 성장했다.

정답 ③

**27** 해설

건너뛸 수 있는 인스트림 광고는 유튜브뿐만 아니라 Google 동영상 파트너 네트워크에서 운영하는 웹사이트와 앱에도 노출될 수 있다.

정답 ④

**28** 해설

트루뷰포리치는 리치(reach) 즉 도달을 목표로 한 광고이다. 건너뛸 수 있는 인스트림 광고 중에서 타겟 CPM 입찰 방식을 사용하는 광고를 말한다. 5초 이후에 건너뛸 수 있으므로 더 긴 광고를 사용할 수 있다.

정답 ④

**29** 해설

건너뛸 수 없는 인스트림 광고의 과금 방식은 타겟 CPM이다. 광고가 로딩되어 노출되면 최대 15초 동안 강제로 조회되는 방식이므로 조회 여부는 따질 필요가 없다.

정답 ③

**30** 해설

과금 방식은 CPV로서, 광고 썸네일을 클릭하여 재생될 때 과금된다.

정답 ④

**31** 해설

마스트헤드 광고는 예약형 광고로서 Google Ads로 구매할 수 없고, Google 영업 담당자 또는 대행사를 통해 구매할 수 있다.

정답 ②

**32** 해설

범퍼 광고의 노출 시간은 6초 이하이다.

정답 ③

**33** 해설

아웃스트림 광고는 PC 환경에서도 노출되며, 기본적으로 음소거 상태로 시작되지만, 사용자가 클릭하여 소리를 들을 수 있다.

정답 ①

**34** 해설
건너뛸 수 없는 인스트림 광고의 과금 방식은 타겟 CPM이다.
정답 ②

**35** 해설
컴패니언 광고는 광고와 함께 우측에 배너 형태로 노출되며, 광고를 30초 이상 시청하지 않아도
배너를 클릭하면 과금된다.
정답 ①

**36** 해설
일일예산은 하루에 사용할 수 있는 예산을 말한다.
정답 ②

**37** 해설
다수의 국가도 타겟팅 가능하다.
정답 ④

**38** 해설
확장된 인벤토리는 유튜브와 구글의 동영상 파트너 네트워크에 포함된 모든 동영상에 광고를 게재할
수 있는 인벤토리 유형이다. 이 유형은 광고를 더 넓은 범위의 동영상에 노출할 수 있어, 더 많은
도달 범위를 목표로 하는 광고주에게 적합하다.
정답 ①

**39** 해설
성인용 동영상의 유형은 DL-MA이다.
정답 ④

**40** 해설
합성 세그먼트란 다양한 세그먼트 속성을 교차하여 만든 세그먼트를 말한다. 특정 광고 영상 조회자
는 단일한 고객 그룹이므로 교차된 세그먼트라고 할 수 없다.
정답 ③

**41** 해설

맞춤 세그먼트는 관련 키워드, URL 및 앱 등을 입력하여 이상적인 잠재 고객에게 도달하기 위한 세그먼트로, 캠페인의 요건에 가장 적합한 잠재 고객을 자동으로 선택한다.

정답 ②

**42** 해설

여러 세그먼트를 조합하여 사용하는 합성 세그먼트에 타겟팅할 수도 있다.

정답 ②

**43** 해설

특정 브랜드에 대한 고려도 상승이 목표이므로, 그 브랜드에 대해 관심을 갖는 고객에게 타겟팅해야 한다. 키워드, 주제, 게재 위치 등의 속성을 사용하여 그 브랜드 관심자들로 세그먼트를 좁혀서 타겟팅할 수 있다.

정답 ③

**44** 해설

콘텐츠 기반 타겟팅이란 키워드, 주제, 게재 위치 등의 속성에 따라서 특정 콘텐츠를 선택하여 타겟팅하는 것을 말한다. 언어 타겟팅은 콘텐츠 기반 타겟팅이라고 할 수 없다.

정답 ②

**45** 해설

주제 타겟팅은 건강, 게임, 과학 등 특정 주제를 갖는 콘텐츠를 대상으로 타겟팅하는 것을 말한다. 이 문제의 경우, 제주도는 위치, 스포츠는 관심분야, 50대 남성은 인구통계 기반의 타겟팅이라고 할 수 있다.

정답 ④

**46** 해설

유튜브 동영상 광고의 사용자 기반 타겟팅은 잠재 고객의 성향뿐만 아니라 여러 다른 요소들을 바탕으로 타겟팅이 이루어진다. 예를 들어, 인구통계, 관심사, 행동 등 여러 데이터를 기반으로 타겟팅을 한다.

정답 ①

**47** 해설

유튜브 광고 소재 설정에서 키워드 검색을 통해 자동으로 광고 소재가 노출되지 않는다. 광고주는 직접 광고에 사용할 소재(영상 등)를 선택하고 설정해야 하며, 키워드 검색을 하면 적절한 소재를 찾는 데 도움이 될 수 있지만 소재를 자동으로 노출시켜주는 것은 아니다.

정답 ④

**48** 해설

비승인 상태는 광고의 콘텐츠 또는 도착 페이지가 Google Ads 정책을 위반하므로 광고가 게재될 수 없는 상태이다.

정답 ③

**49** 해설

당일 성과표는 당일에 확인 가능하다.

정답 ①

**50** 해설

광고 클릭은 조회수로 인정되는 상호작용이지만, 댓글과 좋아요는 조회수와 별개의 상호작용이다. 조회수에 포함되지 않으며, 사용자 참여를 측정하는 지표로만 사용된다.

정답 ④

**51** 해설

사용자가 사용하는 기기의 종류가 무엇인가는 맞춤 동영상 추천에 영향을 주지 않는다.

정답 ④

**52** 해설

동영상의 길이, 즉 재생 시간은 인기 급상승 동영상 결정 기준이 아니다.

정답 ②

**53** 해설

저작권을 침해한 영상에서 광고 수익이 발생하면 구글과 창작자가 수익을 분배한다.

정답 ④

**54** 해설

콘텐츠가 신고되어도 자동으로 게시 중단되는 것은 아니며, 가이드라인에 따라 검토된다.

정답 ①

**55** 해설

유튜브에서 과거에 상호작용을 했던 유저를 다시 한 번 타겟팅하여 마케팅하는 것을 리마케팅이라고 한다.

정답 ②

**56** 해설

도달 범위 플래너는 구글 애즈에서 무료로 이용할 수 있다.

정답 ③

**57** 해설

광고 효과(brand lift)는 클릭수, 노출수, 조회수 같은 전통적인 측정항목 대신 광고 회상, 브랜드 인지도, 고려도 같은 측정항목에 중점을 둔다.

정답 ②

**58** 해설

카카오 비즈보드 광고는 카카오톡 채팅탭 중심의 모바일 광고로서, 다음앱, 카카오웹툰 그리고 카카오의 주요 서비스에도 노출된다.

정답 ①

**59** 해설

광고 목표는 전환 또는 방문이다.

정답 ③

**60** 해설

카카오 동영상 광고의 입찰 방식, 즉 과금 기준은 CPV(조회당 비용)이다.

정답 ④

**61** 해설

카카오톡 비즈보드 광고 캠페인 최소 예산은 5만원 이상이지만, 광고 그룹 최소 예산은 1만원이다.

정답 ②

**62** 해설

마스킹형 광고 소재를 사용하면 반원 또는 원기둥형의 썸네일 이미지를 사용하여 소재를 등록할 수 있다.

정답 ③

**63** 해설

'선물'의 의미와 목적에 맞는 특화된 경험과 서비스를 제공하는 Messenger 기반의 커머스 플랫폼은 카카오 커머스이다.

정답 ③

**64** 해설

네이버 밴드 광고에 검색광고는 없다.

정답 ④

**65** 해설

스마트 채널 광고는 네이버 성과형 디스플레이 광고 플랫폼에서 관리할 수 있다.

정답 ④

**66** 해설

알림 발송은 파트너 정보 입력 후 익일부터 가능하다.

정답 ②

**67** 해설

④ 입찰 참여는 월요일 0시~14시에 가능하다.
① 낙찰된 다음에 광고 소재를 등록한다.
② 입찰 참여시 충전금이 충전되어 있어야 한다.

③ 광고 타입은 입찰 시 선택한다.

정답 ④

**68** 해설

밴드의 새글 피드 중간중간에 텍스트와 콘텐츠가 결합한 형태로 노출되는 네이티브 광고 상품은
피드 광고이다. 추천 피드에 노출되는 광고는 인피드 광고이다.

정답 ④

**69** 해설

탑뷰는 사용자가 앱을 열 때 처음 보이는 광고로서, 브랜드 인지도를 높이고 커뮤니티 내 상호작용을
촉발하기 위한 광고이다.

정답 ④

**01** 해설

① 텍스트와 링크 위주의 웹사이트는 웹 1.0의 특징이다.
② 제한적 사용이 아니라 활발한 사용이 맞다.
③ 데이터가 널리 공유된다.
정답 ④

**02** 해설

매스미디어가 소셜미디어보다 대량의 정보 전달에 적합하다.
정답 ③

**03** 해설

특정 소셜미디어 플랫폼에 지나치게 의존하는 것은 일반적으로 적절하지 않다.
정답 ③

**04** 해설

틱톡은 할인 쿠폰 발행 및 배포에 적합한 매체라고 할 수 없다. 오히려 페이스북이 이에 더 적합하다.
정답 ②

**05** 해설

콘텐츠 마케팅은 직접적인 판촉 활동이라기 보다는 유용하고 가치 있는 콘텐츠를 제작하고 활용하여 타겟 잠재 고객을 유치하고 고객을 유지하며, 브랜드 인지도를 증가시키기 위한 활동이라고 볼 수 있다.
정답 ②

**06** 해설

콘텐츠 마케팅은 제품을 소비자에게 직접적으로 판매하기 위한 수단으로 볼 수 없다.
정답 ③

**07** 해설

②는 일반적인 매스미디어 광고에 대한 설명이다. 소셜미디어는 양방향 커뮤니케이션이다.

정답 ②

**08** 해설

위키피디아는 협업 중심의 소셜미디어로 구분된다(출처 : 한국인터넷진흥원).

정답 ③

**09** 해설

컬렉션 광고는 모바일 노출 위치에만 표시된다.

정답 ④

**10** 해설

이는 도달 및 빈도 구매에 해당하고, 여기서의 과금 기준은 고정된 CPM이다.

정답 ①

**11** 해설

경매에서 사용되는 총 가치에 속하는 것은 사용자 가치가 아니라 광고 품질이다.

정답 ③

**12** 해설

광고주가 제공하는 소스는 '내 소스'라고 하며 고객 리스트, 웹사이트, 앱 활동, 오프라인 활동, 카탈로그 등 광고주가 직접 수집하는 소스를 말한다.

정답 ④

**13** 해설

광고 노출을 최적화 하려면 타겟을 넓히게 되므로 타겟의 광고 효율은 감소하게 될 것이다. 양을 늘리면서 질을 희생한다고 말할 수 있다.

정답 ④

**14** 해설

전환율 극대화를 목표로 설정하고자 한다면 도달 및 빈도 구매 보다 경매 구매를 선택하는 게 적합하다.

정답 ④

**15** 해설

2023년 2회 12번 동일

컬렉션 광고는 관심 있는 고객들이 웹사이트나 앱에서 구매를 계속하도록 유도한다.

정답 ②

**16** 해설

신규 고객을 유치하는 것이니 기존 고객을 대상으로 하는 맞춤 타겟팅이나 유사 타겟팅을 사용하지 않는 것이 맞다. 따라서 연령, 관심사, 지역 등을 기반으로 하는 '핵심 타겟'을 사용하는 것이 적절하다.

정답 ①

**17** 해설

2023년 2회 16번 동일

컬렉션 광고는 제품을 관련 동영상 또는 이미지와 결합하여 사람들의 관심을 유도하는 데 적합하다.

정답 ②

**18** 해설

2023년 2회 18번 동일

Audience Network를 활용하면서 특정 퍼블리셔나 웹사이트에서의 노출을 원치 않을 경우, 차단리스트(block list)를 설정해 해당 사이트에서의 광고 노출을 막고, 자동 노출 위치(Automatic Placements)를 사용하는 것이 적합하다. 이는 Meta의 최적화 시스템을 활용하면서도 원하는 사이트에서의 광고 노출을 방지할 수 있는 전략이다.

정답 ④

**19** 해설

2023년 2회 19번 동일

메타의 공식 설명에 의하면, 1) 광고가 표시되는 곳에 나올 2~4개의 제품을 선택하라는 말과 2) 대규모의 제품 세트를 사용하라는 말이 함께 나온다. 즉 제품 세트는 많을수록 좋고, 그 중 2~4개를 골라서 광고에 노출시키라는 말이다. 커버 이미지는 가로 방향이 아니라 1:1이 선호된다.

정답 ①

## 20 해설

2023년 2회 22번 동일

Instagram 계정이 없으면 Facebook 페이지의 이름, 프로필, 기타 정보를 기반으로 Instagram에 광고가 노출된다. Instagram 광고를 위해서는 별도의 Instagram 계정을 사용하는 것을 권장한다.

**정답** ①

## 21 해설

2023년 2회 24번 동일

유사타기팅을 통해 기존 고객과 유사한 특징을 가진 새로운 고객을 발굴하여 고객층을 확대할 수 있다. 이미 핵심 타겟을 대상으로 하고 있으므로, 추가적인 효과를 기대하기 어렵다.

**정답** ①

## 22 해설

타겟 인사이트는 Meta Business Suite 기능 중 하나로서, 내 페이지를 팔로우하는 사람들의 인구통계학적 특성, 관심사, 라이프스타일 등을 알 수 있게 해 주는 도구이다.

**정답** ①

## 23 해설

인벤토리 필터를 사용하면 광고가 노출되는 Facebook 인스턴트 아티클, Facebook 인스트림 동영상, 릴스의 Facebook 오버레이 광고, Instagram 인스트림 동영상 및 Audience Network의 콘텐츠 민감도를 세부적으로 관리할 수 있다. 여기서 참사 또는 분쟁, 논란의 여지가 있는 사회문제, 불쾌한 활동, 성적인 콘텐츠, 거친 언어, 노골적인 콘텐츠 등을 포함한 콘텐츠에 광고가 노출되지 않도록 할 수 있다.

**정답** ③

## 24 해설

다이내믹 크리에이티브란 이미지와 제목 같은 크리에이티브 요소를 이용하여 타겟별 버전을 자동으로 생성할 수 있는 기능을 말함. 광고 세트 설정에서 토글을 클릭하여 켜짐으로 하면 설정됨. 다이내믹 언어 최적화는 텍스트, 사진과 링크 등의 광고 크리에이티브를 여러 언어 버전으로 업로드할 때 Facebook이 사용자의 기본 설정에 따라 적합한 언어를 알맞은 사람들에게 자동 매칭해 주는 기능. 광고의 노출 위치와 언어의 종류에 따라 자동 번역이 되지 않을 수도 있다.

참고 페이스북에서는 DCO와 DLO 같은 명칭을 사용하지 않는다.

**정답** ④

## 25 [해설]

2023년 2회 28번 동일

매출은 전환 및 가치와 관련이 높다. 트래픽은 단순 방문자와 관련되므로 매출과 직접적 영향은 적다.

[정답] ①

## 26 [해설]

[참고] Meta for Business Suite가 아니라 Meta 크리에이터 스튜디오라고 해야 맞다.

[참고] 광고의 재생 위치는 수익 획득과는 무관하다.

미드롤 광고는 동영상의 중간에 재생된다.

[정답] ④

## 27 [해설]

자동 게재 위치 즉 자동 노출 위치 옵션은 자동으로 이루어 지는 것이기 때문에 관리자가 직접 제어할 수 없다.

[정답] ④

## 28 [해설]

WhatsApp은 인스턴트 메시징 기능에 특화된 서비스임. 우리나라의 카카오톡과 유사하다.

[정답] ④

## 29 [해설]

oCPM(Optimized CPM, 최적화된 CPM)은 Facebook 광고 시스템이 광고주의 목적에 맞는 행동 (예 클릭, 전환)을 할 가능성이 높은 사용자에게 광고를 노출하도록 최적화하는 입찰 방식이다. 이는 광고 효율을 높이는 데 유용하다. 4번 선택지에서, 도달 및 빈도 구매를 사용하기 위해서는 최소 20만명의 타겟이 있어야 한다.

[정답] ③

## 30 [해설]

캠페인이 특별 광고 카테고리에 해당하는 경우 특별 광고 타겟을 만들어 새로운 사람들에게 도달하도록 하고, 특별 광고 타겟은 소스 내 사람들의 유사한 온라인 행동을 사용해 새로운 타겟을 만든다는 점에서 유사 타겟과 비슷하지만 캠페인의 선택된 특별 광고 카테고리와 관련된 타겟 선택 제한 사항을 준수하도록 조정되어야 한다는 점은 다르다. 특별 광고 타겟에서는 나이, 성별이나 특정 인구 통계학적 특성, 행동 또는 관심사와 같은 (일반적인) 타겟팅 정보를 사용하지 않는다.

[정답] ④

## 31 해설

Meta의 특별 광고 카테고리는 신용, 고용, 주택, 사회문제, 선거, 정치이다.

정답 ④

## 32 해설

<sub>2023년 2회<br>33번 동일</sub>

응답 시간은 가장 빠른 응답 시간의 90%를 기준으로 페이지에서 응답하는 데 걸린 평균 시간을 말한다.

정답 ④

## 33 해설

모바일 광고 캠페인이므로 가로형 보다는 세로형이 적합하며, 초반에 핵심 메시지를 추가하는 것이 좋음. 소리를 끄고 보는 사람도 있으므로 자막을 넣는 것이 좋다. 동영상의 길이는 15초 이내가 선호 되므로 굳이 15초로 편집할 필요는 없다.

정답 ②

## 34 해설

오프라인 전환을 사용하여 Facebook 광고가 매장 구매, 전화 주문, 예약 등 얼마나 많은 실질적인 성과를 유도했는지 측정할 수 있다. 오프라인 전환을 측정하는 방법에는 오프라인 API를 이용하는 법과 파트너 통합을 이용하는 법이 있다.

정답 ④

## 35 해설

<sub>2023년 2회<br>26번 동일</sub>

캠페인 예산 최적화를 사용하면 통합 캠페인 예산을 설정하고 캠페인 기간 동안 가장 효과적인 광고 세트에 실시간으로 계속 예산을 분배한다. 성과가 '가장 좋을 것 같은' 광고 세트가 아니라 실제로 성과(효과)가 좋은 광고 세트에 예산이 할당되어야 한다.

정답 ①

## 36 해설

인스트림 동영상은 세로형(버티컬)이 아니라 가로 방향 전체 화면(16:9) 또는 정사각형 동영상이 권장된다.

정답 ③

**37** 해설
크리에이터의 동영상 업로드 주기는 유튜브 검색 결과에 영향을 주지 않는다.
정답 ④

**38** 해설
유튜브 프리미엄 구독자용 콘텐츠를 제작할 필요는 없다.
정답 ②

**39** 해설
구글 애즈는 '캠페인 > 광고그룹 > 광고' 구조로 이루어져 있다.
정답 ④

**40** 해설
CPV 입찰을 사용하는 경우, 광고 영상이 30초 '미만'일 경우에는 시청을 완료해야 광고 비용이 발생한다.
정답 ②

**41** 해설
조회율은 광고 노출수 대비 조회수의 비율을 말한다.
정답 ②

**42** 해설
유튜브 마스트헤드는 방대한 잠재 고객에게 도달하는 것이 목표이지만, 타겟팅이 불가능한 것은 아니다. 구글 고객센터는, '2019년 Google에서는 YouTube 마스트헤드를 1,000회 노출당비용(CPM)을 기준으로 구매하고 고급 잠재고객 솔루션을 사용하여 타겟팅할 고객을 맞춤 설정할 수 있는 옵션을 도입했다'고 밝혔다.
정답 ①

**43** 해설
범퍼애드는 짧은 시간(6초) 동안 강렬한 인상을 남길 수 있으며, 건너뛸 수 없어 반드시 시청하게 만든다. 핵심 메시지를 효과적으로 전달하여 브랜드 인지도를 높이는 데 적합하다.
정답 ②

**44** 해설

공식적으로는 '제품 및 브랜드 구매 고려도'라고 표현되며, 실제로 제품 구매 의도를 높이고자 하는 광고를 말한다. 따라서 유튜브 내에서 동영상을 많이 조회시키거나 참여를 유도하는 것을 중시하며, 단순히 노출량을 늘리는 것만을 중시하지는 않는다.

정답 ②


**45** 해설

동영상 액션 캠페인은 하나의 자동화된 캠페인으로 YouTube 안팎의 더 많은 위치에 광고를 게재하고 최소의 CPA로 최적화 하면서 더 많은 전환을 유도할 수 있는 간단하고 비용 효율적인 방법이다. 동영상을 사용하여 내 비즈니스, 서비스 또는 제품에 대한 액션을 유도하려는 경우 적합하다.

정답 ①


**46** 해설

보기 중 이미지와 텍스트로 표현되는 광고 상품은 비디오 액션 캠페인 뿐이다. 이미지는 동영상에서 자동 생성되거나 컴패니언 배너로 수동 업로드 될 수 있다. 또한, 비디오 액션 캠페인은 전환을 목표로 하는 광고이므로 최종 URL을 반드시 입력해야 한다.

정답 ②


**47** 해설

동영상 액션 캠페인에서 설정할 수 있는 입찰 전략은 타겟 CPA, 전환수 최대화, 전환 가치 극대화, 또는 타겟 ROAS이다.

정답 ③


**48** 해설

특정 기기 타겟팅을 설정하면 특정 운영체제 및 기기모델 등에 대해서도 타겟팅이 가능하다.

정답 ④


**49** 해설

유튜브에 비공개로 되어 있는 영상은 광고 소재로 사용할 수 없다.

정답 ④

**50** 해설

위 상황에서 도달은 5이고, 빈도는 15이다.

정답 ③

**51** 해설

기기의 유형 뿐만 아니라 운영체제, 기기 모델, 모든 네트워크(통신사)에 대해서도 타겟팅이 가능하지만, 휴대폰 구매 시기로는 타겟팅할 수 없다.

정답 ④

**52** 해설

특정 사이트에서 광고 실적이 우수한 것으로 확인되어 광고 노출을 늘리려는 경우 해당 사이트에 대한 입찰가를 자발적으로 높일 수 있고, 예상과 달리 전환이 발생하지 않는 다른 게재 위치에 대해 입찰가를 낮출 수도 있다. 하지만 이를 광고 과금 비용 할증이라고 볼 수 없다.

정답 ④

**53** 해설

13세 미만의 어린이에게만 타겟팅할 수 없다.

정답 ②

**54** 해설

구글 애즈 광고 보고서의 지표는 크게 기본, 시간, 전환, 위치, 확장 소재, 애셋, 입찰 통계, 기타로 나눈다.

정답 ④

**55** 해설

도달 범위 플래너는 플래너라는 말 그대로 계획을 위한 것이지 결과를 검증하기 위한 것이 아니다.

정답 ①

**56** 해설

특정 시점의 광고비 잔액은 광고 성과에 대한 것이 아니라 광고주가 광고비를 언제 결제했느냐와 관계되는 것이므로 광고 보고서에서 확인할 수 없다.

정답 ④

**57** 해설

저작권 위반 경고 3회 받으면 더 이상 새로운 채널을 만들 수 없다.

정답 ④

**58** 해설

질문의 문맥상 정답은 권리침해가 맞음. 다만, 지금은 항목의 명칭이 '권리침해'에서 '법적문제'로 변경되었다.

정답 ④

**59** 해설

인벤토리 유형의 기본 설정 옵션은 '표준 인벤토리'이다.

정답 ①

**60** 2023년 2회 62번 동일 해설

동영상 광고를 빠르고 편리하게 만들 수 있는 '유튜브 비디오 빌더'는 베타버전으로 존재하다가 지금은 존재하지 않으며, 구글 애즈 내에 '동영상 만들기'라는 이름으로 포함되어 있다.

정답 ①

**61** 해설

광고 영상의 길이에 대해서는 제한이 없다.

정답 ③

**62** 해설

동영상 액션 캠페인은 더 많은 전환 유도를 목표로 하며, CPA를 기준으로 최적화한다.

정답 ③

**63** 해설

자사 유튜브 채널 구독자를 제외할 수 있지만 그것은 타겟팅의 영역에서 하는 것이지, 비디오 리마케팅을 사용하는 것은 아니다.

정답 ③

**64** 해설

내 YouTube 동영상을 시청했거나 내 YouTube 채널과 상호작용한 사용자에게 YouTube, 검색, 쇼핑, Gmail에 개인 맞춤 광고를 게재할 수 있다. 따라서 시리즈 영상 1편 조회자에게 2편 광고를 노출하는 것도 가능하다. 참고로, 지금은 유튜브 리마케팅이라는 말 대신, '데이터 세그먼트를 사용한 YouTube광고'라고 표현한다.

정답 ④

**65** 해설

광고의 목적을 떠나서, 구글 애즈에서 결혼 여부로 타겟팅을 할 수 있는 방법은 없다.

정답 ④

**66** 해설

유튜브 검색 결과에 직접 광고로서 노출되는 것은 인피드 동영상 광고이다. 인스트림 광고와 범퍼 애드는 동영상 재생 시 나오는 광고이기 때문에 검색 결과에서 바로 볼 수 있는 광고는 아니다.

정답 ①

**67** 해설

인벤토리 유형을 설정하여 특정 콘텐츠에 광고 노출을 제한할 수 있다.

정답 ②

**68** 해설

조회수 나누기 노출수로 계산한다.

정답 ②

**69** 해설

애드뷰, 챗봇, 비즈니스 폼, 카카오싱크, 카카오 커머스 플랫폼 등 다양한 서비스로 연결될 수 있다.

정답 ②

**70** 해설

카카오 광고는 캠페인 – 광고 그룹 – 소재 순으로 등록된다.

정답 ①

**71** 해설
디바이스 선택 시 모바일 내에서 선택이 가능할 뿐, PC만 따로 선택할 수는 없다.
정답 ①

**72** 해설
빠른 게재는 광고 그룹에 설정된 일 예산을 최대한 빠르게 소진하는 방식을 말한다.
정답 ②

**73** 해설
도달을 목표로 한 캠페인에서는 나이와 성별을 지정할 수 없다.
정답 ②

**74** 해설
광고 시작일은 현재 일자로 할 수 있다.
정답 ②

**75** 해설
풀스크린 광고는 실시간 입찰형 상품이 아니라 노출 보장형 상품이다.
정답 ③

**76** 해설
새소식, 밴드홈 광고에 대한 설명이다.
정답 ③

**77** 해설
알림은 1일 최대 2회까지 발송 가능하다.
정답 ④

**78** 해설

캠페인 목적이 동영상 조회인 경우의 과금 방식은 CPV이다.

정답 ④


**79** 해설

트위터의 팔로워 캠페인은 CPA(행동당비용) 방식으로 과금된다.

정답 ④


**80** 해설

브랜드 테이크오버의 최대 길이는 5초이다.

정답 ①

**01** 해설

① 소셜미디어는 웹 2.0 기술 기반으로 발전하였다.

③ 소셜미디어 플랫폼은 다양하고 개별 플랫폼의 특징도 다르다.

④ 소셜미디어를 통한 기업과 소비자의 소통은 일방향적이라기보다는 양방향적이다.

정답 ②

**02** 해설

① 광고와 홍보의 경계가 약화된다.

② 고객 참여, 상호작용이 강화된다.

④ 온라인 구전 효과의 역할이 증가한다.

정답 ③

**03** 해설

단기적인 제품 판매의 촉진이 콘텐츠 마케팅의 주된 목적은 아니다.

정답 ②

**04** 해설

소셜미디어 최적화는 검색엔진 최적화와 관련되어 있다.

정답 ④

**05** 해설

위키피디아 같은 참여형 백과사전도 소셜미디어 플랫폼의 일종이다.

정답 ③

**06** 해설

싸이월드가 처음 생긴 1999년 이전에도 Sixdegrees 등 몇몇 소셜네트워킹 서비스가 존재했다.

정답 ③

PART 3

## 07 해설

페이스북 광고에 동영상을 사용할 때, 가장 흥미로운 부분을 동영상 초반 3초 내에 배치하는 것이 좋다는 연구 결과가 있다.

**정답** ③

## 08 해설

인스타그램 피드의 이미지 광고는 1:1이 적합하고, 동영상은 4:5가 적합하다. 스토리 광고(페이스북, 인스타그램)는 세로 방향 이미지나 동영상이 적합하다. 인스트림은 가로방향이나 정사각형 동영상이 적합하다.

**정답** ①

## 09 해설

가장 높은 광고 입찰가를 제시해도 추산행동률과 광고 품질이 낮으면 노출이 되지 않을 수 있다.

**정답** ④

## 10 해설

유사 타겟은 광고에 대한 반응을 높이기 위해 만드는 것이다. 단지 노출 범위나 빈도를 높이기 위한 것이 아니다.

**정답** ④

## 11 해설

매장 유입도 캠페인 목표 중 하나이다. 직접적인 팔로우 획득을 캠페인 목표로 할 수는 없다.

**정답** ①

## 12 해설

2022년 2회
15번 동일

컬렉션 광고는 사람들이 제품을 발견한 후 구매까지 자연스럽게 이어갈 수 있게 해주는 모바일 전체 화면 광고 형식을 말한다.

**정답** ②

**13** 해설

픽셀은 웹사이트에서 사람들이 취한 행동을 파악하여 광고의 효과를 측정하기 위해 설치하는 코드를 말하며, 행동을 추적하기 위한 것이지 도달률과 빈도를 측정을 위한 것이 아니다.

정답 ④

**14** 해설

신규 고객 유치가 목표이므로, 기존에 자사 사이트를 방문했거나 방문이나 구매 등 특정한 행동을 보인 고객만을 대상으로 타겟팅하는 것은 적절하지 않다.

정답 ①

**15** 해설

인스트림 동영상 광고는 가로 형식(16:9)이 적합하다.

정답 ③

**16** 해설
2022년 2회
17번 동일
컬렉션 광고는 제품을 관련 동영상 또는 이미지와 결합하여 사람들의 관심을 유도하는 데 적합하다.

정답 ②

**17** 해설

다이내믹 광고를 위해 수집하는 이벤트에는 Search, ViewCategory, ViewContent, AddToCart, Purchase가 있다. CheckOut은 이에 해당하지 않는다.

정답 ④

**18** 해설
2022년 2회
18번 동일
Audience Network를 활용하면서 특정 퍼블리셔나 웹사이트에서의 광고 노출을 원치 않을 경우, 차단 리스트(block list)를 설정하여 해당 사이트를 제외하고 광고를 운영할 수 있다. 동시에 자동 노출 위치를 사용하면 Meta의 최적화 시스템을 활용해 효율적으로 성과를 극대화할 수 있다.

정답 ④

**19** 해설

2022년 2회
19번 동일
컬렉션 광고의 핵심은 시각적으로 매력적인 콘텐츠와 고효율 상품의 노출이다. 15초 커버 동영상은 주목을 끌고 광고 참여를 유도하며, 판매율이 높은 4개 상품으로 구성된 제품세트는 구매 가능성을 극대화한다. 이는 매출 증대에 가장 적합한 전략이다.

정답 ②

**20** 해설

Meta Business Suite(Meta for Business는 이에 대한 오기로 보임)에서 자동화된 답변을 사용하여 Facebook과 Instagram에서 비즈니스의 메시지를 관리할 수 있다. 이 기능을 사용하면 메시지를 체계적으로 관리하고, 더 많은 잠재 고객에게 도달하고, 비즈니스의 Facebook 페이지 및 Instagram 계정과 교류하는 사람들과 더 친밀한 관계를 다지는 데 도움이 된다. 답변이 자동으로 이루어지므로 시간을 절약할 수 있다.

정답 ④

**21** 해설

가장 성과가 좋은 슬라이드를 맨 앞에 표시하는 것이 효과적이다.

정답 ③

**22** 해설

2022년 2회
20번 동일
Instagram 광고를 위해 별도의 Instagram 계정을 사용하는 것을 권장하지만, Instagram 계정이 없어도 Facebook 페이지의 이름, 프로필, 기타 정보를 기반으로 Instagram에 광고가 노출된다.

정답 ①

**23** 해설

소비자들이 앱에서 하는 행동을 파악하고 측정할 수 있는 분석 도구는 픽셀이 아니라 SDK이다. SDK는 Software Development Kit의 약자로서 개발자들이 애플리케이션 소프트웨어(앱)를 개발할 때 사용하는 도구로, 이를 앱에 설치하여 앱에서 발생하는 데이터를 Meta에 보낼 수 있다.

정답 ②

## 24 해설

2022년 2회 21번 동일

1st party data 라는 말은 업체가 고객과의 상호작용을 통해 수집한 데이터를 말한다(Meta에서 공식적으로 사용하는 용어는 아니다). 맞춤 타겟의 '내 소스'와 유사한 개념이라고 보면 된다. 거래량이 증가하지 않는다는 말은 기존에 확보한 잠재고객 목록 내의 사람들이 우리 제품에 대해 더 이상 매력을 느끼지 않는다는 말이기 때문에 맞춤 타게팅이나 유사 타게팅으로 좁히는 전략보다는 인구통계 정보를 중심으로 하는 핵심 타게팅을 사용하여 타겟을 넓히는 전략이 유효하다고 볼 수 있다.

**정답** ②

## 25 해설

타겟 인사이트는 Meta Business Suite 기능 중 하나로서, 내 페이지를 팔로우하는 사람들의 인구통계학적 특성, 관심사, 라이프스타일 등을 알 수 있게 해 주는 도구이다.

**정답** ③

## 26 해설

2022년 2회 35번 동일

캠페인 예산 최적화를 사용하면 통합 캠페인 예산을 설정하고 캠페인 기간 동안 가장 효과적인 광고 세트에 실시간으로 계속 예산을 분배한다. 성과가 '가장 좋을 것 같은' 광고 세트가 아니라 실제로 성과(효과)가 좋은 광고 세트에 예산이 할당되어야 한다.

**정답** ①

## 27 해설

브랜드의 핵심 메시지는 동영상의 전반부에 위치하는 것이 좋다.

**정답** ①

## 28 해설

2022년 2회 25번 동일

매출 향상은 전환과 관련이 높다. 트래픽이나 도달이 있어야 전환이 일어나는 것은 맞지만, 도달이 전환을 보장하지는 않는다. 따라서 도달보다 가치에 최적화되는 것이 적절하다.

**정답** ③

**29** 해설

최적화된 CPM(1,000회 노출당 비용)은 광고주가 원하는 행동을 취할 가능성이 높은 사람에게 광고를 표시하는 입찰 유형이다. 예를 들어, 광고 목표가 고객의 웹사이트 방문 유도인 경우 최적화된 CPM으로 입찰하면 외부 링크로 이동할 가능성이 높은 사람들에게 광고가 표시된다. 이 입찰 유형에서는 CPM(노출당 비용)을 지불한다. 선호하는 대상에게 광고가 도달할 수 있도록 입찰가가 자동으로 조정되지만 예산을 초과하지는 않는다.

정답 ①

**30** 해설

쿠키 지원을 중단하는 브라우저가 늘어나면 웹사이트 전환 추적이 어려워지기 때문에 캠페인 최적화를 위해 전환 API를 구현할 필요가 있다.

정답 ③

**31** 해설

맞춤 타겟은 온라인 및 오프라인에서 비즈니스에 참여한 적이 있는 사람들을 말한다. 광고주의 기존 고객과 가장 가깝다고 볼 수 있다.

정답 ②

**32** 해설

특별 광고 카테고리는 신용, 고용, 주택, 사회문제, 선거, 정치이다.

정답 ②

**33** 해설

2022년 2회
32번 동일

응답 시간은 가장 빠른 응답 시간의 90%를 기준으로 페이지에서 응답하는 데 걸린 평균 시간을 말한다.

정답 ④

**34** 해설

유튜브에서는 추천 영상이라는 표현대신 맞춤 동영상이라는 말을 사용한다. 구독자 1000명 이상의 채널의 영상만 맞춤 동영상으로 추천되는 것은 아니다.

정답 ①

**35** 해설

최근 12개월간 신규 구독자 수 100명 이상이라는 조건은 없다. 대신 최근 12개월간 조회 시간 4,000시간 이상이 필요하다.

정답 ③

**36** 해설

인센티브 스팸이란 조회수, 좋아요 수, 댓글 수와 같은 참여도 측정항목이나 그 외 다른 YouTube 측정항목을 판매하는 콘텐츠로, 이러한 유형의 스팸에는 구독자 수, 조회수 또는 기타 측정항목을 늘리는 것이 유일한 목적인 콘텐츠도 포함된다. 예를 들면 내 채널을 구독하는 조건으로만 다른 크리에이터의 채널을 구독하겠다고 제안하는 '맞구독 제안' 콘텐츠가 여기에 해당한다.

정답 ②

**37** 해설

품질 평가 점수는 1~10의 값으로 측정된다.

정답 ①

**38** 해설

전환수 최대화는 클릭이 아니라 전환 수의 실적에 따라 과금된다.

정답 ③

**39** 해설

프로모션 비디오 광고라는 광고 형식은 존재하지 않는다.

정답 ③

**40** 해설

말 그대로 건너뛸 수 없는 인스트림 광고는 전체 동영상을 보는 것을 목표로 한다.

정답 ②

**41** 해설

유튜브 앱 또는 모바일 유튜브 홈피드 상단에서 전체 동영상이 소리없이 자동 재생되는 광고는 YouTube 마스트헤드이다.

정답 ④

## 42 해설

6초 이하의 짧고 기억하기 쉬운 메시지로 광범위한 고객에게 도달하고자 할 때 사용하면 좋은 유튜브 광고는 범퍼 광고이다.

정답 ②

## 43 해설

잘못된 문제이다. 구글 고객센터의 해당 광고 설명에 의하면 3번과 4번이 모두 정답이다. 다만 과거에는 브랜드 인지도 및 도달 범위만 가능했던 것 같다. 따라서 출제자의 의도만을 고려한다면 4번을 답으로 할 수도 있다.

정답 ④

## 44 해설

조회가능 1,000회 노출당비용(CPM)을 기준으로 아웃스트림 광고 비용이 청구된다. 30초가 아니라 2초만 넘어도 과금이 된다.

정답 ③

## 45 해설

인피드 동영상 광고는 조회당 비용(CPV)이라는 입찰 전략을 사용하여 구매된다.

정답 ④

## 46 해설

동영상 도달 범위 캠페인은 타겟 CPM 입찰가를 사용한다. 이는 '브랜드 인지도 및 도달 범위'를 캠페인 목표로 삼는다는 것을 의미한다.

정답 ④

## 47 해설

클릭과 전환이 활발하게 일어나는 날은 설정한 평균 일일예산이 늘어날 수 있다. 평균 일일 예산을 10만원으로 설정해도 특정일에는 20만원까지 오르는 경우가 있다. 다만 기간이 길어지면 평균 값이 10만원에 수렴된다. 예를 들면 월 단위로는 300만원 정도에 맞추어진다.

정답 ③

**48** 해설

라벨이 지정되지 않은 콘텐츠도 제외할 수 있다.

정답 ③


**49** 해설

'광고 확장의 요소'는 품질평가점수에 영향을 주는 것이 아니라, 오히려 품질평가점수에 영향을 받아 게재 가능 여부가 결정된다.

정답 ③


**50** 해설

도달 범위 플래너는 YouTube 및 Google 동영상 파트너 사이트에서 광고의 도달 범위, 게재 빈도, 지출을 계획할 수 있게 해 준다. 브랜드 리프트 서베이(현재 명칭 : 브랜드 광고 효과)는 성과 예측을 해 주는 도구가 아니라 광고 집행의 결과로서 나타나는 실제 효과를 측정하기 위한 것이다.

정답 ①


**51** 해설

본문 내용에 의하면, 관심위치란 사용자가 관심을 보인 위치라고 설명된다. 관심위치는 검색된 위치, 과거에 머무른 위치, 구글 지도 검색, 구글 검색 시 설정한 위치에 따라 결정된다. 구글의 셀ID 위치는 관심위치가 아니라 물리적 위치에 의한 타겟팅을 할 때 사용된다.

정답 ④


**52** 해설

한국어를 사용하는 사람이 한국에 거주하지 않을 수도 있기 때문에 언어와 국가가 자동으로 매칭되어 타겟팅 되지 않는다.

정답 ④


**53** 해설

교재에 의하면, 관련 키워드, URL 및 앱 등을 입력하여 이상적인 잠재 고객에게 광고를 노출하는 것은 콘텐츠 타겟팅이 아니라 사용자 타겟팅에 해당한다.

정답 ①

**54** 해설

구글 애즈 고객센터에 따르면, '최적화 타겟팅을 사용하면 키워드, 잠재 고객 세그먼트 등의 타겟팅 신호를 선택적으로 제공할 수 있어, 전환 가능성이 높아서 캠페인 목표를 달성하는 데 유리한 고객을 유연하게 찾을 수 있다.' 이러한 최적화는 자동으로 이루어지는 것이므로 수동으로 잠재 고객을 선택한다는 내용은 이와 관련이 없다.

정답 ④

**55** 해설

도달 범위 플래너는 매주 업데이트 된다. 자세한 내용은 교재의 도달 범위 플래너 내용을 참고할 것

정답 ④

**56** 해설

주제 타겟팅은 사용자 타겟팅이 아니라, 콘텐츠 타겟팅에 속한다.

정답 ①

**57** 해설

YouTube 광고에 대한 본문 내용 중 '콘텐츠 타겟팅'을 참고할 것

정답 ④

**58** 해설

상세 인구통계의 사례는 주택 소유, 교육 수준 등이다. 연령, 성별, 자녀 유무 등은 상세인구통계가 아니라 그냥 인구통계에 해당한다.

정답 ③

**59** 해설

동영상 광고를 시청한 것을 조회라고 한다. 특정 시간 이상 광고를 보거나 광고와 상호작용한 경우 조회로 인정한다.

정답 ①

**60** 해설
브랜드 광고 효과(Brand Lift)는 동영상 광고의 효과를 측정하는 무료 도구이다. 이 도구를 사용하면 동영상 캠페인을 조정하고 개선할 수 있다.

정답 ①

**61** 해설
교재의 'YouTube 광고의 관리' 부분에 의하면 이런 상황은 '운영 불가능'에 해당한다.

정답 ③

**62** 해설

<sub>2022년 2회<br>60번 동일</sub>

동영상 광고를 빠르고 편리하게 만들 수 있는 '유튜브 비디오 빌더'는 베타버전으로 존재하다가 지금은 존재하지 않으며, 구글 애즈 내에 '동영상 만들기'라는 이름으로 포함되어 있다.

정답 ①

**63** 해설
콘텐츠 타겟팅은 키워드, 주제, 게재 위치 등을 사용하여 타겟팅을 하는 것인데, ①은 키워드 타겟팅이 아니라 주제 타겟팅에 대한 설명이다.

정답 ①

**64** 해설
구글 광고 보고서의 공식적인 명칭은 '구글 애즈 보고서'이며, 조회가능성에 대한 통계는 별도의 보고서에 실리는 것이 아니라 Google Ads 계정에서 직접적으로 집계된다.

정답 ③

**65** 해설
도달 범위 플래너는 미디어 계획을 정확하게 만들기 위한 도구이다. 계획을 위한 도구이지 결과를 파악하기 위한 도구가 아니다.

정답 ②

**66** 해설
DL-MA는 성인용 콘텐츠를 말한다.

정답 ③

**67**

동영상 광고를 빠르고 편리하게 만들 수 있는 '유튜브 비디오 빌더'는 베타버전으로 존재하다가 지금은 존재하지 않으며, 구글 애즈 내에 '동영상 만들기'라는 이름으로 포함되어 있다. ①, ②, ③은 동영상 만들기의 기능에 해당하지만 스토리텔링 광고를 만들 수 있는 기능은 없다.

**정답** ④

**68**

CPC(클릭당 과금), CPM(노출당 과금), CPA(액션당 과금) 등 다양한 과금 방식이 있다.

**정답** ④

**69**

카카오 모먼트는 카카오가 보유하고 있는 다양한 매체와 연결된 타겟 고객들에게 광고를 설정하고 운영하고 관리하기 위한 플랫폼이다. 카카오 모먼트는 광고 만들기부터 성과 분석까지 원스톱으로 가능하다.

**정답** ①

**70**

카카오 동영상 광고는 PC와 모바일 모두에서 노출될 수 있다.

**정답** ①

**71**

카카오 디스플레이 광고의 과금 기준은 CPC(클릭당 과금), CPM(노출당 과금), CPA(액션당 과금)이다.

**정답** ③

**72**

카카오 비즈보드의 광고 목표는 전환, 방문, 도달이다. 조회는 주로 동영상 캠페인에서 쓰인다.

**정답** ①

**73** 해설

카카오 광고에서 이미지 광고의 유형은 이미지 배너, 이미지 네이티브, 이미지 카탈로그, 이미지 박스 등이 있는데, 이 중 이미지 박스는 다음쇼핑에서만 쓰인다(교재 내 다음쇼핑 설명 참고).

정답 ②

**74** 해설

예약하기는 예약하기 홈, 카카오맵, 카카오톡 채널, 비즈보드 등 다양한 카카오 서비스에서 예약을 할 수 있지만, 카카오 커머스와 직접적인 관련은 없다.

정답 ③

**75** 해설

스마트 채널 광고는 밴드앱 홈, 새소식, 채팅 최상단에 노출되는 상품으로, 프리미엄한 위치에서 비즈니스 메시지를 전달할 수 있다. '성과형 디스플레이 광고' 플랫폼에서 관리 가능하고, 밴드 외에 네이버 지면에서도 노출이 가능하다.

정답 ①

**76** 해설

네이버 밴드 풀스크린 광고는 안드로이드 모바일 전용 상품이므로, PC화면에 노출되지는 않는다.

정답 ②

**77** 해설

알림은 하루 최대 2회까지 보낼 수 있다.

정답 ②

**78** 해설

스티커 보상형 광고는 밴드 스티커 샵 → 무료 탭에서 스티커를 선택한 후 진행 중인 이벤트 페이지에 진입했을 때 노출된다.

정답 ④

**79** 해설

링크드인에 대한 설명이다.

정답 ①

**80** 해설

쇼핑 라이브는 트위터의 광고 상품이 아니다.

정답 ④

**01** 해설

소셜미디어는 인터넷과 모바일 디바이스를 통해 전 세계적으로 빠르게 확산될 수 있는 특성을 가지며, 도달 범위가 매스미디어와 비교해 결코 작지 않다. 오히려 플랫폼과 사용자의 특성에 따라 더 넓은 도달 범위를 가질 수 있다.

정답 ③

**02** 해설

카카오톡이 프로모션 정보 전달에 강점을 가지고 있는 것은 사실이지만, 인스타그램도 광고와 프로모션을 효과적으로 전달할 수 있는 플랫폼이다. 따라서 두 플랫폼의 비교에서 카카오톡만이 이 부분에서 우월하다고 단정 짓는 것은 적절하지 않다.

정답 ②

**03** 해설

소셜미디어 광고는 텍스트 기반만이 아니라 이미지, 동영상 등 다양한 멀티미디어 콘텐츠를 활용해 감정적, 시각적 영향을 주며 설득 커뮤니케이션을 수행한다.

정답 ②

**04** 해설

'메타버스'는 '초월(beyond)'을 뜻하는 '메타(meta)'와 '우주'를 뜻하는 '유니버스(universe)'의 합성어로, 현실 세계의 상호작용을 가상공간에 구현한 콘텐츠와 플랫폼을 포괄적으로 지칭한다.

정답 ④

**05** 해설

'브이로그(Vlog)'는 '비디오(Video)'와 '블로그(Blog)'의 합성어로, 창작자가 자신의 일상생활을 동영상으로 기록하여 소셜미디어에 공개하는 콘텐츠 유형을 뜻한다.
① 숏폼 콘텐츠는 짧은 길이의 동영상 콘텐츠를 의미하며, 브이로그와는 다른 개념이다.
② 기획 콘텐츠는 특정 기획에 따라 제작되는 콘텐츠로, 브이로그와는 다르다.
④ 브랜디드 콘텐츠는 브랜드와 관련된 콘텐츠를 의미하며, 개인의 일상 생활을 기록하는 브이로그와는 다르다.

정답 ③

**06** 해설

언드미디어(Earned Media)는 일반 사용자들이 자발적으로 소셜미디어 등을 통해 공유한 후기나 구전 마케팅을 통해 발생하는 미디어를 의미한다. 기업의 통제 권한은 약하지만, 체험단이나 서포터즈 등을 활용하여 영향을 극대화할 수 있다.

정답 ④

**07** 해설

인스타그램 스토리는 24시간 동안 콘텐츠를 노출한 뒤 자동으로 사라진다. 12시간은 잘못된 정보이다.

정답 ②

**08** 해설

소셜미디어 광고는 고도화된 데이터 분석 및 트래킹 기능을 제공하여 도달률, 클릭률, 빈도수 등을 정확히 측정할 수 있다. 따라서 이는 소셜미디어 유료 광고의 장점이지 단점이 아니다.

정답 ②

**09** 해설

인스타그램 탐색탭에서도 9:16 화면 비율의 동영상 광고를 사용할 수 있다. 탐색탭은 피드와 유사하게 다양한 비율의 콘텐츠를 지원한다. 다만 화면에 표시 될 때는 1:1 비율의 썸네일로 표시된다.

정답 ②

**10.** 해설

① 메타의 광고 관리 시스템은 페이스북과 인스타그램이 통합되어 있기 때문에, 인스타그램 광고를 운영하려면 페이스북 비즈니스 계정과 연결된 페이스북 페이지가 필요하다.

④ 메타의 앱 설치 캠페인을 실행하려면 반드시 페이스북 개발자 계정에 앱을 등록하고, 필요한 설정 (예 앱 이벤트 트래킹)을 완료해야 한다. 앱 등록 없이 캠페인을 진행할 수는 없다.

정답 ④

**11** 해설

oCPM(최적화된 CPM)은 도달률과 빈도를 최적화하며, 예산과 기간에 따라 최대한 많은 타깃 고객에게 광고를 노출하는 데 적합한 입찰 방식이다. 이는 한정된 예산 내에서 광고 비용 지출을 예측 가능하게 하고, 도달률과 빈도를 기준으로 광고를 최적화한다.

① CPV(Cost Per View)는 동영상 광고에서 유효한 입찰 방식이며, 도달과 빈도를 최적화하는 목적에는 적합하지 않다.

③ CPS(Cost Per Sale)는 구매를 유도하는 데 적합한 방식으로, 도달과 빈도를 최적화하는 데는 맞지 않는다.

④ CPC(Cost Per Click)는 클릭당 비용을 기준으로 광고비가 청구되며, 도달과 빈도를 최적화하는 방식에는 부합하지 않는다.

정답 ②

**12** 해설

Meta for Business에서 설정할 수 있는 비즈니스 목표 유형은 잠재고객 유치, 트래픽 유도, 앱 홍보 등과 같은 구체적인 캠페인 목표에 초점이 맞춰져 있다. 최저 CPC는 입찰 방식이나 광고 성과 지표로 사용되지만, 비즈니스 목표 유형으로 설정되지는 않는다.

정답 ④

**13** 해설

새로 론칭한 브랜드의 경우, 소비자들에게 브랜드를 알리는 것이 가장 중요하다. '인지도' 캠페인 목표는 브랜드나 제품에 대한 관심을 높이고, 최대한 많은 사람들에게 광고를 노출시켜 브랜드를 인식시키는 데 적합하다.

① 트래픽은 웹사이트나 앱에 방문을 유도하는 목표로, 브랜드 런칭 초기에는 인지도를 높이는 것이 더 중요하다.

③ 참여는 사용자와의 상호작용을 유도하는 목표로, 초기 브랜드 홍보에는 인지도가 더 우선이다.

④ 판매는 직접적인 판매를 목표로 하는 캠페인으로, 브랜드 런칭 후 일정 시간이 지나 판매가 목표가 될 수 있다.

정답 ②

**14** 해설

추적은 2단계 광고 세트가 아니라 3단계 광고에서 설정한다.

정답 ③

## 15 해설

Meta의 광고 경매에서 광고 순위 낙찰에 영향을 미치는 요소는 광고주 입찰가, 추산행동률, 그리고 광고 품질이다. 광고주의 고객 리스트 규모는 경매 결과에 직접적인 영향을 미치지 않는다. 이는 타깃 설정의 일부일 뿐, 경매 순위의 평가 기준은 아니다.

정답 ③

## 16 해설

지정된 CPM(예약 캠페인)은 도달과 빈도를 목적으로 사용하는 캠페인이다. 인지도와 참여 목표는 반드시 지정된 CPM 방식으로 구매해야 하는 것이 아니다.

정답 ③

## 17 해설

광고주의 고객리스트에 포함된 이메일 정보는 광고주가 직접 제공하는 데이터 소스로, Meta가 자체적으로 제공하는 소스가 아니다. 나머지 옵션들은 Meta 플랫폼 내에서 사용자의 활동에 기반하여 Meta가 직접 제공하는 타기팅 소스에 해당한다.

정답 ④

## 18 해설

유사 타기팅(Lookalike Audience)는 맞춤 타깃을 기반으로, 해당 타깃과 유사한 특성을 가진 새로운 잠재 고객을 찾는 기능이다. 이 기능은 새로운 고객층 발굴을 목적으로 사용된다.
① 맞춤 타깃과 유사 타깃은 크기와 노출 범위에서 차이가 있을 수 있다.
② 유사 타깃의 규모는 1~10%로 설정할 수 있으나, 10%에 가까울수록 유사성이 낮아진다.
④ 타깃 개수 제한은 10개가 아니라, 다양한 요인에 따라 더 많이 생성 가능하다.

정답 ③

## 19 해설

컬렉션 광고는 제품 카탈로그를 기반으로 설정되며, 사용자가 광고를 클릭하면 즉시 전체 제품 목록을 볼 수 있는 형식이다. 이를 위해 카탈로그 세팅이 필수적이다. 나머지 형식은 카탈로그 없이도 광고를 운영할 수 있다.

정답 ④

**20** 해설

Meta의 이미지 광고에서 파일 크기는 최대 30MB까지 허용된다. 이는 고화질 이미지를 활용하되 플랫폼의 파일 크기 제한을 준수하도록 하는 기준이다.

① 9:16 비율은 스마트폰에 최적화되지만, 반드시 이 비율만 사용해야 하는 것은 아니다. 1:1 또는 4:5 비율도 널리 사용된다.

③ 광고는 텍스트보다 시각적 요소가 중심이 되어야 효과적이며, 텍스트 비율이 과도하면 성과가 저하될 수 있다.

④ 파일 크기를 최소화하는 것보다 고품질 크리에이티브를 제작하는 것이 더 중요하다.

정답 ②

**21** 해설

Meta의 Audience Network는 외부 앱과 웹사이트에서 광고를 노출할 수 있는 네트워크이다. 광고주가 특정 퍼블리셔나 웹사이트에서 광고가 노출되지 않도록 제어하려면 차단 리스트(Block List)를 생성하고 적용해야 한다. 이 방법은 특정 노출 위치를 제외하면서도 자동 노출 옵션을 사용할 수 있게 해 준다.

① 타기팅과 차단 리스트는 다른 개념이다. 차단 리스트는 특정 노출 지면 자체를 제한하는 데 사용된다.

③ Audience Network를 완전히 제외하는 것이 아니라 특정 퍼블리셔만 제한할 수 있다.

④ Facebook과 Instagram만 캠페인을 진행하는 것은 Audience Network를 활용하지 않는 별도의 전략이며, 질문의 의도와 맞지 않다.

정답 ②

**22** 해설

슬라이드 광고는 최대 10개의 이미지나 동영상을 사용할 수 있다.

정답 ②

**23** 해설

페이스북 페이지는 Meta 광고 시스템의 핵심이며, 인스타그램 광고를 운영하려면 페이스북 페이지와 연결이 필수적이다. 또한, 페이스북은 여전히 다양한 연령층에서 강력한 도달력을 가지고 있어 비즈니스 성장에 유리하다. 따라서 페이스북 페이지를 포기하고 인스타그램 채널만 운영하는 것은 바람직하지 않다.

정답 ①

## 24 해설

동영상 광고에서는 광고의 핵심 메시지를 처음 몇 초 안에 전달하는 것이 중요하다. 소비자는 광고를 짧게 보고 스크롤을 넘기는 경향이 있기 때문에, 마지막이 아니라 초반부에 메시지를 명확히 전달해야 광고 효과를 극대화할 수 있다.

**정답** ④

## 25 해설

Meta의 광고 시스템에서 광고주는 인스트림 동영상, 인스턴트 아티클, Audience Network에서 광고가 노출되지 않도록 차단할 수 있는 콘텐츠 카테고리를 설정할 수 있다. 참사 및 분쟁 콘텐츠, 성인용 콘텐츠, 혐오 콘텐츠와 같은 민감한 주제를 차단할 수 있지만, 구인·구직 콘텐츠는 차단할 수 있는 카테고리에 포함되지 않는다.

**정답** ④

## 26 해설

Meta의 주문형 인스트림 광고(On-Demand In-Stream Ads)를 통해 수익을 창출하려면 특정 자격 요건을 충족해야 한다. 그러나 최근 60일 동안의 시청 시간 요건은 50,000분이 아니라 600,000분이다.

**정답** ②

## 27 해설

Meta의 커뮤니티 규정은 표현의 자유를 중시하지만, 동시에 허위 정보, 폭력적 콘텐츠, 증오 발언 등 커뮤니티 규정에 어긋나는 콘텐츠는 제한한다. 따라서 개인 뉴스나 콘텐츠라도 무제한의 자유를 보장하지 않는다.

**정답** ④

## 28 해설

oCPM(Optimized Cost Per Mille)은 Meta의 입찰 방식으로, 광고주의 목표(예 구매, 전환 등)에 따라 가장 가능성이 높은 타깃 소비자에게 광고 노출을 최적화한다.
② 실시간 경매 방식은 타기팅과 광고 집행 일정 변경이 가능하며, 매우 유연한 구매 방식이다.
③ CPC는 클릭당 비용을 지불하는 방식으로 보장 노출과는 관계가 없다.
④ 예약 구매에 특정 최소 모수 요구는 없으며, 이는 캠페인 설정 및 타깃팅 조건에 따라 다르다.

**정답** ①

**29** 해설

WhatsApp은 고객과의 친밀하고 직접적인 소통을 위해 설계된 플랫폼으로, 특히 중소기업들이 고객 문의 응대, 개인화된 메시지 전달, 프로모션 공유 등에 효과적으로 활용할 수 있다. 따라서 '친밀한 소통은 기대하기 어렵다'는 설명은 틀리다.

정답 ④

**30** 해설

Meta for Business의 특별 광고 카테고리는 민감한 영역에서 공정성과 차별 방지를 위해 도입된 것으로, 주로 주택, 신용, 고용과 같은 분야에 적용된다. 교육은 특별 광고 카테고리에 포함되지 않는다. 특별 광고 카테고리의 주요 목적은 광고 타기팅 옵션을 제한하여 민감한 분야에서의 차별이나 불공정한 관행을 방지하는 것이다.

정답 ④

**31** 해설

전환 픽셀이 설치되어 있고 3개월간 데이터가 수집된 상황에서는, 구매 전환을 목표로 하는 판매 캠페인(Conversion Campaign)과 가치 최적화(Value Optimization)를 설정하는 것이 가장 적합하다. 이는 매출 향상을 위해 구매 가능성이 높은 타깃에게 광고를 노출시키고, 높은 가치를 생성하는 고객을 우선적으로 타기팅할 수 있도록 최적화한다.

①, ② 트래픽 캠페인은 클릭이나 랜딩페이지 조회를 유도하는 데 초점이 맞춰져 있어, 직접적인 매출 증가에는 덜 적합하다.

④ '일일 예산 도달'은 최적화 기준이 아니며, 판매 목표와 관련성이 없다.

정답 ③

**32** 해설

리타기팅(Retargeting)은 고객 데이터를 기반으로 이전에 웹사이트를 방문하거나 구매 의도를 보였던 사용자 등 특정 행동을 한 고객을 대상으로 광고를 재노출하는 방식이다. 그러나 '모든 카테고리에서 최적화된 광고 노출'이라는 설명은 리타기팅의 정의와 맞지 않는다. 리타기팅은 특정 행동 데이터를 기반으로 타깃팅하는 방식이지, 모든 카테고리에서 자동으로 최적화되는 것은 아니다.

정답 ④

**33** 해설

브라우저에서 쿠키 지원이 중단되면서 픽셀 기반의 전환 추적이 어려워지고 있다. 전환 API(Conversions API)는 서버와 Meta 광고 플랫폼 간 직접적인 데이터 통신을 통해 전환 데이터를 전송하는 방식으로, 브라우저 제한의 영향을 받지 않는다. 이를 통해 전환 추적과 캠페인 최적화를 효과적으로 유지할 수 있다.

① 메타 픽셀은 여전히 유용하지만 쿠키 제한의 영향을 받기 때문에 한계가 있다.
② 메타 성과 기여는 광고 성과 분석을 위한 도구로, 직접적인 추적 문제 해결책은 아니다.
④ 고객 리스트 맞춤 타깃은 기존 데이터를 활용한 타기팅 전략으로, 전환 추적 문제와는 직접 관련이 없다.

정답 ③


**34** 해설

메타 픽셀(Meta Pixel)은 웹사이트에 설치하여 광고 성과를 측정하고 최적화하는 데 사용되는 코드 조각이다. 하지만 앱에는 메타 SDK(Meta Software Development Kit)가 사용되며, 픽셀은 앱이 아니라 웹사이트에 특화된 도구이다.

정답 ①


**35** 해설

슬라이드 광고에서는 가장 성과가 좋거나 중요한 콘텐츠를 맨 앞에 배치해야 소비자의 관심을 빠르게 끌고, 클릭이나 참여를 유도할 가능성이 높다. 맨 뒤에 중요한 슬라이드를 배치하면 소비자가 해당 콘텐츠를 보기 전에 광고를 넘길 가능성이 높아진다.

정답 ③


**36** 해설

콘텐츠 메뉴는 유튜브 스튜디오에서 동영상, 라이브 스트림, 쇼츠 등 사용자가 업로드한 콘텐츠의 업로드 상태, 공개 설정, 조회수, 댓글수 등을 확인할 수 있는 메뉴이다. 자막 설정은 독립적인 자막 메뉴에서 별도로 관리되며, 콘텐츠 메뉴의 기능은 아니다.

정답 ②


**37** 해설

유튜브의 검색 결과 순위는 단순히 조회수에 의해서만 결정되지 않는다. 유튜브는 알고리즘을 통해 사용자 참여도(예 시청 시간, 좋아요, 댓글), 메타데이터(예 제목, 태그, 설명), 그리고 콘텐츠의 관련성 등을 종합적으로 고려해 순위를 결정한다.

정답 ①

**38** 해설

유튜브의 맞춤 동영상 추천 알고리즘은 사용자의 시청 행동, 피드백, 구독 채널, 시청 시간 등을 기반으로 작동한다. 특정 주제(⑳ 전 세계에서 일어나고 있는 일들)가 맞춤 동영상 선정의 직접적인 기준이 되는 것은 아니다.

정답 ①

**39** 해설

구글 애즈(Google Ads)에서는 MCC(Manager Account)를 통해 하나의 이메일 주소로 여러 광고 계정을 관리할 수 있다. MCC 계정은 10개 이상의 계정을 연결하고 관리할 수 있으며, 수 제한은 계정 사용 목적에 따라 달라질 수 있다. 따라서 최대 10개라는 설명은 옳지 않다.

정답 ②

**40** 해설

유튜브의 인기 급상승 동영상(Trending Videos)은 동영상의 조회수 증가 속도, 업로드 기간, 조회 수, 그리고 사용자 참여도(좋아요, 댓글 등)를 종합적으로 평가하여 결정된다. 반면, 구독수는 해당 채널의 전체적인 규모를 나타낼 뿐, 특정 동영상의 급상승 여부를 직접적으로 결정짓는 핵심 신호는 아니다.

정답 ③

**41** 해설

유튜브 파트너 프로그램(YPP)에 가입하기 위해 구글 애즈 가입은 필수 요건이 아니다. 구글 애즈는 광고를 게재하거나 캠페인을 운영하기 위해 사용되는 도구이며, YPP 가입 조건과는 직접적인 관련이 없다.

정답 ④

**42** 해설

유튜브 스튜디오의 '대시보드' 메뉴는 채널의 전반적인 성과와 공지사항 등을 요약해서 보여준다. 그러나 내가 올린 영상과 동일한 영상이 업로드된 채널 정보는 대시보드가 아니라 '저작권(Copyright)' 메뉴에서 확인할 수 있다.

정답 ③

**43** 해설

'맞춤 설정(Customization)' 메뉴는 채널의 프로필, 배너 이미지, 소개 정보, 추천 영상, 재생목록 등을 설정하는 데 사용된다. 하지만 등록된 동영상, 쇼츠, 라이브, 게시물 관리는 '콘텐츠(Content)' 메뉴에서 이루어진다.

정답 ①

**44** 해설

측정항목에 문제가 있다면 그것을 변경하거나 중단할 수는 있지만, 집계 속도를 빠르게 한다고 해서 정확성이 높아지는 것은 아니다.

정답 ④

**45** 해설

유튜브의 인기 급상승 동영상(Trending Videos)은 맞춤 설정되지 않으며, 동일한 국가의 모든 시청 자에게 동일한 목록으로 표시된다. 이는 개인의 시청 기록이나 선호에 따라 달라지지 않으며, 국가별 로 공통된 트렌드를 반영한다.

정답 ③

**46** 해설

유튜브는 조회수가 인정되는 공식적인 시청 시간 기준을 공개하지 않았다. 다만, 유튜브는 조회수를 정상적인 시청으로 간주하기 위해 알고리즘을 통해 스팸성 조회나 비정상적인 활동을 필터링한다. '10초 이상 시청'이라는 기준은 유튜브에서 공식적으로 확인되지 않은 정보이다.

정답 ③

**47** 해설

리드(Lead) 캠페인 목표는 잠재 고객이 이벤트 신청, 연락처 정보 제공, 견적 요청 등을 통해 제품이 나 서비스에 대한 관심을 남기도록 유도하는 데 초점을 맞춘다. 이는 고객 확보를 위한 중요한 단계 이다.

② 판매(Sales)는 직접적인 구매를 유도하는 캠페인 목표이다.

③ 앱 프로모션(App Promotion)은 앱 설치나 사용을 증대시키는 데 초점을 맞춘다.

④ 인지도 및 구매 고려도는 브랜드의 인지도를 높이거나 소비자가 구매를 고려하도록 유도하는 목표이다.

정답 ①

**48** 해설

동영상 조회수 캠페인 하위 유형은 사용자가 광고 동영상을 일정 시간 이상(보통 30초 이상) 시청하거나 광고와 상호작용했을 때에만 비용이 청구된다. 이는 TrueView 모델과 같은 방식으로, 광고주에게 효율적인 비용 지불 구조를 제공한다.

② 효율적 잠재고객 도달은 특정 잠재고객에게 광고를 도달시키는 데 초점을 맞추며, 노출 기반으로 비용이 청구된다.

③ 전환 유도는 전환(예 구매, 가입) 목표를 최적화하며, 비용은 클릭이나 전환 기반으로 청구된다.

④ 타깃 게재 빈도는 특정 잠재고객에게 정해진 빈도로 광고를 노출시키는 방식이며, 비용은 노출 기반으로 청구된다.

정답 ①

**49** 해설

도달(Reach)은 광고가 노출된 고유한 사용자 수를 나타내는 지표이다. 즉, 한 유저가 광고를 여러 번 보더라도 도달 수치는 한 번만 카운팅된다. 반면, 중복 노출까지 모두 포함하는 것은 노출(Impressions)이다.

정답 ①

**50** 해설

'동영상 도달 범위' 캠페인은 정해진 예산으로 최대한 많은 사용자에게 도달하는 데 중점을 둔다. 하지만 개별 시청자에게 정해진 순서대로 광고를 보여주는 기능(Sequenced Ads)은 동영상 시퀀스 캠페인의 하위 유형에 해당하며, 도달 범위 캠페인의 특징이 아니다.

정답 ②

**51** 해설

노출(Impressions)은 광고 형식에 관계없이 사용자가 광고를 본 횟수를 측정하는 기본적인 상호작용 유형이다. 건너뛸 수 있는 인스트림 광고뿐만 아니라 건너뛸 수 없는 광고나 디스커버리 광고 등 다양한 광고 형식에서도 사용된다.

정답 ④

**52** 해설

잠재고객 세그먼트(Audience Segments)는 구글 애널리틱스(GA)가 아닌 구글 광고 플랫폼(Google Ads) 및 유튜브의 사용자 데이터와 행동 정보를 기반으로 구성된다. GA와 직접적으로 연계되지는 않으며, 사용자의 관심사, 구매 의도, 인구통계학적 정보 등을 바탕으로 타기팅이 이루어진다.

정답 ②

**53** 해설

건너뛸 수 있는 인스트림 광고(Skippable In-Stream Ads)는 유튜브 동영상의 시작, 중간, 끝에 재생되며, 시청자가 5초 후 건너뛸 수 있다. 그러나 이 광고는 동영상 플레이어 내에서 재생되며, 유튜브 검색 결과나 동영상 옆에 표시되지 않는다. 해당 위치에 표시되는 광고는 디스커버리 광고(Discovery Ads)이다.

정답 ④

**54** 해설

카테고리 중심 동영상 광고는 인피드, 인스트림, YouTube 검색, YouTube Shorts에 게재 가능한 게재위치가 있는 모든 동영상 캠페인에서 세로 동영상이 지원된다.

정답 ②

**55** 해설

범퍼 광고(Bumper Ads)는 6초 이하의 짧은 광고로, 건너뛸 수 없는 광고 형식이다. 시청자는 광고를 스킵할 수 없으며, 광고가 끝날 때까지 시청해야 한다.

정답 ③

**56** 해설

아웃스트림 광고(Outstream Ads)는 클릭이 아닌 노출 기준으로 과금되는 방식이다.

정답 ①

**57** 해설

컴패니언 동영상은 마스트헤드 광고를 보완하기 위한 동영상이며, 반드시 2개의 동영상을 추가해야 하는 것은 아니다. 또한, 동일한 채널의 동영상이어야 한다는 제한도 없다.

정답 ③

**58** 해설

사용자 행동 타기팅은 사용자의 관심사와 온라인 행동 데이터를 바탕으로 이루어진다. 유튜브 광고에서 관심분야 및 습관 정보(Affinity & Custom Intent)를 활용하면 사용자가 자주 방문하거나 소비하는 콘텐츠에 따라 타기팅이 가능하다.
① 언어 타기팅은 사용자가 사용하는 언어에 따라 광고를 노출하는 지역 타기팅의 일부이다.
② 인구통계 타기팅은 나이, 성별, 가계 소득 등 인구통계학적 정보를 기준으로 타기팅한다.
③ 제외 타기팅은 특정 대상이나 카테고리를 제외시켜 광고를 노출하지 않도록 설정하는 방식이다.

정답 ④

**59** 해설

게재위치 타기팅(Placement Targeting)은 광고를 특정 웹사이트, 유튜브 채널, 앱 등 명확하게 지정한 위치에 노출하는 방식이다. 이는 브랜드의 타깃이 명확하고 특정 플랫폼이나 콘텐츠와 연관성이 있을 때 가장 효과적이다. 타깃이 넓고 명확하지 않을 경우 사용하는 것은 적합하지 않다.

정답 ③

**60** 해설

구글 애즈의 주제 타기팅(Topic Targeting)에서 최상위 주제와 하위 주제를 추가하는 것은 타기팅 범위와 광고의 도달 범위에 차이가 있다. 하위 주제를 추가하면 더 구체적인 타기팅이 가능하며, 최상위 주제 하나를 추가하는 것보다 더 좁은 범위에 광고가 노출된다. 따라서 두 설정은 동일하지 않다.

정답 ④

**61** 해설

연령구분은 1~24세가 아니라 18~24세이다. 주택 소유, 교육 수준 등 상세한 인구통계를 잠재고객 유형으로 사용할 수 있다(출처 : 구글 애즈 고객센터).

정답 ②

**62** 해설

잠재고객 관리자(Audience Manager)는 구글 애즈에서 잠재고객 세그먼트와 소스를 생성, 관리 및 최적화할 수 있는 도구이다. 이 도구를 통해 기존 잠재고객을 활용하거나 새로운 잠재고객 세그먼트를 생성하고, 성과를 분석하여 캠페인에 활용할 수 있다.

정답 ④

**63** 해설

유튜브 채널과 구글 애즈 계정은 여러 개의 구글 애즈 계정을 하나의 유튜브 채널에 연동할 수 있다. 이를 통해 다양한 광고 계정에서 동일한 유튜브 채널의 데이터를 활용하여 리마케팅 캠페인을 운영할 수 있다.

정답 ②

**64** 해설

유튜브 채널과 구글 애즈 계정을 연결하면 광고주가 다음과 같은 사용자 목록을 생성할 수 있다.

• 채널의 동영상을 조회한 사용자

• 특정 동영상을 광고로 조회한 사용자

• 채널을 구독한 사용자

그러나 동영상을 공유한 사용자는 유튜브에서 직접 추적 가능한 데이터에 포함되지 않으므로 리마케팅 목록 생성에 활용할 수 없다.

정답 ④


**65** 해설

구글 애즈의 도달범위 플래너(Reach Planner)는 캠페인 도달 범위와 조회수를 예측하는 데 유용한 도구이지만, 제공되는 데이터는 예측치일 뿐 실제 도달범위 및 입찰가와 반드시 일치하지는 않는다. 실제 성과는 캠페인 실행 시 다양한 요인(경쟁, 타깃 설정, 실시간 입찰 환경 등)에 따라 달라질 수 있다.

정답 ④


**66** 해설

입찰 옵션은 CPV(Cost Per View) 방식뿐만 아니라 CPM(Cost Per Mille) 또는 CPA 등 다른 입찰 전략에서도 사용될 수 있다. 따라서 'CPV가 있는 광고에만 입찰 가능'이라는 설명은 옳지 않다. 입찰 방식은 광고 캠페인의 목표와 형식에 따라 유연하게 설정할 수 있다.

정답 ①


**67** 해설

무효 트래픽(Invalid Traffic)은 유튜브 광고에서 의도적인 사기 행위, 의도하지 않은 클릭, 중복 클릭 등 사용자의 실제 관심과는 무관한 트래픽을 의미한다. 이는 광고주에게 비용을 발생시키지만 실제 전환 가능성이 없는 트래픽이다.

① 무효 클릭은 클릭에 국한된 용어로, 무효 트래픽의 하위 개념이다.

② 부정 클릭은 의도적으로 광고를 클릭해 광고주에게 비용을 발생시키는 경우를 지칭하며, 사기 트래픽과 유사한 개념이다.

④ 부정 노출은 광고가 잘못된 방식으로 노출되는 경우를 뜻하지만, 유튜브 광고의 표준 용어로 사용되지 않는다.

정답 ③

**68** 해설

구글 애즈의 저장된 보고서는 사용자가 명시적으로 삭제하지 않는 한 계정에서 자동으로 삭제되지 않는다. 따라서 12개월 동안 액세스하지 않았다고 해서 보고서가 삭제되지 않는다.

정답 ①

**69** 해설

카카오비즈니스 회원 전환으로 일부 주요 서비스와 개발 예정인 서비스에 접근할 수 있지만, 모든 서비스를 즉시 사용할 수 있는 것은 아니다. 3번의 통합광고주센터라는 말 자체가 존재하지 않는다. 대신 '카카오 비즈니스'라고 해야 한다.

정답 ②

**70** 해설

카카오모먼트는 카카오의 대표적인 광고 플랫폼으로, 광고 캠페인 생성, 관리, 타기팅 등을 지원하는 도구이다. 그러나 카카오커머스나 카카오톡 예약하기와 같은 서비스는 카카오모먼트의 직접적인 기능이 아니라, 다른 카카오 비즈니스 플랫폼을 통해 제공된다.

정답 ④

**71** 해설

카카오모먼트에서 1개의 카카오 계정으로 생성할 수 있는 광고계정의 수는 1,500개가 아닌 제한된 범위 내에서 설정되며, 이는 사용 목적 및 정책에 따라 달라질 수 있다. 1,500개라는 숫자는 과장된 수치로 현실적이지 않다.

정답 ④

**72** 해설

카카오 비즈보드는 주로 모바일 환경에서 광고를 집행하는 상품으로, PC 지면을 선점하는 보장형 디스플레이 광고와는 관련이 없다. 카카오는 주로 모바일 디바이스에서 효과적인 광고를 제공하는 솔루션에 중점을 두고 있으며, PC 지면을 선점하는 보장형 디스플레이 광고는 제공하지 않는다.

정답 ③

**73** 해설

카카오 비즈보드 광고는 전환, 방문, 도달을 광고 목표로 한다(카카오 비즈니스 확인).

정답 ①

**74** 해설

카카오톡 채널은 광고주가 내 카카오톡 채널에 등록된 사용자에게 직접 광고, 이벤트, 소식 메시지를 발송할 수 있는 광고 유형이다. 이를 통해 사용자는 카카오톡 채널을 통해 다양한 커뮤니케이션을 할 수 있다.

① 카카오 비즈보드 CPT는 클릭당 비용(CPT) 기반의 광고 유형으로, 카카오톡 채널과는 다른 광고 방식이다.

② 디스플레이 광고는 웹사이트나 앱에 노출되는 광고 형식으로, 직접 메시지를 발송할 수 없다.

④ 브랜딩 메시지 디스플레이는 디스플레이 광고의 한 형태로, 카카오톡 채널 메시지 발송과는 다른 형태이다.

정답 ③


**75** 해설

밴드 파트너센터에서는 네이버 밴드 내에서 알림 광고를 집행할 수 있다. 알림 광고는 밴드 사용자에게 알림 형태로 직접 광고를 전달하는 방식으로, 밴드 사용자에게 강력한 노출을 제공한다.

② 디스플레이 광고는 다른 네이버의 플랫폼에서 제공되는 광고 유형으로, 밴드 파트너센터에서 제공되는 광고 상품은 아니다.

③ 소셜 광고는 다른 형태의 소셜 미디어 플랫폼에서 제공되는 광고 상품이며, 밴드 파트너센터의 상품은 아니다.

④ 네이티브 광고는 보통 콘텐츠와 자연스럽게 결합되는 광고 형식이며, 밴드 파트너센터에서는 제공되지 않는다.

정답 ①


**76** 해설

네이버 밴드는 주로 30대 이상의 사용자층이 두터운 소셜 미디어로, 20대 미만의 사용자 비중은 상대적으로 낮다. 20대 미만은 다른 소셜 미디어(예 인스타그램, 틱톡 등)에서 더 활발하게 활동하는 경향이 있다.

정답 ①


**77** 해설

네이버 밴드 알림 광고에서는 파트너 정보를 개인으로 입력한 경우에도 광고 발송은 가능하다. 세금계산서 발행과 광고 발송은 별개의 과정으로, 세금계산서를 발행하지 않아도 광고는 발송될 수 있다.

정답 ④

**78** 해설

네이버 밴드광고 공식 안내에 의하면, 밴드 소셜 광고는 1) 밴드 게시글 홍보, 2) 밴드 알리기, 3) 밴드 스티커를 활용한 보상형 광고라는 세 가지 종류가 있다.

정답 ④

**79** 해설

틱톡은 중국의 바이트댄스(ByteDance)가 개발한 숏폼 동영상 플랫폼이다. 틱톡은 미국이 아니라 중국에서 개발되었으며, 글로벌 시장에서 인기를 끌고 있다.

정답 ③

**80** 해설

라이브 커머스(Live Commerce)는 실시간 방송을 통해 제품을 소개하고, 시청자들이 실시간으로 질문하거나 구매할 수 있는 쇼핑 형태이다. 이는 소셜 미디어 플랫폼을 이용해 판매자가 직접 상품을 설명하고, 실시간 상호작용을 통해 소비자와 소통하면서 상품을 판매하는 방식이다.

① 온라인 쇼핑은 인터넷을 통해 상품을 구매하는 모든 형태의 쇼핑을 의미하며, 실시간 소통이 포함되지 않는다.

② 커뮤니케이션 쇼핑은 일반적으로 사용되는 용어가 아니다.

④ 홈 커머스는 가정 내에서 사용하는 커머스를 의미하며, 실시간 방송 쇼핑과는 관련이 없다.

정답 ③

PART 3

# 기출유형문제 | 정답 및 해설

**01** 해설

웹 2.0 기술을 기반으로 발전했다.

정답 ①

**02** 해설

소셜미디어는 대량의 타겟에게 대량의 메시지를 전달하기보다는 정교한 타겟팅을 통해 유효한 목표 고객에게 메시지를 보내는 데 유리하다.

정답 ④

**03** 해설

가상현실에 대한 정의이다. 증강현실은 현실세계의 기반 위에 가상의 사물을 합성하여 보강한 것을 말한다.

정답 ①

**04** 해설

140자 제한은 트위터의 가장 차별적인 특징이다. 일부 국가에서는 280자로 확대되었지만 우리나라 등 일부 국가에서는 제한이 유지되고 있다.

정답 ①

**05** 해설

링크드인은 비즈니스 전문 소셜 네트워크 플랫폼의 선두주자로서, 보기에 나오는 다른 셋과 크게 차별화된다.

정답 ③

**06** 해설

소셜미디어 마케팅은 소셜미디어 최적화 같은 비광고성 마케팅도 포함되지만, 광고 등 유료 마케팅 도구를 사용할 수도 있는 분야이다.

정답 ②

**07** 해설

소셜미디어 최적화는 소셜미디어 플랫폼을 통한 비광고적, 즉 유기적인 활동에 국한된다.

정답 ④


**08** 해설

SNS는 Social Network Service의 약자이다.

정답 ①


**09** 해설

인스트림 동영상은 가로 16:9 비율을 권장한다.

정답 ④


**10** 해설

광고의 낙찰은 입찰가, 추산 행동률, 광고 품질 등이 종합적으로 고려되어 결정된다. 입찰가가 가장 높아도 다른 두 개의 평가가 낮다면 낙찰되지 않을 수도 있다.

정답 ③


**11** 해설

광고 세트당 최대 50개의 광고를 포함할 수 있다.

정답 ④


**12** 해설

타겟 고객에게 최대 하루 한 번 광고를 표시하는 것을 일일고유도달이라고 칭한다.

정답 ②


**13** 해설

내 소스는 광고주의 소스이며 광고주의 자산으로부터 나온 정보를 말한다. 웹사이트는 페이스북이 소유하는 자산이 아니라 광고주가 소유한 자산이므로, 내 소스 중 하나로 볼 수 있다.

정답 ③

**14** 해설

SDK는 모바일 웹이 아니라 모바일 애플리케이션으로부터 정보를 얻기 위한 것이다.

정답 ②

**15** 해설

타겟 위치 선택 기능을 통해 지역 또는 국가를 선택할 수 있다.

정답 ④

**16** 해설

최소 20만명의 타겟이 필요하다.

정답 ②

**17** 해설

컬렉션 광고를 위한 인스턴트 경험 템플릿에는 스토어, 룩북, 신규 고객 확보가 있다.

정답 ④

**18** 해설

광고를 표시할 위치를 직접 선택하는 것은 수동노출위치이다.

정답 ③

**19** 해설

웹사이트에 설치하는 코드를 픽셀이라고 한다. SDK는 유사한 기능을 하지만 웹사이트가 아니라 앱에 설치한다는 점이 픽셀과 다르다.

정답 ③

**20** 해설

ROAS는 매출을 광고비용으로 나눈 것이다. 만일 매출이 1억원이고 광고비가 2천만원이라면, ROAS = 1억원 ÷ 2천만원 = 5이고, 이를 백분율로 나타내면 500%이다.

정답 ③

**21** 해설

다이내믹 크리에이티브에 대한 설명이다.

① 다이내믹 광고란 카탈로그 판매 증대를 위해 가장 적절한 타겟에게 맞춤화되어 전달되는 광고를 말한다.

정답 ②


**22** 해설

크리에이티브 허브에 대한 설명이다.

① 크리에이티브 스튜디오는 광고주가 아닌 크리에이터를 위한 공간이다.

정답 ②


**23** 해설

Instagram에만 shop을 만드는 거라면, Facebook 비즈니스 페이지는 필요 없다.

정답 ④


**24** 해설

Meta의 비즈니스 플랫폼에 있는 커머스 관리자에서 카탈로그를 관리할 수 있다.

정답 ②


**25** 해설

카탈로그에 상품을 추가하는 방법은 수동, 데이터 피드, Facebook 픽셀을 이용하는 방법 등이 있다.

정답 ④


**26** 해설

Facebook 픽셀로 이벤트 데이터를 수집할 때에는 고객의 행동 데이터가 Facebook 쿠키와 함께 브라우저를 통해 전달되기 때문에, 쿠키 지원을 중단하는 브라우저가 늘어나면 웹사이트 전환 추적이 어려워져 캠페인 최적화를 위해 전환 API를 구현할 필요가 있다.

정답 ④


**27** 해설

브랜드 광고 효과(Brand Lift)는 노출, 클릭, 전환 같이 기기로부터 자동으로 수집한 데이터가 아니라 제품과 브랜드에 대해 소비자들에게 직접 물어본 데이터를 통해 광고 효과를 측정하는 도구이다.

정답 ①

**28** 해설

비즈니스 관리자를 사용하지 않아도 Facebook 개인 광고 계정으로 광고를 만들 수는 있으나 Meta에서는 비즈니스 관리자 사용을 권장한다.

정답 ④

**29** 해설

모바일 동영상 광고에서 가로 방향 동영상은 권장되지 않는다.

정답 ④

**30** 해설

큰 사건은 최대한 신중하게 게시해야 한다.

정답 ④

**31** 해설

오프라인 전환을 측정하기 위해 매장 컴퓨터에 오프라인 API를 설치한다.

정답 ④

**32** 해설

이벤트 데이터 소스는 사람들이 비즈니스의 웹사이트, 모바일 앱 또는 매장에서 취하는 행동을 추적한 것을 말한다.

정답 ①

**33** 해설

특별광고 카테고리에는 신용, 고용, 주택, 사회문제, 선거, 정치 등이 속한다.

정답 ①

**34** 해설

참여에는 '좋아요, 댓글, 공유'가 포함되며 비즈니스의 페이지에서 발급한 쿠폰 수령도 포함된다.

정답 ③

**35** 해설

슬라이드 광고의 이미지의 가로 세로 비율은 일정해야 한다.

정답 ③

**36** 해설

문제에서 설명한 내용은 Facebook IQ의 새로운 이름인 Meta Foresight이다. 하지만 Facebook의 공식 문서에서 Facebook IQ라는 용어가 아직 사용되는 경우도 있다.

정답 ①

**37** 해설

사용자 수 기준으로 세계 최대의 소셜미디어 플랫폼은 Facebook이다.

정답 ④

**38** 해설

동영상 캠페인의 가치를 추적할 때 가장 널리 쓰이는 지표는 조회율이다. 조회율은 노출수 대비 동영상 광고 유료 조회수의 비율을 나타낸다.

정답 ②

**39** 해설

검색에 사용된 기기, 사용자의 위치, 시간, 광고 확장 등은 광고 품질과 관련이 있으나 품질 평가 점수에 반영되지 않는다.

정답 ④

**40** 해설

원하는 광고의 목표에 맞춰야 하는 경우 입찰가를 증액할 필요가 있다.

정답 ④

**41** 해설

메시지는 유튜브 광고 캠페인의 목표가 될 수 없다.

정답 ④

**42** 해설
광고의 길이는 15초 이하이다.
정답 ①

**43** 해설
건너뛸 수 있는 인스트림 광고, 건너뛸 수 없는 인스트림 광고, 범퍼 광고는 컴패니언 배너를 지원한다.
정답 ④

**44** 해설
CPV 입찰을 사용하는 경우 시청자가 동영상을 30초 지점까지 보았을 때 과금된다.
정답 ③

**45** 해설
자동재생은 광고의 동영상 조회수에 포함되지 않으며, 시청자가 광고의 유튜브 보기 페이지를 방문할 때까지 비용이 청구되지 않는다.
정답 ③

**46** 해설
6초 이하만 가능하고, CPM 입찰 방식을 사용하며, 광고를 건너뛸 수 없다.
정답 ④

**47** 해설
문제에서 설명하는 유튜브 동영상 광고의 종류는 인피드 동영상 광고이다. 아웃스트림 광고는 YouTube 외부 파트너 사이트에서 재생되는 광고이다.
정답 ①

**48** 해설
Google 광고팀 또는 대행사와 협의가 필요하다.
정답 ③

**49** 해설

30초 이하의 광고인 경우에는 광고를 모두 보아야 과금된다.

정답 ②

**50** 해설

동영상 광고 시퀀스 캠페인에서 사용할 수 있는 4개의 템플릿은 다음과 같다.

• 소개 및 강화
• 메시지 전달 및 액션 유도
• 관심 유도 및 안내
• 참여 유도 및 차별화

정답 ①

**51** 해설

리마케팅 목록을 생성할 때는 구글 애즈의 잠재 고객 관리자에 들어가야 한다.

정답 ②

**52** 해설

유튜브 광고 순위 계산에 반영되는 요소는 입찰가, 입찰 시점의 예상 CTR 측정치, 광고 관련성, 방문 페이지 만족도(품질) 등이 있다.

정답 ④

**53** 해설

건너뛸 수 있는 인스트림 광고는 5초 후에 건너뛸 수 있다.

정답 ②

**54** 해설

일부 공개 상태에서 가능한 일은 URL 공유, 채널 섹션에 추가, 댓글 작성이다. 검색에 노출되는 것은 일부 공개가 아니라 '공개' 상태일 때 가능하다.

정답 ③

**55** 해설

캠페인에서 이미 전환 추적을 사용하고 있는 경우에도 사용을 권장한다.

정답 ④

**56** 해설
키워드 타겟팅은 콘텐츠 타겟팅에 속하는 항목이다.
정답 ④

**57** 해설
유튜브와 디스플레이 네트워크에 속한 웹사이트, 동영상, 채널, 앱, 앱 카테고리 등 광고를 게재할 위치를 구체적으로 선택할 수 있는 타겟팅 방법으로서 키워드, 주제, 게재 위치로 도달 범위를 좁히는 타겟팅을 콘텐츠 타겟팅이라고 한다. 키워드 타겟팅이나 주제 타겟팅과 같이 광고가 자동으로 사이트에 게재되는 타겟팅 방법과 달리 게재 위치를 직접 선택할 수 있다.
정답 ②

**58** 해설
내 이벤트에 응답하지 않은 사람을 제외할 수 있다.
정답 ④

**59** 해설
유튜브의 타겟팅 방법은 크게 사용자 타겟팅과 콘텐츠 타겟팅으로 나눌 수 있다.
정답 ②

**60** 해설
타겟 CPM을 사용하면 Google Ads에서 잠재 고객에게 전체 시퀀스 캠페인을 보여주기 위해 입찰가를 최적화하므로 광고주는 더 높은 시퀀스 완료율을 얻을 수 있기 때문에 타겟 CPM 방식을 권장한다.
정답 ②

**61** 해설
맞춤 세그먼트는 관련 키워드, URL 및 앱 등을 입력하여 이상적인 잠재 고객에게 도달하기 위한 세그먼트로서, 캠페인의 요건에 가장 적합한 잠재 고객이 자동으로 선택된다.
① 유사 세그먼트는 기존 고객과 유사한 신규 고객(사이트 방문자, 전환한 적이 있는 사용자 등)을 자동으로 찾아 만드는 것이다.
② 합성 세그먼트는 다양한 세그먼트 속성을 교차하여 타겟팅 세그먼트를 만드는 것이다.
정답 ④

**62** 해설

맞춤 동영상은 동영상 시청 중에 다음에 볼만한 동영상을 추천하는 기능이다.

정답 ②


**63** 해설

캠페인이 사용자들의 제품 및 브랜드 인식에 어떻게 영향을 주는지 자세히 알아보는 데 매우 효과적인 도구는 브랜드 광고 효과이다.

정답 ④


**64** 해설

입찰을 통해 구매한 인스트림 및 범퍼 광고에 적용할 수 있으며, 아웃스트림 및 인피드 동영상 광고에는 적용할 수 없다.

정답 ①


**65** 해설

타인 소유 저작권이 있는 음악이 포함된 영상을 올린 경우, 내 동영상 콘텐츠에 내 허락 없이 광고가 실릴 수 있으며, 이 광고로부터의 수익은 나에게 오지 않고, 유튜브와 저작권자에게 분배된다.

정답 ②


**66** 해설

유튜브에서는 담당자가 신고된 동영상을 연중무휴 검토한다.

정답 ④


**67** 해설

사용자 참여를 높이기 위한 동영상으로서, 내 동영상 광고 아래에 게재되며 몰입도 높은 동영상 경험을 제공하여 내 광고가 전달하는 메시지를 강화하고 확장하는 역할을 하는 동영상을 관련 동영상이라고 한다.

정답 ②

**68** 해설

- DL-PG : 보호자 동반 시청가
- DL-T : 청소년 이상 시청가
- DL-MA : 성인용 콘텐츠

정답 ①

**69** 해설

카카오톡 채팅탭에 노출되는 대표적인 광고 상품은 비즈보드이다.

정답 ④

**70** 해설

카카오 모먼트는 카카오의 대표 광고 플랫폼으로서 카카오 비즈보드, 디스플레이 광고, 동영상 광고, 메시지 광고 등 카카오가 보유하고 있는 다양한 광고를 관리하는 곳이다.

정답 ②

**71** 해설

조회 목표는 동영상 광고 유형에서만 설정 가능하다.

정답 ④

**72** 해설

카카오 이모티콘은 카카오 커머스가 아니라 ㈜카카오에서 판매한다.

정답 ④

**73** 해설

카카오 비즈보드는 오브젝트형, 썸네일형, 마스킹형, 텍스트형 등 4가지 유형의 배너를 다양한 형태로 변형해서 마케팅에 최적화된 광고 소재를 제작할 수 있다.

정답 ②

**74** 해설

소득 정보는 오디언스 설정을 위해 사용할 수 없다.

정답 ②

**75** 해설

풀스크린 앱 종료 광고는 Android 전용 상품이고, CPC가 아니라 고정가로 과금된다. 타겟팅은 성별로만 가능하다.

정답 ④

**76** 해설

① '성과형 디스플레이 광고' 플랫폼에서 관리 가능하다.
② 실시간 입찰 방식이다.
③ 과금 기준은 CPM, CPC 둘 다 가능하다.

정답 ④

**77** 해설

① 성별 타겟팅만 가능하다.
② 최저 CPC는 10원이다.
③ 정보 입력 익일부터 알림 발송이 가능하다.

정답 ④

**78** 해설

나이 타겟팅은 5세 단위로 가능하다.

정답 ①

**79** 해설

네이버 밴드 알림 광고는 성과형 디스플레이 광고 플랫폼이 아니라 밴드 비즈센터에서 관리한다.

정답 ④

**80** 해설

링크드인의 다이내믹 광고는 각각의 회원에 대해 동적으로 변화하는 개인화된 광고로서 맞춤형 광고를 만들기 위해 회원의 프로필 사진, 이름, 직무 등을 사용한다.

정답 ④

인생이란 결코 공평하지 않다.
이 사실에 익숙해져라.

- 빌 게이츠 -

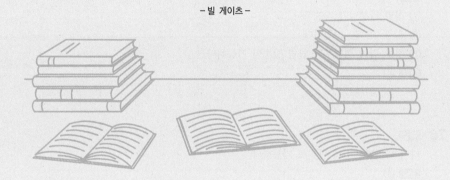

# PART 4

# 부 록

## CONTENTS

우리는 삶의 모든 측면에서 항상 '내가 가치있는 사람일까?'
'내가 무슨 가치가 있을까?'라는 질문을 끊임없이 던지곤 합니다.
하지만 저는 우리가 날 때부터 가치있다 생각합니다.

– 오프라 윈프리 –

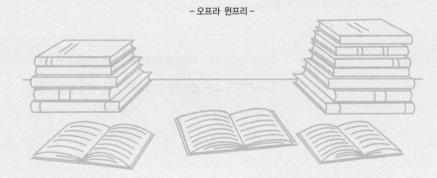

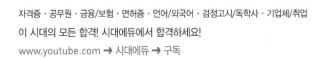

# SNS광고마케터 1급 샘플문제 A형

▶ 정답 및 해설 377p

본 시험의 운영기관인 한국정보통신진흥협회에서 제공한 샘플문제입니다. 일부 문제는 Meta, Google, 네이버, 카카오 등 운영사의 정책 변경 사항 등을 반영하여 용어, 문구 등을 일부 수정하여 수록하였습니다.

**01** 다음 중 소셜미디어와 매스미디어에 대한 설명으로 틀린 것은?

① 매스미디어가 소셜미디어보다 사용자에게 도달 범위가 제한적이다.

② 매스미디어는 주로 일방향적 소통이지만 소셜미디어는 주로 양방향 소통이다.

③ 소셜미디어는 블로그와 퍼블리싱 네트워크도 포함한다.

④ 소셜미디어는 기술이 발전할수록 다양한 플랫폼이 생성되고 있다.

**02** 다음 중 소셜미디어가 매스미디어에 비해 우위를 점하고 있는 요소가 아닌 것은?

① 사회적 관계      ② 정보의 공유

③ 인맥형성      ④ 대량의 메시지 전달

**03** 다음 소셜미디어 중 짧은 포맷의 영상 콘텐츠를 업로드하는 플랫폼 중 하나로 중국 기업이 만든 것은?

① Instagram      ② YouTube

③ TikTok      ④ Facebook

**04** 다음 중 유기적인(organic) 마케팅 활동과 가장 거리가 먼 것은?

① Social Media Management Marketing

② Paid Ads Marketing

③ Content Marketing

④ SEO(Search Engine Optimization)

**05** 다음 중 소셜네트워크 서비스의 종류로 분류하기 어려운 서비스는?

① 네이버 밴드
② 카카오스토리
③ 소셜 다이닝
④ LinkedIn

**06** 다음 중 소셜미디어 마케팅 전략을 통해 비즈니스가 가질 수 있는 이점이 아닌 것은?

① 브랜드 인지도 향상
② 새로운 고객확보의 기회 제공
③ 소셜미디어 최적화
④ 마케팅 비용 증대

**07** 다음 중 기업에서 소셜미디어 도입과 관련해서 부정적 피드백(댓글)의 폐해가 걱정될 시 생각할 수 있는 '소셜미디어 대응 프로세스'가 아닌 것은?

① 감정(Assessment)
② 평가(Evaluate)
③ 대응(Respond)
④ 보고(Report)

**08** 다음 중 마케팅에서 제품/서비스를 사용할 핵심 고객(타겟)을 이해하기 위한 가상의 고객(타겟)을 지칭하는 용어로, 배우들이 쓰던 가면을 가리키는 단어에서 유래된 것은?

① 페르소나
② 세그먼트
③ 프로모션
④ 포지셔닝

**09** 다음 중 Meta 비즈니스 광고 캠페인 준비사항에 대한 설명으로 틀린 것은?

① Instagram 지면에만 광고 노출을 원하는 경우 Facebook 페이지 없이 비즈니스 관리자를 통해 세팅하면 된다.

② Instagram의 공개 콘텐츠 중 '슬라이드형' 게시물을 이용해서 '브랜드 인지도 증대' 목표로 광고를 진행할 수 있다.

③ 매출을 위해 전환 캠페인을 세팅하기 위해서는 Facebook 전환 이벤트 준비가 필요하다.

④ 앱 설치 캠페인을 위해서는 Facebook 앱 등록 없이 진행할 수 없다.

**10** 다음에서 설명하는 캠페인 세팅 시 적절한 전략은 무엇인가?

> 고객이 신제품의 브랜드 인지도 증대를 위해 TV CF를 제작하였다. 해당 브랜드의 비즈니스 목표는 조회수 극대화가 필요하기 때문에 동영상 조회수 목표 캠페인이 적합하다고 판단하였다. 이 브랜드는 자동 노출 위치를 사용해서 CPV 효율성 확보를 하려고 한다.

① 최근 스토리형과 세로형 영상이 인기가 많으니 (9:16) 동영상만 사용한다.

② Facebook 노출 지면과 Instagram 지면에 적합한 1:1 비율의 동영상을 제작한다.

③ 자동 노출 위치 및 자산 맞춤 설정을 사용하고 노출 위치별로 다양한 화면비를 사용한다.

④ Messenger 스토리는 9:16 비율보다 1:1 비율이 적합하다.

**11** 다음 중 Meta for Business의 광고가 오프라인에서 발생하는 매출에 대한 영향력을 측정하고 싶다면 Facebook 비즈니스 솔루션에서 어떠한 기능 활용을 고려해야 하는가?

① Meta픽셀

② Meta SDK

③ 브랜드사의 로열티 프로그램

④ Meta 오프라인 전환 API 기능

**12** 다음 중 Facebook Shop의 카탈로그를 활용한 광고 방법 중 하나가 아닌 것은?

① 다이내믹 광고
② 슬라이드 광고
③ 라이브 쇼핑
④ 제품 태그 광고


**13** 핵심 타겟을 조합해서 타겟팅하고 있는 온라인 소매업체가 있다. 이 방법으로는 CPA도 높고 구매 전환 즉 판매도 저조하다. 매출을 개선하기 위한 적절한 광고 목표와 타겟팅 방법은?

① 전환 캠페인 선택/유사 타겟팅
② 전환 캠페인 선택/핵심 타겟팅
③ 트래픽 캠페인 선택/관심사 기준 타겟팅
④ 트래픽 캠페인 선택/웹사이트 리타겟팅


**14** 다음 중 광고캠페인 진행 시 Meta 픽셀을 통해 활용할 수 있는 이점이 아닌 것은?

① 캠페인을 측정하기 위한 지표를 파악하고 설정
② 광고를 노출하기에 알맞은 타겟 생성
③ 캠페인을 통해 유입된 사용자의 행동 분석
④ 광고 전환 최적화를 통한 성과 증대


**15** 다음에서 Facebook 비즈니스 광고의 노출지면 중 Audience Network 인스트림 동영상 지면에 노출이 불가능한 캠페인 목표는?

① 도달
② 메시지
③ 전환
④ 잠재 고객 확보

**16** 다음 중 Facebook 비즈니스 광고의 머신러닝을 설명하는 내용 중 가장 적합한 것은?

① 머신러닝으로 입찰 구매와 미디어 플래닝 등을 모두 처리할 수 있다.
② 머신러닝은 알고리즘과 예측 분석을 통해 최적의 입찰가로 적합한 타겟을 찾는다.
③ 머신러닝은 클라이언트 비즈니스의 목표를 자동으로 설정해 준다.
④ 머신러닝은 타겟의 특징에 따라 광고 메시지를 자동으로 맞춤화해 준다.

**17** 머신러닝을 통해 광고 예산의 유동성이 최적의 상태로 설정되었을 때 예상되는 이점이 아닌 것은?

① 캠페인 목표를 정하는 단계에서 어떤 목표로 최적화할 지 결정할 수 있다.
② 머신러닝을 통해서 캠페인의 새로운 타겟을 파악하는데 도움을 얻을 수 있다.
③ 캠페인 설정을 간소화할 수 있다.
④ 캠페인에서 최저의 비용으로 최상의 성과를 낼 가능성을 높일 수 있다.

**18** 다음 중 광고 에이전시에서 지역, 인구통계에 대한 Facebook 사용자의 집계정보를 포함하여 Facebook 페이지를 팔로워한 타겟 등 다양한 유용한 정보와 통찰을 제공해 주는 리서치 팀을 가리키는 말은?

① 캠페인 플래너
② Facebook IQ
③ 잠재 고객(타겟) 인사이트
④ 광고 관리자

**19** 다음 중 Meta for Business 광고 시스템에서 캠페인 실적을 파악하기 위해 사용할 수 있는 '측정 방법' 및 '지표'를 나타내는 용어가 아닌 것은?

① Conversion Rate
② Audience Network
③ A/B Testing
④ Brand Survey Test

**20** 다음 중 Meta Business Suite 기능 및 설명 중 틀린 것은?

① Meta Business App Family 광고 운영 및 추적
② Facebook 페이지, 광고 계정 등의 자산 관리
③ 비즈니스 관리 지원을 위해 대행사나 마케팅 파트너 추가
④ Facebook 샵과 카탈로그 관리 기능은 제공하지 않음

**21** 다양한 광고 세트를 갖고 있는 어떤 캠페인의 성과를 극대화하고자 할 때 가장 적합한 예산 전략 방안은?

① CBO를 이용해 캠페인 목표에 맞게 각각의 광고 세트에 최적의 예산 분배가 되도록 한다.
② 캠페인의 각 광고 세트에 동등하게 예산을 분배한다.
③ 가장 좋은 성과가 기대되는 광고 세트에 예산을 가장 높게 할당한다.
④ 광고 기간 동안 수동으로 광고 세트를 ON/OFF 한다.

**22** 다음 중 Meta for Business에서 제공하는 노출 위치 자산 맞춤화에 대한 설명 중 틀린 것은?

① 노출 위치에 따라 다른 자산을 사용한다.
② 각 노출 위치에 따라 다른 화면 비율을 사용한다.
③ 노출 위치에 따라 더 짧은 동영상을 업로드할 수 있다.
④ 노출 위치별로 텍스트는 변경할 수 없다.

**23** 다음 중 크리에이티브의 유연성을 제공하기 위한 Facebook 비즈니스 솔루션의 기능 중 다이내믹 크리에이티브와 다이내믹 언어 최적화의 설명이 틀린 것은?

① 다이내믹 크리에이티브 기능을 이용하여 타겟별 크리에이티브 성과를 비교할 수 있다.
② 여러 타겟을 대상으로 어떤 크리에이티브가 가장 효과적인지 테스트할 수 있다.
③ 다이내믹 언어 최적화는 글로벌 캠페인 시 고객의 기본 언어에 맞게 문구를 자동으로 번역하는 것이다.
④ 다이내믹 언어 최적화와 다이내믹 크리에이티브를 동시에 적용하여 사용할 수 있다.

**24** 약 6개월 전에 픽셀 설치를 완료한 온라인 커머스몰이 있다. 수익성을 해치지 않고 매출을 향상시키기 위해 가장 적절한 캠페인 목표와 최적화 기준은 무엇인가?

① 전환 캠페인 목표 및 가치최적화 기준
② 전환 캠페인 목표 및 일일 고유 도달 최적화 기준
③ 트래픽 캠페인 목표 및 랜딩페이지 조회 최적화 기준
④ 트래픽 캠페인 목표 및 링크클릭 최적화 기준

**25** Meta for Business Suite는 크리에이터와 퍼블리셔가 콘텐츠를 수익화할 수 있는 기능을 제공한다. 크리에이터의 동영상 내에 인스트림 동영상 광고를 붙이는 방법 중 부적절한 형태는?

① 동영상이 시작되기 전에 재생되는 형태
② 동영상 중간에 재생되는 형태
③ 동영상 콘텐츠 아래에 표시되는 고정 이미지 형태
④ 35초짜리 동영상 콘텐츠가 끝난 후 재생되는 형태

**26** 다음 중 Facebook 커뮤니티 규정이 중시하는 가치가 아닌 것은?

① 콘텐츠의 진실성 보장을 위한 허위 계정 생성 차단
② 사람의 존엄성과 권리 보장을 위해 괴롭힘과 모욕적인 콘텐츠 차단
③ 개인정보와 사생활 보호를 위한 개인정보 보호기능 제공
④ 표현의 자유를 위해서 개인 뉴스는 제한없이 자유롭게 보장

**27** 다음 중 인스트림 동영상, 인스턴트 아티클, Audience Network에서 광고주가 차단할 수 있는 콘텐츠 카테고리는?

① 도박 콘텐츠
② 성인용 콘텐츠
③ 주류 및 정치 콘텐츠
④ 위 모두

**28** 다음 중 Meta의 앱 패밀리(광고 노출 지면)에 광고를 최적화하기 위한 자동 노출 위치 사용에 대한 장점 설명 중 틀린 것은?

① 동일한 예산으로 더 많은 전환결과를 얻을 수 있다.
② 캠페인의 광고가 Facebook 앱 패밀리 전반에 걸쳐 노출된다.
③ 동일한 예산으로 더 많은 타겟에게 도달할 수 있다.
④ 광고 노출 위치를 광고주가 세밀하게 통제할 수 있다.


**29** 다음 중 Meta의 비즈니스 광고와 연관되어 비즈니스 성장을 위해 고객에게 노출할 수 있는 앱 중 설명이 틀린 것은?

① Facebook은 비즈니스 페이지를 통해 광고할 수 있다.
② Instagram은 사진과 동영상을 공유하며 영감을 얻고 새로운 관계를 만들어 나갈 수 있다.
③ Messenger를 통해 더 많은 신규고객 확보가 가능하다.
④ WhatsApp은 한국 시장 내에서 영향력이 크다.


**30** 다음 중 비즈니스 목표를 설정하기 위한 질문으로 적절하지 않은 것은?

① 목표를 달성해야 하는 시기가 언제인가
② 신규 캠페인을 위한 광고 크리에이티브가 있는가
③ 이전 마케팅 활동에 대한 히스토리와 성공여부
④ 새로운 주요 경쟁업체로 인한 시장 변화 유무


**31** 다음 중 잘 정의된 비즈니스 목표는 무엇인가?

① 20-30대 여성을 타겟으로 TV CF 광고 영상 제작
② 작년 4분기 대비 브랜드 사이트 회원 가입 수 증대
③ 내년 1분기까지 금년 4분기 대비 동일한 광고비용으로 ROAS 350% 달성
④ 충성고객 증대를 위한 앱 개발

**32** 다음 중 비즈니스 광고 관리자에서 캠페인을 신규로 세팅할 때, 광고 세트 수준에서 선택할 수 없는 것은?

① 광고 전환 추적 옵션
② 광고 노출위치 설정 옵션
③ 광고 타겟팅(핵심 타겟, 유사 타겟, 맞춤 타겟) 옵션
④ 광고 예산 및 일정 옵션

**33** 다음 중 광고 목표에 따라 이용가능한 광고 게재 최적화 방법 중 틀린 것은?

① 광고 상기도 성과 증대 : 최대한 많은 사람들이 광고를 본 것을 기억하도록 게재
② 도달 : 타겟에게 광고를 최대한 여러 번 게재
③ 랜딩 페이지 조회 : 웹사이트 또는 인스턴트 경험을 읽어 들일 가능성이 높은 타겟에게 광고를 게재
④ 앱 이벤트 : 특정 액션을 1회 이상 취할 가능성이 가장 높은 타겟에게 광고 게재

**34** Facebook에서 널리 사용되는 방식으로서, 광고주가 원하는 행동을 취할 가능성이 높은 사람에게 광고를 표시하는 입찰 방식을 무엇이라고 하는가?

① CPM
② 최적화된 CPM
③ CPV
④ CPC

**35** 다음 중 Meta 비즈니스 광고의 타겟팅 방식에 대한 설명으로 틀린 것은?

① 핵심 타겟 : 연령/관심사/지역 등의 기준에 따라 타겟을 정의하고 타겟
② 맞춤 타겟 : 온라인이나 오프라인에서 비즈니스에 반응을 보인 타겟
③ 유사 타겟 : 소스타겟을 기준으로 유사유저를 타겟으로 생성
④ 특별 광고 타겟 : 고객데이터를 기반으로 광고 카테고리 상관없이 사용가능한 타겟

**36** 다음 중 Facebook 비즈니스 관리자의 데이터 소스에 포함되지 않는 것은?

① 카탈로그
② 도메인
③ 맞춤 전환
④ 픽셀


**37** 다음 중 유튜브 최초 건너뛰기(Skip, 스킵)가 가능한 동영상 광고로, 조회 가능성이 높은 시청자에게 광고를 게재하는 방식의 광고 상품은 무엇인가?

① 건너뛸 수 있는 인스트림 광고(Skippable in-stream Ads)
② 범퍼 광고(Bumper Ad)
③ 트루뷰 비디오 디스커버리(Trueview Video Discovery)
④ CPM 마스트헤드(Masthead)


**38** 다음 중 건너뛸 수 있는 인스트림 광고에 적용할 수 있는 과금 방식은 무엇인가?

① CPC(cost per click)
② CPA(cost per action)
③ CPM(cost per mile)
④ CPV(cost per view)


**39** 다음 중 건너뛸 수 있는 인스트림 광고 노출 시 '건너뛰기' 버튼이 노출되는 시점으로 알맞은 것은?

① 3초 후
② 5초 후
③ 7초 후
④ 10초 후

**40** 다음 중 1분 분량의 동영상에 건너뛸 수 있는 인스트림 광고가 노출될 때, CPV 입찰 방식으로 과금되는 시점으로 알맞은 것은?

① 10초 시청
② 20초 시청
③ 30초 시청
④ 60초 시청 완료

**41** 다음 중 건너뛸 수 있는 인스트림 광고가 노출되는 위치로 알맞은 것은?

① 유튜브 홈피드
② 유튜브 검색결과
③ 유튜브 영상 시청페이지
④ 유튜브 영상 시청페이지 하단

**42** 다음 중 건너뛸 수 있는 인스트림 광고의 과금 기준으로 틀린 것은?

① 영상 내 랜딩 URL 클릭 시
② '건너뛰기' 버튼 클릭 시
③ 컴패니언 배너 클릭 시
④ CTA(Call To Action)

**43** 다음 중 트루뷰 인스트림 광고를 CPV 방식으로 노출할 때 15초 영상 소재를 사용할 경우 과금 시점으로 알맞은 것은?

① 5초 시청 시
② 7초 시청 시
③ 10초 시청 시
④ 15초 시청 완료 시

**44** 다음 중 유튜브 건너뛸 수 있는 인스트림 광고 동영상 광고 집행 시 허용되는 영상 소재 길이로 적합한 것은?

① 15초 미만
② 30초 미만
③ 60초 미만
④ 제한 없음

**45** 다음 중 유튜브 동영상 광고의 최소 CPV 입찰 단가로 적합한 것은?

① 50원
② 100원
③ 없음
④ 200원

**46** 다음 중 구글의 광고 프로그램인 구글 애즈(Google Ads)에서 할 수 없는 광고는 무엇인가?

① 유튜브 동영상 광고
② 구글 앱 광고
③ 구글 디스플레이 광고
④ 유튜브 실시간 스트리밍

**47** 다음 중 유튜브 광고 집행 시 광고 영상 소재를 등록해야 하는 위치로 알맞은 것은?

① 구글 애즈(Google Ads) 광고 탭
② YouTube 채널
③ 홈페이지
④ SNS 페이지

**48** 다음 중 트루뷰 비디오 디스커버리 광고(인피드 동영상 광고)의 과금 방식으로 알맞은 것은?

① 썸네일 or 텍스트 클릭 후 영상을 30초 이상 시청 시
② 썸네일 or 텍스트 클릭 후 영상을 5초 이상 시청 시
③ 썸네일 or 텍스트 클릭하여 영상이 로드된 경우
④ 광고영상 공유, 좋아요, 댓글, 구독 클릭 시

**49** 다음 중 트루뷰 비디오 디스커버리 광고 클릭 시 연결되는 곳으로 알맞은 것은?

① 광고 영상 시청 페이지
② 기업 홈페이지
③ 기업 SNS 채널
④ 기업 이벤트 페이지

**50** 다음 중 유튜브 동영상 광고 시 사용하는 컴패니언 이미지 배너의 크기로 적합한 것은?

① 300×50
② 300×60
③ 300×100
④ 486×80

**51** 다음 중 조회율(View Rate)에 대해 올바르게 설명한 것은?

① 광고를 건너 뛴 시청자 비율
② 광고 노출 대비 클릭 비율
③ 광고 노출 대비 조회 비율
④ 광고 노출 대비 시청 완료 비율

**52** 다음 중 동영상 광고가 시작된 이후 15초 동안 건너뛰기가 불가한 광고 상품은 무엇인가?

① 건너뛸 수 없는 인스트림 광고
② 트루뷰 인스트림 광고
③ 트루뷰 비디오 디스커버리 광고
④ 범퍼 광고

**53** 다음 중 유튜브 광고의 조회수를 굳이 따질 필요가 없는 광고는?

① 트루뷰 인스트림 광고
② 건너뛸 수 없는 광고
③ 트루뷰 비디오 디스커버리 광고
④ 정답 없음

**54** 다음 중 트루뷰 인스트림 광고 집행 시 노출수 100,000회, 조회수 20,000회인 영상의 조회율로 알맞은 것은?

① 20%
② 2%
③ 0.2%
④ 10%

**55** 다음 중 6초 범퍼 광고의 과금 방식은 무엇인가?

① CPC
② CPV
③ CPD
④ CPM

**56** 다음 중 범퍼 광고의 작동 방식 설명으로 틀린 것은?

① 최대 6초의 건너뛸 수 없는 동영상 광고
② 범퍼 광고 집행 시 영상 조회수는 증가하지 않음
③ 입찰 방식으로 CPM 또는 CPC 선택 가능
④ 효과적인 인지도 및 도달 확대 등의 목표 달성 가능

**57** 다음 중 유튜브 동영상 광고가 게재되지 않는 곳은?

① 구글 디스플레이 네트워크 동영상 파트너
② 구글 검색결과
③ 유튜브 영상 시청페이지
④ 유튜브 홈피드(첫화면)


**58** 다음 중 개별 시청자에게 특정 순서로 광고를 게재하여 내 제품 또는 브랜드 스토리를 전달하는 방식은 무엇인가?

① 아웃스트림
② 광고 시퀀스
③ 디렉터 믹스
④ 광고 균등게재


**59** 다음 중 유튜브 광고 검토 소요 시간은?

① 대부분의 광고는 영업일 기준 1일(24시간) 이내 검토 완료
② 대부분의 광고는 영업일 기준 1시간 이내 검토 완료
③ 대부분의 광고는 영업일 기준 12시간 이내 검토 완료
④ 대부분의 광고는 영업일 기준 2일(48시간) 이내 검토 완료


**60** 다음 중 두 개 연속으로 게재되는 동영상 광고가 허용되는 유튜브 내 영상 콘텐츠의 길이는?

① 1분 이상
② 3분 이상
③ 5분 이상
④ 영상 길이와 상관없음

**61** 다음 중 유튜브 광고가 불가한 동영상 공개 상태는 무엇인가?

① 유튜브 채널 내 '비공개' 상태
② 유튜브 채널 내 '공개' 상태
③ 유튜브 채널 내 '일부공개' 상태
④ 모든 상태에서 광고가 가능함

**62** 다음 중 유튜브 광고 시 동일 유저에게 반복적으로 광고가 노출되는 것을 최소화하기 위해 적합한 최적화 방법은 무엇인가?

① 광고 게재빈도 설정을 통한 인당 광고 노출수 제한
② 광고 게재방식을 빠른게재에서 일반게재로 변경
③ 광고 게재방식을 일반게재에서 빠른게재로 변경
④ 광고 타겟팅 2개 이상 설정

**63** 다음 중 유튜브 리마케팅 리스트를 만들기 위한 초기 목록 크기는?

① 30일
② 7일
③ 14일
④ 60일

**64** 다음 중 중복 시청을 최소화하고 순시청자를 최대한 늘리기 위한 방법은?

① 광고 예약기능을 통해 특정 시간대만 광고 노출
② 광고 게재빈도 설정
③ 광고 입찰가 최소화
④ 광고 일반게재 설정

**65** 다음 중 목표 타겟 도달 범위 및 예산별 적합한 광고 포맷과 상품 조합 등이 가능한 구글 애즈 내 플래닝 도구(Tool)는 무엇인가?

① 크로스 미디어 인사이트(Cross Media Insight-XMI)
② 브랜드 리프트 서베이(BLS, Brand Lift Survey)
③ 도달 범위 플래너(Reach Planner)
④ 유튜브 서치 업리프트 리포트(YouTube Search UpLift Report)

**66** 다음 중 유튜브 광고 효율을 높이기 위한 방법으로 거리가 먼 것은?

① 적절한 CPV 입찰가
② 영상 조회율 높임
③ 영상 클릭률 높임
④ 타겟팅은 최대한 넓게 하기

**67** 다음 중 유튜브 채널 수익 창출 조건에 해당되지 않는 것은?

① 구독자 10,000명 초과
② 최근 12개월 간 유효 시청 시간 4,000시간 이상
③ 연결된 단 하나의 애드센스 계정
④ 채널 커뮤니티 가이드 위반 경고 없음

**68** 다음 중 카카오광고의 과금 방식이 아닌 것은?

① CPC(cost per click)
② CPA(cost per ation)
③ CPM(cost per mile)
④ CPS(cost per sale)

**69** 다음 중 카카오 광고의 기본 타겟팅 방식이 아닌 것은?

① 소득 타겟
② 관심분야 타겟
③ 지역 타겟
④ 광고 반응 타겟

**70** 다음 중 광고가 게재될 수 없는 상태는 무엇인가?

① 광고 '승인됨' 상태
② 광고 '게재 중' 상태
③ 광고 '승인됨(제한적)' 상태
④ 광고 '검토 중' 상태

**71** 카카오 광고에서 타겟팅을 위해 수집할 수 없는 사용자 데이터는?

① 카카오 채널의 메시지를 읽은 사용자
② 디스플레이 광고를 클릭한 사용자
③ 광고를 통해 광고주의 카카오채널을 추가한 사용자
④ 카카오톡 비즈보드 광고 이미지를 3초 이상 본 사람

**72** 다음 중 카카오 광고에서 동영상광고의 노출 위치가 아닌 것은?

① 카카오톡
② 다음
③ 카카오스토리
④ 카카오페이

**73** 다음 중 카카오 비즈보드의 특성이 아닌 것은?

① 카카오톡 채팅리스트의 최상단에 위치할 수 있다.
② 캠페인 목표에 따라서 픽셀 또는 SDK를 설치하여 활용한다.
③ 여러가지 랜딩페이지를 만들 수 있다.
④ 동영상 광고가 가능하다.

**74** 다음 중 카카오 비즈보드의 노출영역에 대한 설명으로 틀린 것은?

① 카카오톡 채팅 최상단 영역만 노출이 불가능하며 카카오서비스에 동시 노출된다.
② 카카오버스, 카카오지하철, 카카오네비 등에 노출된다.
③ 다음(Daum) 영역에 노출된다.
④ URL, 포스트 랜딩소재에 한해서 외부 네트워크 영역에 노출된다.

**75** 다음 중 밴드에 대한 설명으로 알맞지 않은 것은?

① 월간 2,000만명의 순 이용자가 이용하는 국내 소셜미디어 1위 매체이다.
② 남성과 여성의 비율이 8:2로 압도적으로 남성의 이용자가 많다.
③ 핵심 구매연령인 30대~50대 이용자가 많다.
④ Facebook, Instagram 이용자 대비 40대와 50대가 많은 편이다.

**76** 다음 중 밴드에서 집행 가능한 광고 상품명이 아닌 것은?

① 풀스크린 광고
② 인터랙티브 광고
③ 네이티브 피드 광고
④ 스마트채널 광고

**77** 다음 중 네이버 밴드의 광고 상품별 과금 방식이 올바르지 않은 것은?

① 풀스크린 광고는 광고집행을 보장하는 보장형 광고이며 고정가격이다.
② 네이티브 피드 광고와 스마트채널 광고는 입찰을 통하여 노출되는 성과형이다.
③ 네이티브 피드 광고는 CPM, CPC, CPV 과금을 사용할 수 있다.
④ 스마트채널 광고는 CPC 입찰 방식만 있다.


**78** 다음 중 네이버 밴드에서 앱 종료 시 노출되는 1일 1광고주 단독 노출상품으로 브랜드 인지 효과 및 클릭을 극대화할 수 있는 안드로이드 전용상품은 무엇인가?

① 네이티브 광고
② 스마트채널 광고
③ 동영상 광고
④ 풀스크린 광고


**79** 다음 중 네이버 밴드 광고인 '네이티브 피드 광고'에 대한 설명 중 적절치 않은 것은?

① 리얼타임 비딩 광고 상품이다.
② 최소 입찰가는 부가세를 포함하여 CPM 110원, CPC 11원, CPV 11원이다.
③ 네이버 성과형 디스플레이 광고 플랫폼을 통해서 진행할 수 있다.
④ 캠페인 목적은 웹사이트 트래픽만 가능하다.


**80** 다음 중 네이버 밴드 광고인 '네이티브 피드 광고'의 타겟팅 옵션에 대한 설명으로 틀린 것은?

① 시간 및 요일 타겟팅이 가능하다.
② 성별 및 연령 타겟팅이 가능하다.
③ 앱의 OS에 따라 달리 타겟팅할 수 없다.
④ 광고주의 브랜드를 알고 있거나 접한 적이 있는 맞춤 타겟에게 노출 가능하다.

▶ 정답 및 해설 389p

본 시험의 운영기관인 한국정보통신진흥협회에서 제공한 샘플문제입니다. 일부 문제는 Meta, Google, 네이버, 카카오 등 운영사의 정책 변경 사항 등을 반영하여 용어, 문구 등을 일부 수정하여 수록하였습니다.

**01** 다음 중 Instagram을 활용한 소셜마케팅 전략에 대한 설명 중 틀린 것은?

① Instagram 스토리 광고에 설문 스티커를 활용해서 반응을 이끌어 낸다.

② Instagram Live로 고객들과 소통하며 충성 고객을 확보해 나간다.

③ 피드와 스토리 릴스 등 이미지와 동영상에 제품 태그를 삽입한다.

④ 고객들에게 프로모션 내용에 대해서 DM을 지속적으로 보내어 참여를 유도한다.

**02** 다음은 소셜미디어 플랫폼에 대한 설명이다. 설명에 맞는 매체는 무엇인가?

- 2016년 150개 국가 및 지역에서 75개 언어로 시작한 서비스이다.
- 15초에서 3분 길이의 숏폼(short-form)비디오 형식으로 영상을 제작하고 공유할 수 있는 소셜 네트워크 서비스이다(2022년 2월부터 10분 길이의 영상도 가능함).
- 음악과 결합된 챌린지에 많이 활용되는 서비스로 미국 대중음악 시장에도 큰 영향을 미치고 있다.

① TikTok                    ② Snapchat

③ Instagram 릴스            ④ Twitter

**03** 다음 중 소셜미디어 플랫폼별 강약점에 대한 설명으로 틀린 것은?

① 가장 많은 사람들이 사용하는 SNS는 Facebook이다.

② 판촉을 위해 높은 할인율을 한 눈에 보이게 하기 위해서는 유튜브가 Facebook보다 낫다.

③ 동일한 취향과 취미를 가진 사람들과 소통하기에는 네이버 밴드가 적합하다.

④ 크리에이터가 수익을 창출하기에는 유튜브가 적합하다.

PART 4

**04** 다음 중 기업의 인스타그램 공식 채널운영 시 권장하는 전략이 아닌 것은?

① 항상 해시태그를 사용하라.
② 인플루언서들과 꾸준히 소통하라.
③ 프로필에 반드시 URL 링크를 포함하라.
④ 콘텐츠의 특징을 반영하기보다는 최대한 많은 방문자를 이끌어낼 수 있는 해시태그를 사용하라.


**05** 기업 소셜미디어 담당자가 브랜드 콘텐츠 마케팅 전략을 구성하고 있다. 다음 중 가장 적합하지 않은 마케팅 전략은 무엇인가?

① Instagram의 경우 브랜드 콘셉트를 보여주는 계정과 인플루언서 계정을 분리하여 운영
② 긍정적인 리뷰 콘텐츠를 블로거들과 협력하여 제작 및 배포
③ 효율적인 인력 리소스 관리를 위해 최근 유행하는 TikTok 매체만 관리를 집중
④ 긍정적인 여론 형성을 위해 커뮤니티와 협력하여 프로모션을 진행


**06** 다음 중 초월(Beyond), 가상을 의미하는 단어와 세계를 의미하는 합성어로 소셜미디어 플랫폼을 활용한 가상 세계에서 정치, 경제, 사회, 문화 활동을 수행하는 것을 가리키는 알맞은 용어는 무엇인가?

① 인공지능                    ② 블록체인
③ 메타버스                    ④ 세컨드라이프


**07** 다음이 뜻하는 용어는 무엇인가?

> • 동영상과 기록을 뜻하는 영어 단어의 합성어이다.
> • 유튜브 등의 동영상 플랫폼에서 유행했던 영상 콘텐츠 형태의 하나이다.
> • 영국 BBC 방송 비디오네이션이라는 시리즈물에서 시초가 되었다.

① 숏폼콘텐츠                  ② 기획콘텐츠
③ 브이로그                    ④ 라이브스트리밍

**08** 디지털 놀이문화를 뜻하는 것으로 디지털 유행코드를 뜻하는 단어이며, 우리나라에서는 '짤방'이나 '짤'로 불리기도 하는 단어를 무엇이라 하는가?

① 밈(meme)                        ② MZ 세대
③ UCC                              ④ 바이럴 비디오

**09** 어떤 광고주가 Audience Network 내에서 특정 퍼블리셔/웹사이트에 광고를 게재하지 않으려고 한다. 노출을 크게 줄이지 않으면서 효과적으로 할 수 있는 방법은 무엇인가?

① Facebook과 Instagram만 캠페인을 진행한다.
② 광고주가 가장 선호하는 몇몇 웹사이트만 골라서 광고한다.
③ Audience Network 선택을 해제한 후 광고한다.
④ 특정 퍼블리셔/웹사이트를 담은 차단리스트를 적용한 후 자동노출 위치를 선택하여 광고한다.

**10** 다음 중 다양한 상품을 보유한 온라인 쇼핑몰에서 컬렉션 광고를 이용해서 매출을 효과적으로 증대하기에 가장 적합한 크리에이티브 전략은?

① 15초 동영상 및 전 제품의 카탈로그 연동
② 15초 커버 동영상 및 판매율이 높은 4개 상품으로 구성된 제품 세트
③ 가로 커버 이미지 및 전 제품의 카탈로그 연동
④ 가로 커버 이미지 및 판매율이 높은 4개 상품으로 구성된 제품 세트

**11** 최근 쿠키 지원을 중단하는 브라우저가 늘어나면서 웹사이트 전환 추적이 어려워짐에 따라 성과 저하 현상이 나타날 수 있다. 이와 같은 상황에서 캠페인 최적화를 위해 구현해야 하는 기능은 무엇일까?

① 자동 고급매칭
② Facebook 성과 기여
③ 전환 API
④ 수동 고급매칭

**12**  다음 중 카탈로그에 자주 변경되지 않는 적은 수량의 인벤토리를 업로드 해야 한다면, 관리자가 카탈로그에 제품을 추가할 수 있는 최적의 방법은?

① 수동 업로드
② 구글 스프레드 시트 대량 수동 업로드
③ 픽셀 사용
④ 전환 API 사용

**13**  다음 중 Meta for Business에서 실행하고 있는 '다이나믹 캠페인'을 위한 Meta 픽셀/SDK의 이벤트 값 중 필수 이벤트 값이 아닌 것은?

① ViewContent
② AddToCart
③ Purchase
④ Checkout

**14**  Meta 광고를 통해 발생한 모바일 App 내의 이벤트를 측정할 때 사용되는 가장 적절한 도구는?

① Meta SDK
② Meta 픽셀
③ Meta 앱 API
④ Meta 이벤트 코드

**15**  다음 중 브랜드의 TV 광고 영상을 Facebook을 이용한 모바일 브랜드 캠페인에서 효과적으로 활용하기 위해 가장 적합한 방법은 무엇인가?

① 브랜드 TV 광고 영상의 스토리 전체를 보여주기 위해 무편집본 사용
② 영상에 자막을 추가
③ 최초 3초 이내에 브랜드를 노출하여 15초 이상의 영상으로 재구성하여 사용
④ 영상 스토리의 핵심 결론을 15초 이후에 배치하여 궁금증 유발

**16** 브랜드에서 S/S 컬렉션 시즌 상품을 소개하려고 한다. 시즌 신상품 이미지 20개와 15초짜리 동영상과 함께 사용해서 구매 고려도를 높이고자 한다. 다음 중 가장 적합한 광고 크레이티브 형식은?

① 슬라이드쇼　　　　　　　　② 컬렉션
③ 동영상　　　　　　　　　　④ 단일이미지


**17** 다음 중 모바일용 크리에이티브 스토리텔링 기법이 아닌 것은?

① 버스트 : 스토리 구조를 전면에 드러냄
② 셔플 : 트레일러와 같이 콘텐츠를 짜집기하여 화면을 전환함
③ 펄스 : 스토리 구조를 패턴화하여 짧은 순간에 반복적인 장면을 보여줌
④ 전개 : 어느 정도의 시간 흐름을 통해 스토리를 전개


**18** 다음에서 설명하는 브랜드가 선택해야 할 입찰 방식으로 알맞은 것은?

> 브랜드는 광고에 대한 도달과 광고비용 지출의 예측을 중요하게 생각한다. 예산이 한정되어 있으므로 선택한 기간에 타겟 고객에게 빈도를 기준으로 광고를 집행하고 싶다.

① CPM　　　　　　　　　　② CPA
③ CPC　　　　　　　　　　④ CPV


**19** 다음에서 설명하는 브랜드에는 어떤 목표가 사용되어야 하는가?

> 자사 Facebook에서 신규고객이 제품을 확인하고 Messenger를 통해 대화하도록 유도함으로써 잠재 고객을 확보하고자 한다. 저렴한 비용으로 잠재 고객과의 대화 수를 최대화하고자 한다.

① 메시지 전달을 목표로 한 Messenger 연결광고
② 다이내믹 광고를 활용한 카탈로그 판매 캠페인
③ 메시지 전달을 목표로 한 컬렉션 광고
④ 매장방문을 목표로 한 컬렉션 광고

**20** 다음 중 캠페인의 KPI가 400만 동영상 조회를 달성하면서, 동영상 조회당 비용을 30원 이하로 유지하고자 할 때 적절한 예산은 얼마인가?(VAT 별도)

① 20,000,000원

② 80,000,000원

③ 120,000,000원

④ 50,000,000원

**21** Meta 비즈니스에서 지원하는 광고 형식에 대한 설명으로 적절하지 않은 것은?

① Facebook 피드 또는 Instagram 피드는 정사각형 이미지와 4:5 비율의 동영상이 적합하다.

② 스토리는 세로형 비율의 이미지 및 동영상이 적합하다.

③ 인스트림 동영상은 버티컬 영상이 적합하다.

④ Messenger의 홍보 메시지는 모바일 전용이며 1.91:1 또는 16:9 이미지가 효과적이다.

**22** 다음에서 설명하고 있는 내용에 적합한 구매 유형과 옵션 기능으로 알맞은 것은?

> 클라이언트의 제품 영상을 스토리텔링 형태로 노출하기 위해 타겟 그룹에게 광고 1편을 보여준 후 2편을 보여주고자 한다.

① 구매유형 : 경매/기능 : 일정 예약

② 구매유형 : 경매/기능 : 순차 게재

③ 구매유형 : 도달 및 빈도/기능 : 일정 예약

④ 구매유형 : 도달 및 빈도/기능 : 순차 게재

**23** 다음 중 Meta for Business의 다이내믹 광고에 사용하기 위한 카달로그에 포함될 수 있는 제품은?

① 호텔
② 항공
③ 주택
④ 위 모든 제품

**24** 다음 중 Meta for Business 광고 시스템에서 맞춤 타겟을 만들고자 할 때, 타겟 생성 시 사용할 수 있는 소스 옵션이 아닌 것은?

① 고객 리스트
② 오프라인 활동
③ 앱 활동
④ 관심사

**25** Meta는 광고 경매에서 타겟에 대해 선택된 광고 순위를 지정하고 캠페인 목표와 가치에 적합한 광고를 찾는다. 다음 중 경매 광고 순위 낙찰에 영향을 미치는 요소가 아닌 것은?

① 광고주 입찰가
② 추산 행동률
③ 광고의 관련성과 품질
④ 입찰조정방식

**26** 한 업체가 작은 규모의 타겟을 대상으로 꾸준히 일정한 예산의 Meta 광고를 하여 쇼핑몰에서 수 년 간 높은 성장을 이루었다. 그러나 최근 들어 쇼핑몰 방문자가 지속적으로 감소하고 있다. 다음 중 이 상황과 가장 관련 깊은 설명은 무엇인가?

① 지금까지 성공적으로 판매됐으니 광고 타겟을 바꿀 필요는 없다.
② 기존 고객에게 광고가 지속적으로 노출되면서 브랜드 충성도가 높아지고 있다.
③ 광고 타겟이 한정적이어서 신규 잠재 고객으로의 노출이 제한되고 있다.
④ 크리에이티브만 지속적으로 변경해 준다면 광고 피로도가 적어 매출은 증대될 것이다.

**27** 작년에 자사의 온라인 쇼핑몰에서 딸기를 구입한 고객에게, 올해에 재구매를 유도하고자 한다. 이때 가장 필요한 데이터 소스는 무엇인가?

① 웹사이트 방문자
② 오프라인 CRM 데이터
③ 3rd party SDK 데이터
④ 온라인 구매전환 데이터

**28** 브랜드 캠페인 진행에 있어 도달 및 빈도를 조절하는 광고를 구매할 계획이다. 다음 중 해당 캠페인의 광고 인벤토리에 적용할 게재 비용 방식으로 적합한 것은?

① CPM
② CPA
③ CPV
④ CPC

**29** 신제품 브랜드를 신규로 출시할 계획이다. 제품 브랜드를 최대한 널리 알리는 것이 캠페인의 목표일 때, 타겟팅 전략으로 알맞은 것은 무엇인가?

① 위치 및 인구 통계기반의 폭 넓은 타겟
② 웹사이트 방문자를 대상으로 한 리타겟팅
③ 위치 및 인구 통계기반을 토대로 구성한 팔로워 유사타겟
④ 고객을 포함한 웹사이트 방문자 유사타겟

**30** 다음 중 Meta for Business의 광고 캠페인 목표에 적합하지 않은 것은?

① 브랜드 인지도 증대(Brand Awareness)
② Facebook 페이지 좋아요(Facebook page Like)
③ 트래픽(Traffic)
④ 매장유입(Store visits)

**31** 다음 중 페이스북 광고 형식의 유형 중 카탈로그가 필요한 광고 형식은?

① 이미지 광고
② 동영상 광고
③ 슬라이드 광고
④ 다이내믹 광고

**32** Meta for Business의 이미지 광고 모범사례를 설명하고 있는 내용에서 광고에 적합한 크리에이티브 접근 방식 중 틀린 것은?

① Facebook의 다양한 노출위치에 권장되는 화면 비율을 사용하기

② 제품이나 서비스, 브랜드를 이미지 내에 노출하여 메시지를 효율적으로 전달하기

③ 이미지 내에 많은 정보를 담은 텍스트 포함하기

④ 최소 픽셀 크기의 요구사항을 확인해서 광고가 흐려지지 않도록 하기

**33** 다음 중 Meta에서 성과 측정을 위해 제공하는 데이터 소스 및 기능이 아닌 것은?

① Meta 픽셀

② 전환 API

③ Meta SDK

④ Web Site Search Console

**34** 다음에서 목표달성에 대한 평가를 하는데 가장 좋은 KPI는 무엇인가?

> 브랜드의 올해 가장 중요한 목표는 매출을 올리는 것이다.

① 총 전환 수

② 총 광고 클릭 수

③ 브랜드 인지도 상승도

④ 총 광고 노출 수

**35** Meta의 비즈니스 솔루션은 각 플랫폼과 기기 전반에 걸쳐 성과 측정 및 인사이트를 파악할 수 있다. 다음 중 이와 관계가 가장 적은 것은?

① Meta 픽셀

② Meta SDK

③ Facebook UID

④ Meta API

**36** 다음 중 Meta에 관련된 다양한 디지털 인사이트와 마케팅 리서치 자료를 제공해 주는 팀을 무엇이라 부르는가?

① 비즈니스 관리자
② 이벤트 관리자
③ Facebook IQ
④ Meta Developers

**37** 다음 중 구글 애즈 동영상 캠페인의 광고 로테이션에 대한 설명 중 잘못된 것은?

① 광고 로테이션의 두 가지 옵션은 '최적화'와 '최적화하지 않음'이다.
② 대부분의 광고주에게 '최적화하지 않음' 설정은 권장되지 않는다.
③ 동영상 캠페인은 높은 조회수를 위해 자동으로 최적화되므로 별도로 로테이션을 설정할 필요 없다.
④ 최적화는 무제한 로테이션을 의미한다.

**38** 다음 중 비디오 리마케팅에 대한 설명으로 옳은 것은?

① 비디오 리마케팅을 위해서는 태그를 심어야 한다.
② 타겟 고객과 관련 있는 유튜브 계정과 유튜브 동영상 광고를 진행할 구글 애즈 계정을 서로 연동해야 한다.
③ 시청자 목록 최대 365일까지 보관할 수 있다.
④ 비디오 리마케팅 적용 시 입찰가가 할증된다.

**39** 다음 중 비디오 리마케팅 목록으로 만들 수 없는 것은?

① 채널의 동영상 조회
② 채널 페이지 방문
③ 광고를 건너 뛴 시청자
④ 채널 내 특정 영상에 댓글을 남긴 시청자

**40** 다음 중 비디오 리마케팅과 관련하여 잘못 설명한 것은?

① 1개 YouTube 채널에 여러 개의 구글 애즈 계정을 연동할 수 있다.
② 비디오 리마케팅으로 생성한 목록은 GDN 광고로도 사용 가능하다.
③ 비디오 리마케팅을 위해서는 별도의 태그를 설치해야 한다.
④ 비디오 리마케팅은 광고 입찰가에 영향을 주지 않는다.

**41** 다음 중 브랜드가 보유한 이미지와 텍스트만으로 15초 유튜브 동영상 제작이 가능한 도구 (Tool)는 무엇인가?

① 비디오 빌더(Video Builder)
② 비디오 애드 시퀀싱(Video Ads Sequencing)
③ 디렉터 믹스(Director Mix)
④ 범퍼 애드(Bumper Ad)

**42** 다음 중 구글의 맞춤형 메시지 동영상 자동화 솔루션으로, 타겟 그룹별 다양한 맞춤 크리에이티브를 만들 수 있는 도구(Tool)는 무엇인가?

① 비디오 빌더(Video Builder)
② 비디오 애드 시퀀싱(Video Ads Sequencing)
③ 디렉터 믹스(Director Mix)
④ 범퍼 애드(Bumper Ad)

**43** 다음 중 동영상 액션 캠페인에서 지원하지 않는 추가 기능은 무엇인가?

① 사이트링크 확장
② 제품 피드 추가
③ 광고 소재 옵션 추가
④ 10초 이하의 동영상 재생

**44** 다음 중 어린이 시청자만을 위한 맞춤 앱으로 가장 안전한 환경에서 광고 노출이 가능한 게재 위치는?

① 유튜브 키즈

② 유튜브

③ 유튜브 뮤직

④ 유튜브 프리미엄

**45** 다음 중 TV 방송사와 웹 오리지널 콘텐츠 채널을 선별해 판매하는 유튜브 예약형 광고 상품은 무엇인가?

① 마스트헤드

② 프라임팩(Prime Pack)

③ SMR

④ YouTube 프리미엄

**46** 다음 중 유튜브 홈페이지 최상단에 노출되면 원하는 노출량만큼 구매해 노출시키는 광고 상품은?

① 유튜브 마스트헤드

② 프라임팩

③ 트루뷰 비디오 디스커버리

④ 범퍼 광고

**47** 다음 중 광고 구매(입찰) 방식이 다른 한 가지 상품은 무엇인가?

① 트루뷰 디스커버리

② 트루뷰 비디오 디스커버리

③ 마스트헤드

④ 범퍼 광고

**48**  다음 중 유튜브 광고 성과를 측정할 수 있는 솔루션으로, 광고 회상과 브랜드 인지도 등을 측정할 수 있는 도구는 무엇인가?

① 크로스 미디어 인사이트(Cross Media Insight-XMI)
② 브랜드 광고 효과(Brand Lift)
③ 도달 범위 플래너(Reach Planner)
④ YouTube 서치 업리프트 리포트(YouTube Search UpLift Report)


**49**  다음 중 유튜브 동영상 광고에서 사용할 수 없는 타겟팅은 무엇인가?

① 위치 & 시간대 & 기기
② 생애주기
③ 맞춤 구매의도
④ iOS 기기 특정 앱 사용자


**50**  다음 중 인구통계 타겟팅에 해당되지 않는 것은 무엇인가?

① 성별, 연령
② 자녀유무
③ 소득수준
④ 거주지


**51**  다음 중 콘텐츠 기반의 타겟팅이 아닌 것은 무엇인가?

① 게재위치
② 리마케팅
③ 주제
④ 키워드

**52** 다음 중 BTS 유튜브 채널에 광고를 게재하기 위해 사용할 수 있는 타겟팅은 무엇인가?

① 주제
② 게재 위치
③ 관심사
④ 리마케팅

**53** 다음 중 유튜브 내 뉴스 관련 채널 영상에 광고를 게재하기 위해 적합한 타겟팅은 무엇인가?

① 주제
② 인구통계
③ 구매의도
④ 고객 일치

**54** 다음 중 특정 분야에 구매의도가 매우 높은 유저에게 광고를 노출할 수 있는 타겟팅은 무엇인가?

① 리마케팅
② 인구통계
③ 주제
④ 구매의도

**55** 다음 중 20대 여성 쇼핑몰을 운영하는 광고주가 있다. 주요 고객인 20대 여성에게만 광고를 노출시킬 수 있는 타겟팅 방식은 무엇인가?

① 시그널 이벤트
② 인구통계
③ 생애주기
④ 유사 잠재 고객

**56** 다음 중 키워드 타겟팅에 대한 설명으로 올바른 것은?

① 적용한 키워드를 기반으로 도달 범위를 좁힐 수 있다.
② 광고 그룹당 20개 이상 키워드 사용 불가
③ 경쟁사 키워드 사용 불가
④ 일정 수량 이상 키워드 사용 시 과금 비용 할증

**57** 다음 중 '브랜드 인지도 개선'을 목표로 트루뷰 캠페인 진행 시 가장 중요하게 평가해야 할 실적은 무엇인가?

① 클릭률(CTR) 및 클릭당비용(CPC)
② 조회율, 조회당비용(CPV), 후속조회수
③ 조회율 및 클릭당비용(CPC)
④ 노출수, CPM, 영상 시청시간

**58** 다음 중 유튜브 스튜디오 내의 '분석' 탭을 통해 확인할 수 없는 지표는 무엇인가?

① 영상이 재생된 지역
② 영상 시청자 연령 및 성별
③ 영상 다운로드 수
④ 영상 시청 시간

**59** 특정 키워드가 포함된 영상, 특정 연령 및 성별 등을 제외하는 타겟팅 방식은 무엇인가?

① 관심사 타겟팅
② 인구통계 타겟팅
③ 리마케팅
④ 제외 타겟팅

**60** 다음 중 동영상 광고 품질평가점수에 영향을 주지 않는 것은 무엇인가?

① 영상 조회율
② 영상 재생 진행률
③ 영상 클릭률
④ 동영상 광고비 수준

**61** 다음 중 유튜브 광고 소재 목적으로 제작해, 자신의 유튜브 채널에는 노출을 원치 않을 때 할 수 있는 채널 내 영상 업로드 옵션의 설정 방법은?

① 공개

② 비공개

③ 일부공개

④ 예약

**62** 다음 중 유튜브 내에서 노출되는 광고 형식이 아닌 것은 무엇인가?

① 반응형 디스플레이 광고

② 건너뛸 수 없는 인스트림 광고

③ 인피드 동영상 광고

④ 마스트헤드 광고

**63** 다음 중 타겟이 관심을 갖는 콘텐츠에 의거하여 타겟팅하고자 할 때 사용되는 요소는 무엇인가?

① 언어, 위치, 성별, 연령

② 성별, 연령, 키워드, 웹사이트 URL

③ 관심사, 키워드, 주제, 게재 위치

④ 키워드, 게재 위치, 주제

**64** 다음 중 구글 애즈 광고 캠페인에서 타겟팅 가능한 기기가 아닌 것은?

① 태블릿

② 휴대전화

③ TV

④ 유튜브 키즈 전용기기

**65** 크리에이터 제임스는 유튜브를 통해 자신이 자유롭게 창작하고 새로운 기회를 찾으면서 돈을 벌고 있다. 다음 중 유튜브의 수익 창출 프로그램을 바르게 설명한 것은?

① 크리에이터는 특정 구독자 수를 초과하면 수익금을 받는다.
② 크리에이터는 유튜브 콘텐츠를 업로드할 때마다 수익금을 받는다.
③ 크리에이터는 브랜디드 콘텐츠 제작, PPL을 하면 수익금을 받는다.
④ 크리에이터는 콘텐츠에 게재되는 광고를 통해 수익금을 받는다.

**66** 다음 중 나의 영상이 어떤 경로를 통해서 재생되었는지 위치를 확인할 수 있는 유튜브 동영상 분석 내 메뉴는 무엇인가?

① 트래픽 소스
② 시청자 연령
③ 기기 유형
④ 재생목록

**67** 다음 중 유튜브 콘텐츠(영상, 설명문구 등) 내에 사용이 가능한 외부 링크는?

① 멀웨어를 설치하는 웹사이트나 앱으로 연결되는 링크
② 음란물로 연결되는 링크
③ 기업의 상업적인 내용이 들어간 홈페이지, SNS 페이지, 이벤트 페이지
④ 사용자의 로그인 사용자 인증 정보, 금융 정보 등을 피싱하는 웹사이트 또는 앱으로 연결되는 링크

**68** 다음 중 유튜브 커뮤니티 가이드에 위반되지 않는 것은?

① 과도하게 자주 게시되거나 반복되거나 뚜렷한 대상이 없고 다음 내용을 하나 이상 포함한 콘텐츠
② 제목, 썸네일, 설명란을 이용하여 사용자가 콘텐츠의 내용을 다른 내용으로 오해하도록 하는 콘텐츠
③ 내용이 같거나 뚜렷한 대상이 없거나 반복적인 댓글을 대량 게재하는 행위
④ 좋아하는 가수의 뮤직비디오 영상을 자신의 유튜브 채널 내 '재생목록'으로 만드는 행위

**69** 다음 중 카카오 비즈보드에서 랜딩페이지로 적합하지 않은 것은?

① URL  ② 카카오페이 구매
③ 챗봇  ④ 카카오 채널

**70** 다음 중 카카오 광고의 소재유형이 아닌 것은?

① 동영상
② 일반 이미지
③ 카카오톡 채널 메시지
④ 텍스트

**71** 다음 중 카카오 비즈보드 광고의 목표가 아닌 것은?

① 전환  ② 방문
③ 콘텐츠 공유  ④ 도달

**72** 다음 중 카카오 비즈보드 그룹 내에서 맞춤 타겟으로 설정할 수 있는 것이 아닌 것은?

① 픽셀 & SDK
② 카카오 사용자
③ 고객파일
④ Facebook 친구 리스트

**73** 다음 중 카카오 비즈보드의 캠페인 내에서 최소 일 예산은 얼마인가?

① 자유롭게 설정 가능
② 10,000원
③ 50,000원
④ 100,000원

**74** 다음 중 카카오톡 채널 광고의 목표로 적합한 것은?

① 전환
② 방문
③ 도달
④ 조회

**75** 다음 중 네이버 광고 상품의 타겟팅과 광고 집행방법에 대하여 올바르지 않은 것은?

① 풀스크린 광고는 성별, 시간, 디바이스 등 다양한 타겟팅 방법이 가능하다.
② 네이티브 광고와 스마트채널 광고는 앱, 관심사 타겟팅 외 맞춤 타겟설정이 가능하다.
③ 풀스크린 광고는 렙사와 대행사를 통해서 집행이 가능하다.
④ 네이티브 광고와 스마트채널 광고는 대행사 외에 직접 운영이 가능하다.

**76** 다음 중 네이버 밴드 광고인 '스마트 채널광고'에 대한 설명으로 틀린 것은?

① 밴드앱 홈, 새소식, 채팅 최상단에 노출된다.
② 최소입찰가는 CPM 3,000원, CPC 10원이다.
③ 타겟팅 옵션은 네이티브 피드 광고와 동일하다.
④ 밴드영역 상단 고정노출로 주목도를 높일 수 있다.

**77** 다음 중 네이버 밴드 광고인 '네이티브 피드 광고'의 세팅에 대한 설명 중 틀린 것은?

① 맞춤타겟 설정은 고객파일, MAT타겟, 유사타겟을 추가하여 설정할 수 있다.
② 맞춤타겟을 통해 광고주 브랜드를 알고 있거나 접한 적 있는 대상에게 광고를 집행할 수 있다.
③ 지역타겟을 설정할 수 있으며, 광역시는 구 단위, 일반도는 군 단위까지 가능하다.
④ 안드로이드와 iOS를 나눠서 타겟팅이 가능하다.

**78** 다음 중 네이버 밴드 광고인 '네이티브 피드 광고'의 타겟 세팅에 대한 설명 중 틀린 것은?

① 관심사 타겟, 구매의도 타겟이 가능하다.

② Android 및 iOS 중 선택하여 타겟팅 가능하다.

③ 광고주 브랜드를 알고 있거나 접한 적 있는 대상에게 광고 집행이 가능하다.

④ 21세와 22세를 다르게 타겟팅할 수 있다.

**79** 다음 광고 상품은 어떤 SNS를 위한 것인가?

> • Promoted Trend(프로모션 트렌드)
> • Auto Reminder(오토 리마인더)
> • Amplify Pre-roll(앰플리파이 프리롤 광고)

① Twitter

② TikTok

③ LinkedIn

④ 카카오스토리

**80** 다음에서 설명하는 특성에 대한 명칭은?

> • 생방송 스트리밍 방송으로 상품을 판매하는 방식이다.
> • 가장 큰 특징은 '상호 소통'이다.
> • 이용자들은 채팅을 통해 진행자, 혹은 다른 구매자와 실시간 소통할 수 있다.

① 소셜 커머스

② TV홈쇼핑

③ 라이브 커머스

④ 인터넷 커머스

# 01

## SNS광고마케터 1급 샘플문제 A형 | 정답 및 해설

**01** 해설

일반적으로 매스미디어는 메시지가 대량으로 배포되므로 도달 범위가 더 넓다.

정답 ①

**02** 해설

전달되는 메시지의 양으로만 볼 때 소셜미디어가 매스미디어에 비해 우위를 점한다고 보기 어렵다.

정답 ④

**03** 해설

TikTok은 15초에서 10분의 짧은 포맷의 영상(숏폼 비디오) 콘텐츠를 업로드하는 플랫폼 중 하나이다. 중국기업 바이트댄스가 개발하여 2016년 서비스를 시작했다.

정답 ③

**04** 해설

유기적인 마케팅 활동이란 유료미디어를 사용하지 않고 자체적인 콘텐츠 파워를 높여서 하는 마케팅을 말한다. 유료 광고 마케팅을 의미하는 Paid Ads Marketing은 유기적인 활동이라고 보기 어렵다.

정답 ②

**05** 해설

소셜 다이닝이란 '사회적인'을 의미하는 Social과 '식사'를 뜻하는 Dining을 합쳐서 부르는 말이다. 공통의 관심사를 가진 사람들끼리 모여 사교적 목적으로 식사하는 것으로, 소셜네트워크 서비스의 하나로 볼 수 없다.

정답 ③

**06** 해설

소셜미디어 마케팅전략은 유료 광고를 사용하지 않는 유기적인 활동도 가능하므로, 마케팅 비용을 줄일 수 있다.

정답 ④

PART 4

## 07 해설

소셜미디어 대응 프로세스는 감정, 평가, 대응이라는 3단계로 구성된다.

**정답** ④

## 08 해설

페르소나는 과거 그리스 시대의 배우들이 쓰던 가면을 가리키는 단어에서 유래되었다. 마케팅에서 제품/서비스를 사용할 핵심 고객(타겟)을 이해하기 위한 가상의 고객(타겟)을 가리킨다.

**정답** ①

## 09 해설

Meta에서 광고를 만들기 위해서는 Facebook 페이지가 반드시 필요하다.

**정답** ①

## 10 해설

①·② 조회수를 최대화하기 위해서는 특정한 유형의 동영상만 사용하는 것은 부적절하다.
④ Messenger 스토리에 적합한 비율은 세로 방향 전체 화면(9:16)이다.

**정답** ③

## 11 해설

오프라인에서 발생하는 매출이라고 했으니 전환 API를 통한 데이터를 측정해야 한다. 픽셀은 웹사이트, SDK는 모바일 앱으로부터 데이터를 얻기 위한 도구이다.

**정답** ④

## 12 해설

라이브 쇼핑은 Facebook Shop으로 하는 기능이지만, 카탈로그를 활용하는 것이 실시간 스트리밍을 통한 판매 방식이다.

**정답** ③

## 13 해설

광고 캠페인의 목표는 매출 개선, 즉 구매 전환이므로 전환 캠페인 목표가 적합하다. 위치, 연령, 성별, 언어, 관심사 등을 중심으로 하는 현재의 핵심 타겟 방식으로는 CPA가 높다고 했으므로 타겟팅 방법을 유사 타겟팅으로 바꿔볼 수 있다. 유사 타겟은 과거에 우리 제품이나 페이지에 관심을 보였던 사람들과 유사한 타겟이기 때문에 보다 적합도가 높을 수 있으며, 따라서 CPA도 개선될 수 있다.

**정답** ①

**14** 해설

픽셀은 광고 결과를 측정하고 평가하기 위한 것이지, 평가 지표를 무엇으로 할지 정하기 위한 것이 아니다.

정답 ①


**15** 해설

Audience Network 인스트림 동영상 지면에 노출될 수 없는 캠페인 목표는 메시지, 카탈로그 판매, 매장 유입 등이다(지금은 캠페인 목표의 명칭이 변경되어 더 이상 메시지라는 목표를 사용하지 않는다).

정답 ②


**16** 해설

머신러닝은 광고 성과 최적화를 위한 기법으로서, 광고를 가장 효과적으로 타겟에게 노출시키기 위한 학습을 말한다. 즉 적합한 타겟에게 최적의 입찰가로 도달할 수 있게 해주는 기법이다.

정답 ②


**17** 해설

유동성은 캠페인 예산 최적화(CBO)를 통해 높아지며, 이는 머신러닝을 통해 올바른 광고를 올바른 타겟에게 매치되도록 함으로서 가능해진다. 목표에 따라 최적화되는 것이지, 최적화에 따라 목표가 좌우되는 것은 아니다.

정답 ①


**18** 해설

구 Facebook IQ에 대한 설명이다. 현재는 Meta Foresight로 이름이 바뀌었다.

정답 ②


**19** 해설

Audience Network는 광고를 노출하기 위한 Meta 외 매체들을 집합적으로 일컫는 말로, 광고 측정 방법이나 지표를 나타내는 말이 아니다.

정답 ②


**20** 해설

Meta Business Suite는 Facebook 샵과 카탈로그를 관리하고 상품을 업로드하며 고객의 쇼핑 경험을 향상시키는 기능을 제공한다.

정답 ④

**21** 해설

캠페인 예산 최적화(CBO)란 각각의 광고 세트 별로 개별적인 예산을 설정하는 것이 아니라 캠페인 아래에 있는 광고 세트 전반의 캠페인 예산을 자동으로 관리하므로 캠페인 성과를 극대화할 수 있다.

정답 ①

**22** 해설

노출 위치별로 다른 텍스트, 제목, 및 링크가 적용된다.

정답 ④

**23** 해설

다이내믹 크리에이티브 광고는 다이내믹 언어 최적화 또는 광고 크리에이티브 맞춤 설정과 함께 사용할 수 없다.

정답 ④

**24** 해설

매출 향상을 추구한다고 했으므로 전환을 캠페인 목표로 하는 것이 좋다. 가치최적화는 광고지출 대비 수익률을 최대로 하는 것이므로 수익성과 매출을 동시에 고려한다면 가치최적화가 가장 좋은 옵션이다.

정답 ①

**25** 해설

인스트림 동영상 광고를 붙이기 위한 최소 광고 길이는 45초이다.

정답 ④

**26** 해설

Facebook 커뮤니티 규정의 4대 가치는 진실성(Authenticity), 안전(Safety), 개인정보보호 (Privacy), 존엄성(Dignity)이다. 표현의 자유는 4대 가치에 포함되지 않을 뿐만 아니라 개인 뉴스를 제한 없이 자유롭게 보장한다는 점도 적절치 않다.

정답 ④

**27** 해설

광고주의 브랜드 가치 보호를 위해 사실상 원하는 모든 카테고리를 차단할 수 있다.

정답 ④

**28** 해설

노출 위치를 자동으로 하면 머신러닝을 통해 알아서 최적의 노출 위치를 찾아주기 때문에 광고주가 일일이 통제하기는 힘들다.

정답 ④

**29** 해설

우리나라에서 WhatsApp을 쓰는 사용자 수는 매우 제한적이다.

정답 ④

**30** 해설

목표 수립을 위해서는 분석이 선행되어야 한다. 시장, 경쟁자, 자사 등에 대한 분석이 선행되어야 하는데, 광고 크리에이티브는 목표가 수립된 후에 그에 맞게 만드는 것이지, 목표 수립을 좌우할 요소라고 하기에는 부적절하다.

정답 ②

**31** 해설

좋은 목표는 정량적이어야 하며, 달성할 기간이 명시되는 것이 좋다.

정답 ③

**32** 해설

광고 전환 추적과 관련된 옵션을 설정하는 단계는 캠페인과 광고 세트 다음에 있는 '광고'이다.

정답 ①

**33** 해설

광고의 노출 목표에는 도달과 빈도가 있다. 도달은 최대한 많은 타겟에게 노출시키는 것이며, 빈도는 동일 타겟에게 여러 번 반복 노출시키는 것이다.

정답 ②

**34** 해설

최적화된 CPM(1,000회 노출당 비용)은 광고주가 원하는 행동을 취할 가능성이 높은 사람에게 광고를 표시하는 입찰 유형이다. 예를 들어, 광고 목표가 고객의 웹사이트 방문 유도인 경우 최적화된 CPM으로 입찰하면 외부 링크로 이동할 가능성이 높은 사람들에게 광고가 표시된다.

정답 ②

**35** 해설

특별 광고타겟은 카테고리와 상관없다고 할 수 없고, 선택된 '특별광고 카테고리'와 관련된 타겟 선택 제한 사항을 준수하도록 조정된 타겟을 말한다.

정답 ④

**36** 해설

비즈니스 관리자의 데이터 소스에는 카탈로그, 픽셀, 오프라인 이벤트 세트, 맞춤 전환, 자산, 이벤트 소스 그룹, 공유 타겟, SDK 등이 있다.

정답 ②

**37** 해설

건너뛸 수 있는 인스트림 광고에 대한 설명이다. CPV 입찰을 사용하는 경우 시청자가 동영상을 30초 지점까지(동영상 광고가 30초 미만인 경우 광고 전체) 시청하거나 동영상과 상호작용(클릭, 좋아요, 댓글 등 반응을 보이는 행위)하면 비용을 지불한다.

정답 ①

**38** 해설

건너뛸 수 있는 인스트림 광고에서는 CPV 입찰 방식이 널리 사용된다.

정답 ④

**39** 해설

5초 후에 시청자가 광고를 건너뛰고 동영상을 계속 볼 수 있다.

정답 ②

**40** 해설

CPV 입찰을 사용하는 경우 시청자가 동영상을 30초 지점까지(동영상 광고가 30초 미만인 경우 광고 전체) 시청하거나 동영상과 상호작용하면 비용을 지불한다.

정답 ③

**41** 해설

건너뛸 수 있는 인스트림 광고는 영상 내에 삽입되어 노출된다.

정답 ③

**42** 해설

건너뛸 수 있는 인스트림 광고는 대개 CPV 과금 방식을 사용한다. CPV 과금은 30초 동안 동영상을 시청하거나(30초 미만의 동영상의 경우에는 전체 시청), 동영상에 대해 상호작용을 나타낼 때 과금된다. 건너뛰기 버튼 클릭은 광고를 거부하는 행동이므로 CPV가 과금되기에 적절한 상호작용이라고 보기 어렵다.

정답 ②

**43** 해설

CPV를 과금 방식으로 사용한 경우, 30초 이상이면 30초 재생 시, 30초 미만이면 전체 영상 재생시 과금된다.

정답 ④

**44** 해설

유튜브에 정상적으로 올라온 동영상이고 수익창출이 가능한 계정의 동영상이라면, 그 영상에 광고를 붙이기 위한 별도의 시간 규정은 없다.

정답 ④

**45** 해설

별도의 최소 입찰가는 지정되어 있지 않다. 일반적으로, 광고 그룹 설정 시 최대 CPV 금액을 입력한다.

정답 ③

**46** 해설

유튜브 실시간 스트리밍은 일반 유튜브 유저들도 무료로 할 수 있는 것으로서, 광고주가 관리하는 광고의 범주에 속하지 않는다. 따라서 구글 애즈에서 관리하지 않는다.

정답 ④

**47** 해설

유튜브의 모든 광고는 구글 애즈에서 등록한다.

정답 ①

**48** 해설

과금 방식은 CPV로서, 광고 썸네일을 클릭하여 재생될 때 과금된다.

정답 ③

**49** 해설

인스트림 광고 썸네일을 클릭하면 광고 동영상이 재생되며, 광고 영상 시청 페이지로 연결된다.

정답 ①

**50** 해설

컴패니언 배너의 사이즈는 한 가지로, 300×60 픽셀이다.

정답 ②

**51** 해설

조회율은 노출수 대비 동영상 광고 유료 조회수의 비율을 말한다.

정답 ③

**52** 해설

건너뛸 수 없는 인스트림 광고에 대한 설명이다.

정답 ①

**53** 해설

건너뛸 수 없는 광고는 일단 노출만 되면 조회가 강제로 이루어지기 때문에 조회수를 굳이 고려할 필요가 없다. 따라서 이 광고는 CPV 과금 방식이 아니라 타겟 CPM 과금 방식으로 이루어진다.

정답 ②

**54** 해설

$$조회율 = \frac{조회수}{노출수} \times 100 = 20\%$$

정답 ①

## 55 해설

범퍼 광고의 과금 방식은 CPM의 일종이라고 할 수 있는 타겟 CPM이다.

정답 ④

## 56 해설

범퍼 광고 입찰 방식은 타겟 CPM이다.

정답 ③

## 57 해설

구글 검색결과에 콘텐츠로서의 동영상은 나올 수 있지만, 동영상 광고가 직접 노출되지는 않는다.

정답 ②

## 58 해설

동영상 광고 시퀀스를 사용하면 정의한 순서대로 일련의 동영상을 사람들에게 보여줌으로써 제품이나 브랜드 스토리를 효과적으로 알릴 수 있다.

정답 ②

## 59 해설

유튜브에 의하면 대부분의 광고는 영업일 기준 1일 이내에 검토가 완료된다.

정답 ①

## 60 해설

광고 2개가 연달아 재생되는 동영상 광고는 '광고 모음'이라고도 하며, 긴 형식 동영상(최소 5분 길이)에 광고를 사용 설정한 경우에 게재될 수 있다. 광고 모음이 게재되면 긴 동영상 시청 시 끊김 횟수가 줄어들기 때문에 더 나은 시청자 환경을 제공한다(구글 애즈 고객센터).

정답 ③

## 61 해설

유튜브 동영상에 광고가 추가되려면 동영상의 공개 범위가 공개 또는 일부공개로 되어 있어야 하고, 비공개 상태의 동영상에는 광고가 게시될 수 없다.

정답 ①

## 62 해설

빈도를 낮추어야 한다. 같은 비용이라면 일반적으로 빈도를 낮춤으로써 광고의 도달 범위를 늘릴 수 있다.

**정답** ①

## 63 해설

미리 지정된 초기 목록 크기인 지난 30일 동안의 사이트 방문자를 목록에 추가하거나 사용자가 없는 빈 목록으로 시작할 수 있다.

**정답** ①

## 64 해설

광고 게재 빈도는 한 명의 시청자에게 반복 노출되는 빈도를 말한다. 따라서 게재 빈도를 낮추면 도달 범위, 즉 순시청자 수를 늘릴 수 있다.

**정답** ②

## 65 해설

도달 범위 플래너는 유튜브 및 구글 동영상 파트너 사이트에서 광고의 도달범위, 게재빈도, 지출을 계획할 수 있게 해준다. 도달 범위 플래너를 통해 광고 형식 및 예산 할당을 선택하거나 맞춤 미디어 계획을 만들 수 있다.

**정답** ③

## 66 해설

적합한 고객에게 더 많이 도달하기 위해 타겟팅을 좁히는 것이 광고 효율을 높이는 길이다.

**정답** ④

## 67 해설

구독자 1만명이 아니라 1천명이다.

**정답** ①

## 68 해설

카카오 고객센터에 의하면, 카카오 광고의 과금 방식은 CPA, CPC, CPM, CPV, CPMS, CPT 등이 있다.

**정답** ④

**69** 해설

소득은 타겟팅할 수 있는 항목이 아니다.

정답 ①


**70** 해설

검토 중인 상태에서는 광고가 노출되지 않는다. 승인됨 상태는 광고 확장이 Google Ads 정책에 부합하여 모든 잠재 고객에게 게재될 수 있는 상태이다. 승인됨(제한적) 상태는 광고 확장이 게재될 수는 있지만, 상표 사용이나 도박 관련 콘텐츠 등에 관한 정책 제한 때문에 모든 상황에서 게재될 수 있는 상태는 아니다.

정답 ④


**71** 해설

동영상 광고를 3초 이상 본 사람은 찾을 수 있지만, 이미지 광고는 시청 시간을 측정하지 않는다.

정답 ④


**72** 해설

카카오페이는 동영상 광고가 노출되는 지면이 아니다.

정답 ④


**73** 해설

카카오 비즈보드 광고는 이미지형 광고만 가능하다.

정답 ④


**74** 해설

카카오 비즈보드 광고는 카카오톡 채팅탭 중심의 모바일 광고로서, 다음앱, 카카오웹툰 그리고 카카오의 주요 서비스에도 노출된다.

정답 ①


**75** 해설

네이버 밴드 이용자는 여성 약 54%, 남성 약 46%로 여성이 조금 더 많다(2022년 기준).

정답 ②

**76** 해설

밴드에서 집행할 수 있는 광고의 종류는 풀스크린 앱 종료 광고, 스마트채널 광고, 소셜 광고, 피드광고(네이티브 광고) 등이 있다.

정답 ②


**77** 해설

스마트채널 광고의 과금 기준은 CPM 또는 CPC이다.

정답 ④


**78** 해설

풀스크린 앱 종료 광고는 앱 종료 시 노출되는 Android 전용 상품으로 브랜드 인지 효과 및 클릭을 극대화하기 위한 광고이다. 이 광고는 고정가로 진행된다.

정답 ④


**79** 해설

캠페인의 목적은 트래픽, 앱 설치, 동영상 조회이다.

정답 ④


**80** 해설

Android 및 iOS 중 선택하여 타겟팅이 가능하다.

정답 ③

**01** 해설

고객들에게 DM을 반복적으로 보내는 행위는 스팸성으로 받아들여질 수 있으므로 주의해야 한다.

정답 ④

**02** 해설

TikTok에 대한 설명이다.

정답 ①

**03** 해설

YouTube는 동영상 중심의 SNS이기 때문에 한 눈에 메시지를 알리는 데에는 Facebook보다 불리하다.

정답 ②

**04** 해설

해시태그는 포스트의 내용과 관련성이 높은 것을 사용하여야 한다.

정답 ④

**05** 해설

인적 자원을 효율적으로 운영하기 위해, 다른 SNS는 모두 배제하고 TikTok만 운영하는 것은 합리적이지 않다. 운영하는 SNS는 기업이 공략하고자 하는 주요 타겟이 누구인가에 따라 결정되어야 한다.

정답 ③

**06** 해설

메타버스에 대한 설명이다.

정답 ③

**07** 해설
브이로그는 Video와 Log의 합성어이다. Web에서의 Log라는 뜻의 블로그 동영상 버전이라고 할 수 있다.
정답 ③

**08** 해설
원래 밈은 동물학자 리처드 도킨스의 저서 ≪이기적 유전자≫에서 처음 제시한 학술 용어로, 인터넷 보급과 함께 채팅이나 UCC 활동을 할 때 쓰이는 필수요소 같은 문화적 요소를 일컫는 말로 변화하였다.
정답 ①

**09** 해설
Audience Network 중에서 광고 게재를 원치 않는 웹사이트만 제외하고 자동노출로 광고하는 것이 적절하다. 선호하는 사이트에만 광고하거나, Audience Network를 원천적으로 배제하면 노출량이 크게 줄어들 수 있어 부적절하다.
정답 ④

**10** 해설
컬렉션광고는 다음과 같을 때 성공적이다. 1) 관심을 끄는 이미지 또는 동영상을 사용, 2) 인기 높은 제품 2~4개를 광고에 표시함, 3) 제품 세트에 포함되는 제품을 많이 포함시킴. 또한 커버 이미지나 커버 동영상은 가로보다는 1:1을 선호한다.
정답 ②

**11** 해설
Facebook 픽셀로 이벤트 데이터를 수집할 때에는 고객의 행동 데이터가 Facebook 쿠키와 함께 브라우저를 통해 전달되기 때문에, 쿠키 지원을 중단하는 브라우저가 늘어나면 웹사이트 전환 추적이 어려워져 캠페인 최적화를 위해 전환 API를 구현할 필요가 있다.
정답 ③

**12** 해설
커머스 관리자에서 작고 자주 변경되지 않는 인벤토리를 추가할 때는 수동으로 하는 것이 가장 적합하다.
정답 ①

**13** 해설

제품용 다이내믹 광고를 게재할 때 포함되는 표준 이벤트는 ViewContent, AddToCart, Purchase 세 가지이며, Checkout은 표준 이벤트에 포함되지 않는다.

정답 ④

**14** 해설

SDK란 개발자들이 앱을 개발할 때 사용하는 개발 도구를 말하며, Meta SDK의 용도는 앱 내에서 발생한 다양한 이벤트들을 Meta에 전송하는 것이다. 발생하는 이벤트를 Meta에 전송하기 위해서, 웹사이트에는 일반적으로 픽셀을, 모바일 애플리케이션에는 일반적으로 SDK를 사용한다.

정답 ①

**15** 해설

무편집본보다는 짧게 편집하는 것이 좋으며, 영상의 길이는 15초 이내가 좋다. 소리를 끄고 보는 사람이 많으니 자막을 넣는 것이 좋다.

정답 ②

**16** 해설

컬렉션 광고는 사람들이 제품을 발견한 후 구매까지 자연스럽게 이어갈 수 있게 해주는 광고 형식이다. 잘 만들어진 이미지와 동영상을 갖고 있다면 컬렉션 광고가 가장 효과적이다.

정답 ②

**17** 해설

전개는 모바일 동영상 스토리텔링 기법에 해당하지 않는다.

정답 ④

**18** 해설

특정 오디언스가 광고에 대해 어떤 반응을 보일 것인가는 정확히 예측하기 어렵지만, 어떤 매체에 얼마나 노출될 것인가는 상대적으로 쉽게 예측할 수 있다. 특정 노출 빈도를 목표로 광고를 집행할 때는 노출당 비용, 즉 CPM 과금 방식을 사용하는 것이 좋다.

정답 ①

**19** 해설

메시지 연결광고는 Messenger, WhatsApp 및 Instagram에서 사람들에게 광고를 노출하여 참여를 유도하는 광고를 말한다.

정답 ①


**20** 해설

조회당 비용이 30원이고 조회수가 400만이므로 둘을 곱하면 총 예산은 1200만원이다.

정답 ③


**21** 해설

인스트림 동영상에는 가로 방향이나 정사각형 영상이 적합하다.

정답 ③


**22** 해설

광고의 순서를 정해서 노출하는 기능을 순차 게재라고 하며, 이는 광고 구매 유형을 '경매'가 아닌 '도달 및 빈도'로 설정할 때 선택 가능하다.

정답 ④


**23** 해설

제품(이커머스), 호텔, 항공편, 목적지, 주택 매물 리스트, 차량 등 다양한 유형의 인벤토리에 대해 카탈로그 생성 가능

정답 ④


**24** 해설

관심사나 행동 등의 기준에 따라 사람들을 타겟에 포함하거나 타겟에서 제외할 수 있는데, 이는 맞춤 타겟이 아니라 상세 타겟과 관련된 일이다.

정답 ④


**25** 해설

광고 순위 낙찰은 광고의 총 가치에 따라 결정된다. 총 가치는 입찰가, 추산 행동률, 광고 품질이라는 세 가지 요인의 조합에 따라 결정된다.

정답 ④

**26** 해설

좁은 잠재 고객 대상으로 오랫동안 광고를 해 오면서 광고 효율 감소를 겪고 있다. 소규모의 타겟을 대상으로 광고를 해 왔다고 했으므로, 이때는 노출 빈도보다 도달 범위를 좀 더 늘려서 새로운 타겟에 노출할 필요가 있다.

정답 ③

**27** 해설

온라인 쇼핑몰이므로 오프라인 데이터는 필요하지 않고, 방문자 데이터보다 실제 구매한 데이터가 더 중요하다.

정답 ④

**28** 해설

도달 및 빈도는 노출과 관련된 지표이다. 도달은 노출의 수, 빈도는 노출의 횟수를 말한다. 노출에 대해 과금하는 방식은 CPM이다.

정답 ①

**29** 해설

최대한 많은 잠재 고객에게 알리고자 한다면 폭 넓은 타겟팅이 필요하다.

정답 ①

**30** 해설

광고 캠페인 목표는 크게 인지도, 관심 유도, 전환으로 크게 분류할 수 있다. 3대 목표 아래에 다양한 세부 목표들이 있는데, ②은 캠페인 목표에 속하지 않는다.

정답 ②

**31** 해설

다이내믹 광고란 카탈로그 판매 증대를 위해 가장 적절한 타겟에게 맞춤화되어 전달되는 광고를 말한다. 따라서 다이내믹 광고를 만들기 위해서는 카탈로그가 반드시 필요하다.

정답 ④

**32** 해설

이미지 광고 내에서 텍스트가 20% 이상 차지하지 않게 하는 것이 좋다.

정답 ③

**33** 해설

비즈니스 관리자의 데이터 소스에는 카탈로그, 픽셀, 오프라인 이벤트 세트, 맞춤 전환, 자산, 이벤트 소스 그룹 공유 타겟, SDK 등이 있다. 오프라인 이벤트 정보를 얻기 위해 전환 API, 픽셀, SDK가 사용되기도 한다.

정답 ④

**34** 해설

매출은 구매로부터 일어난다. 따라서 이 경우는 전환, 즉 구매 전환을 KPI로 정하는 것이 좋다.

정답 ①

**35** 해설

Facebook UID는 페이스북 로그인에 사용되는 user id를 의미하는 것이므로, 성과 측정 및 인사이트 파악과는 무관하다.

정답 ③

**36** 해설

Facebook IQ에 대한 설명이다.

정답 ③

**37** 해설

동영상 캠페인도 광고 로테이션 중 '최적화'로 할 지 '최적화하지 않음'으로 할 지 선택해야 한다. 선택 없이 자동으로 최적화 되지는 않는다.

정답 ③

**38** 해설

타겟 고객과 관련 있는 유튜브 계정과 유튜브 동영상 광고를 진행할 구글 애즈 계정을 서로 연동해야 한다. 시청자 목록 보관 기간은 최대 540일이다.

정답 ②

**39** 해설

리마케팅은 특정 유튜브 채널에 반응을 보인 타겟을 대상으로 광고를 노출하는 것이다. 광고를 건너 뛰는 행위는 그러한 반응에 해당하지 않는다.

정답 ③

## 40 해설

리마케팅을 위해 별도의 태그를 설치할 필요는 없다.

정답 ③

## 41 해설

유튜브의 비디오 빌더는 B2B 비디오 마케팅 담당자가 플랫폼에 대한 짧은 기간 동안 프로모션 비디오를 만들 수 있도록 구글에서 만든 무료 베타 도구이다. 모든 광고주가 사용할 수 있도록 공개된 도구는 아니며, 특별한 자격을 갖춘 광고주에게 선택적으로 사용 권한이 부여되는 서비스이다.

정답 ①

## 42 해설

Director Mix는 신규 타겟팅 기법과 광고 집행 시 타겟별로 소재를 자동으로 변경해 주는 솔루션이다. 하나의 영상 광고에 다양한 음성과 이미지 등을 업로드하면 유튜브 Director Mix에서 타겟에 따라 다른 버전의 동영상을 만들게 된다.

정답 ③

## 43 해설

동영상 액션 캠페인에서는 10초 이하의 동영상 재생이 불가능하다.

정답 ④

## 44 해설

유튜브 키즈는 구글의 어린이용 비디오 플랫폼이다.

정답 ①

## 45 해설

프라임팩은 TV방송사 및 웹 오리지널 콘텐츠 채널을 선별하여 판매하는 예약형 광고 상품이다. 인지도 증대, 유튜브 내 프리미엄 콘텐츠 구매 목적일 때 적합하다.

정답 ②

## 46 해설

마스트헤드 광고는 모바일, PC, TV의 최상단에 노출되는 광고로, 정해진 하루 예산을 과금하는 CPD 방식과 노출량에 따라 과금되는 CPM 방식으로 집행된다.

**정답** ①

## 47 해설

마스트헤드 광고는 예약형 광고로서 구글 영업사원이나 대행사를 통해서만 구입할 수 있다.

**정답** ③

## 48 해설

브랜드 광고 효과는 클릭수, 노출수, 조회수 같은 전통적인 측정항목 대신 광고 회상, 브랜드 인지도, 고려도 같은 측정항목에 중점을 두는 무료 도구이다.

**정답** ②

## 49 해설

특정 앱을 사용하는 사람에게 타겟팅하여 동영상 광고를 노출할 수는 없다.

**정답** ④

## 50 해설

광고 그룹을 설정할 때 인구통계 타겟팅 정보를 지정할 수 있다. 타겟팅할 위치(거주지 등)는 별도로 광고 캠페인을 만들 때 위치 항목에서 지정할 수 있다.

**정답** ④

## 51 해설

콘텐츠에 기반하여 타겟팅을 좁혀 나갈 때, 키워드, 게재위치, 주제라는 세부 항목에 대해 설정할 수 있다.

**정답** ②

## 52 해설

게재위치 설정을 통해 특정 채널, 동영상, 웹사이트, 앱 등을 지정할 수 있다.

**정답** ②

**53** 해설

콘텐츠에 기반하여 게재위치를 구체화할 수 있고, 그 중 '주제'에서 건강, 게임, 과학, 금융, 뉴스 등 다양한 주제 중 몇 개 주제를 선택할 수 있다.

정답 ①

**54** 해설

특정 카테고리에 대한 구매의도를 가진 세그먼트에 타겟팅하는 것을 구매의도 타겟팅이라고 한다.

정답 ④

**55** 해설

나이, 성별, 자녀 유무, 가계 소득 등으로 타겟팅하는 것을 인구통계 타겟팅이라고 한다.

정답 ②

**56** 해설

광고 그룹의 콘텐츠 항목에서 도달 범위를 좁힐 수 있다. 이때 키워드, 주제, 게재위치 등의 정보를 사용할 수 있다.

정답 ①

**57** 해설

브랜드 인지도 개선을 위해서는 동영상의 노출, 즉 조회수를 극대화해야 한다.

정답 ②

**58** 해설

유튜브 분석은 나의 유튜브 채널에 대한 분석을 제공하는 기능으로서, 다음과 같은 지표를 확인할 수 있다.

• 도달 범위 : 노출수, 노출클릭률, 조회수, 트래픽소스
• 참여도 : 시청시간, 평균 시청지속시간, 좋아요 수, 최종화면요소 클릭률
• 시청자층 : 연령, 성별, 지역

영상 다운로드 수는 여기에 해당하지 않음

정답 ③

**59** 해설

특정 키워드가 포함된 영상, 특정 인구통계적 데이터, 특정 콘텐츠 유형 및 콘텐츠 라벨, 특정 인벤토리 유형을 제외할 수 있다. 샘플문제에서 이를 제외 타겟팅이라고 칭했다.

정답 ④


**60** 해설

광고비와 광고품질은 직접적 관련이 없다.

정답 ④


**61** 해설

일부공개 동영상은 URL은 살아있고 동영상과 상호작용도 할 수 있지만, 채널 내에는 게시되지 않는 동영상을 말한다.

정답 ③


**62** 해설

반응형 디스플레이 광고는 동영상 형식은 가능하지만 유튜브 내에서 노출되지는 않는다.

정답 ①


**63** 해설

타겟의 관심사를 기반으로 타겟팅하고자 할 때는 관심사, 키워드, 주제, 게재위치 등을 활용하여 정교한 타겟팅을 수행하는 것이 효과적이다.

정답 ③


**64** 해설

컴퓨터, 휴대전화, 태블릿, TV화면에 대해 타겟팅 여부를 선택할 수 있다.

정답 ④


**65** 해설

유튜버 수익의 원천은 게재된 콘텐츠에 실린 광고이다.

정답 ④

**66** 해설

탐색기능, 추천동영상, 검색, 직접입력, 외부, 재생목록, 채널 페이지 등 나의 동영상이 어떤 경로를 통해 재생되었는지 위치를 파악할 수 있는 메뉴는 트래픽 소스이다. 유튜브 Studio 내의 동영상 분석 내에서 고급 모드로 들어가면 볼 수 있다.

정답 ①

**67** 해설

단순히 상업적이라고 해서 외부링크를 금지하지는 않는다.

정답 ③

**68** 해설

좋아하는 가수의 뮤직비디오 영상을 자신의 유튜브 채널 내 '재생목록'으로 만드는 행위는 유튜브 커뮤니티 가이드에 위배되지 않는다.

정답 ④

**69** 해설

카카오페이 구매로는 랜딩할 수 없다(카카오비즈니스 가이드).

정답 ②

**70** 해설

카카오광고의 유형 중 순수 텍스트 광고는 없다.

정답 ④

**71** 해설

카카오 비즈보드 광고의 목표는 전환, 방문, 도달 중 하나이다.

정답 ③

**72** 해설

맞춤 타겟은 내 데이터에 근거하여 만드는 타겟이며, 광고 반응 타겟, 픽셀 & SDK, 카카오 사용자, 고객 파일 등으로 설정할 수 있다.

정답 ④

**73** 해설

카카오톡 비즈보드 광고 캠페인 최소 예산은 5만원 이상이다.

정답 ③

**74** 해설

카카오톡 채널 광고의 유일한 목표는 도달이다.

정답 ③

**75** 해설

풀스크린 앱 종료 광고는 성별 타겟팅만 가능하다.

정답 ①

**76** 해설

네이버 밴드 스마트채널 광고의 CPM 최소입찰가는 1,000원이다.

정답 ②

**77** 해설

지역타겟이 가능하지만, 구 단위 타겟팅은 광역시가 아니라 서울·경기만 가능하다.

정답 ③

**78** 해설

네이버 밴드의 피드 광고에서 나이 타겟팅은 가능하지만, 범위는 5년 단위로 끊어서 설정할 수 있다.

정답 ④

**79** 해설

제시된 광고 상품들은 Twitter의 상품들이다.

정답 ①

**80** 해설

라이브 커머스에 대한 설명이다.

정답 ③

작은 기회로부터 종종 위대한 업적이 시작된다.

- 데모스테네스 -

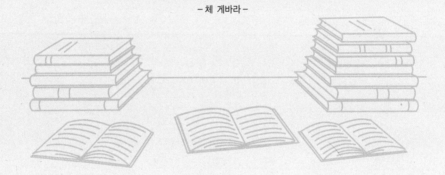

무언가를 위해 목숨을 버릴 각오가 되어 있지 않는 한
그것이 삶의 목표라는 어떤 확신도 가질 수 없다.

- 체 게바라 -

## SNS광고마케터 1급 7일 단기완성

| | |
|---|---|
| 개정2판1쇄 발행 | 2025년 02월 05일 (인쇄 2025년 01월 17일) |
| 초 판 발 행 | 2022년 07월 20일 (인쇄 2022년 07월 13일) |
| 발 행 인 | 박영일 |
| 책 임 편 집 | 이해욱 |
| 저 자 | 한국마케팅교육 |
| 편 집 진 행 | 김준일 · 이경민 |
| 표지디자인 | 박수영 |
| 편집디자인 | 하한우 · 김보미 |
| 발 행 처 | (주)시대고시기획 |
| 출 판 등 록 | 제10-1521호 |
| 주 소 | 서울시 마포구 큰우물로 75 [도화동 538 성지 B/D] 9F |
| 전 화 | 1600-3600 |
| 팩 스 | 02-701-8823 |
| 홈 페 이 지 | www.sdedu.co.kr |

| | |
|---|---|
| I S B N | 979-11-383-8660-9 (13320) |
| 정 가 | 20,000원 |

| | | |
|---|---|---|
| 금융투자협회 | 펀드투자권유대행인 한권으로 끝내기 | 18,000원 |
| | 펀드투자권유대행인 핵심유형 총정리 | 24,000원 |
| | 펀드투자권유대행인 출제동형 100문항 + 모의고사 3회분 + 특별부록 PASSCODE | 18,000원 |
| | 증권투자권유대행인 한권으로 끝내기 | 18,000원 |
| | 증권투자권유대행인 출제동형 100문항 + 모의고사 3회분 + 특별부록 PASSCODE | 18,000원 |
| | 펀드투자권유자문인력 한권으로 끝내기 | 30,000원 |
| | 펀드투자권유자문인력 실제유형 모의고사 4회분 + 특별부록 PASSCODE | 21,000원 |
| | 증권투자권유자문인력 한권으로 끝내기 | 30,000원 |
| | 증권투자권유자문인력 실제유형 모의고사 3회분 + 특별부록 PASSCODE | 21,000원 |
| | 파생상품투자권유자문인력 한권으로 끝내기 | 30,000원 |
| | 투자자산운용사 한권으로 끝내기(전2권) | 38,000원 |
| | 투자자산운용사 실제유형 모의고사 + 특별부록 PASSCODE | 55,000원 |
| 금융연수원 | 신용분석사 1부 한권으로 끝내기 + 무료동영상 | 24,000원 |
| | 신용분석사 2부 한권으로 끝내기 + 무료동영상 | 24,000원 |
| | 은행FP 자산관리사 1부 [개념정리 + 적중문제] 한권으로 끝내기 | 20,000원 |
| | 은행FP 자산관리사 1부 출제동형 100문항 + 모의고사 3회분 + 특별부록 PASSCODE | 17,000원 |
| | 은행FP 자산관리사 2부 [개념정리 + 적중문제] 한권으로 끝내기 | 20,000원 |
| | 은행FP 자산관리사 2부 출제동형 100문항 + 모의고사 3회분 + 특별부록 PASSCODE | 17,000원 |
| | 은행텔러 한권으로 끝내기 | 23,000원 |
| | 한승연의 외환전문역 Ⅰ종 한권으로 끝내기 + 무료동영상 | 25,000원 |
| | 한승연의 외환전문역 Ⅱ종 한권으로 끝내기 + 무료동영상 | 25,000원 |
| 기술보증기금 | 기술신용평가사 3급 한권으로 끝내기 | 31,000원 |
| 매일경제신문사 | 매경TEST 단기완성 필수이론 + 출제예상문제 + 히든노트 | 30,000원 |
| | 매경TEST 600점 뛰어넘기 | 23,000원 |
| 한국경제신문사 | TESAT(테셋) 한권으로 끝내기 | 28,000원 |
| | TESAT(테셋) 초단기완성 | 23,000원 |
| 신용회복위원회 | 신용상담사 한권으로 끝내기 | 27,000원 |
| 생명보험협회 | 변액보험판매관리사 한권으로 끝내기 | 18,000원 |
| 한국정보통신진흥협회 | SNS광고마케터 1급 7일 단기완성 | 20,000원 |
| | 검색광고마케터 1급 7일 단기완성 | 20,000원 |

※ 도서의 제목 및 가격은 변동될 수 있습니다.

# 시대에듀 금융자격증 시리즈

시대에듀 금융자격증 도서 시리즈는 짧은 시간 안에 넓은 시험범위를 가장 효율적으로
학습할 수 있도록 구성하여 시험장을 나올 그 순간까지 독자님들의 합격을 도와드립니다.

## 투자자산운용사

한권으로 끝내기 &
실제유형 모의고사 + 특별부록 PASSCODE

## 펀드투자권유자문인력

한권으로 끝내기 &
실제유형 모의고사 PASSCODE

## 매경TEST & TESAT

단기완성 & 한권으로 끝내기

매회 최신시험 출제경향을 완벽하게
반영한 종합본과 모의고사!

단기합격을 위한 이론부터 실전까지
완벽하게 끝내는 종합본과 모의고사!

단순 암기보다는 기본에 충실하자!
자기주도 학습형 종합서!

※ 도서의 제목 및 이미지는 변동될 수 있습니다.

# 나는 이렇게 합격했다

자격명: 위험물산업기사
구분: 합격수기
작성자: 배*상

나는 할수있다
69년생 50중반 직장인 입니다. 요즘 자격증을 2개 정도는 가지고 입사하는 젊은친구들에게 일을시키고 지시하는 역할이지만 정작 제자신에게 부족한점 이많다는것을느꼈기 때문에 자격증을따야겠다고 결심했습니다. 처음 시작할때는 과연되겠냐? 하는의문과 걱정 이한가득이었지만 시대에듀 인강 을우연히 접하게 되었고 잘차려 진밥상과같은커 리큘럼은 뒤늦게 시 작한 늦깍이 수험 생이었던저를 합격의 길 로인도해주었습니다. 직장생활을 하면서취득했기에 더욱기뻤습니다. 감사합니다!

합격은 시대에듀

♥

당신의 합격 스토리를 들려주세요.
추첨을 통해 선물을 드립니다.

---

## QR코드 스캔하고 ▷▷▷▶
## 이벤트 참여해 푸짐한 경품받자!

| 베스트 리뷰 | 상/하반기 추천 리뷰 | 인터뷰 참여 |
|---|---|---|
| 갤럭시탭 / 버즈 2 | 상품권 / 스벅커피 | 백화점 상품권 |

합격의 공식
시대에듀